Komponentenbasierte Softwarekonfiguration von eingebetteten Systemen

Zur Erlangung des akademischen Grades eines
Doktors der Ingenieurwissenschaften
von der Fakultät für Informatik
der Universität Fridericiana zu Karlsruhe (TH)

genehmigte

Dissertation

von
Dipl.-Ing. Uwe Zimmermann
aus Neuenstadt am Kocher

Tag der mündlichen Prüfung: 14. Juli 2004
Erster Gutachter: Prof. Dr.-Ing. Heinz Wörn
Zweiter Gutachter: Prof. Dr.rer.nat. Gerhard Goos

Bibliografische Information Der Deutschen Bibliothek

Die Deutsche Bibliothek verzeichnet diese Publikation in der Deutschen Nationalbibliografie; detaillierte bibliografische Daten sind im Internet über http://dnb.ddb.de abrufbar.

©Copyright Logos Verlag Berlin 2005
Alle Rechte vorbehalten.

ISBN 3-8325-0859-7

Logos Verlag Berlin
Comeniushof, Gubener Str. 47,
10243 Berlin
Tel.: +49 030 42 85 10 90
Fax: +49 030 42 85 10 92
INTERNET: http://www.logos-verlag.de

Vorwort

Diese Arbeit entstand während meiner Tätigkeit als wissenschaftlicher Mitarbeiter am Institut für Prozessrechentechnik, Automation und Robotik (IPR) der Universität Karlsruhe (TH) im Rahmen des BMBF-Projektes SOFIA - modulares Softwaresystem für intelligente Antriebe.

Besonderer Dank gilt meinem Doktorvater Herrn Prof. Dr.-Ing. Heinz Wörn für die Unterstützung und Förderung meiner Arbeit. Ebenso danke ich Herrn Prof. Dr.rer.nat. Gerhard Goos für seine Interesse für meine Arbeit und für die Übernahme des Korreferats. Von seiner fachlichen Kompetenz und seinen konstruktiven Anmerkungen profitierte die vorliegende Dissertation sowohl strukturell als auch inhaltlich.

Ganz herzlich danke ich allen Kollegen. Die zahlreichen fachlichen Gesprächen unterstützten mich beim ständigen Verbessern meiner eigenen Lösungsansätze und ermöglichten mir auch einen Einblick in andere interessante Wissensgebiete. In erster Linie möchte ich mich bei meinen langjährigen Zimmerkollegen Björn Hein und Frank Beeh bedanken, die durch die richtige Mischung aus Ernsthaftigkeit und Auflockerung für eine angenehme Arbeitsatmosphäre gesorgt haben. Dies gilt auch für Karsten Weiß, der während der „heißen" Phase meiner Doktorarbeit mein Zimmerkollege war. Insbesondere möchte ich Suei Jen Chen, Axel Bürkle, Sander Karl, Detlef Mages, Dirk Osswald, Marcos Salonia, Jörg Seyfried, Sergej Stepanov und Sadi Ygid danken, die nicht nur berufliche Kollegen waren, sondern mit denen mich auch eine private Freundschaft verbindet, die weit über das gemeinsame Mittagessen und die gemeinsame „Cola-Pause" hinausgeht. Es hat viel Spaß gemacht, mit Euch zusammen zu arbeiten.

Die Ergebnisse der vorliegenden Arbeit hingen mit dem erfolgreichen Gelingen des SOFIA-Projektes zusammen. Daher möchte ich mich bei allen Projektbeteiligten bedanken, die an den hervorragenden Ergebnissen des SOFIA-Projektes mitgewirkt haben. Bei meinem Kollegen Michael Wenz, der zusammen mit mir am SOFIA-Projekt beteiligt war, möchte ich mich für die Implementierung weiter Teile des Komponentenframeworks bedanken. Den Mitarbeitern der Firma AMK - Herrn Dr. Leonhardt, Herrn Hußke, Herrn Bendfeld und Herrn Hettinger - sowie Herrn Hess von der Firma 3S möchte ich für die Anforderungsdefinition, Mitgestaltung, Umsetzung und Evaluation der vorgestellten Konzepte aus Sicht der Industrie danken.

Für das intensive Korrekturlesen meiner Arbeit und für die damit verbundenen orthografischen und stilistischen Verbesserungsvorschlägen bedanke ich mich nochmals ausdrücklich bei Björn Hein, Frank Beeh, Thomas Längle und Dirk Osswald sowie insbesondere bei Andrea Scheid und Franz Scheid.

Ganz besonderer Dank gilt meiner Lebensgefährtin Andrea Scheid für ihre langjährige Unterstützung, ihren Ansporn, ihre Geduld und für alles andere während meiner Tätigkeit als Doktorand. Das gleiche gilt für meine Familie, die immer für mich da war; insbesondere danke ich meiner Mutter Lilli Zimmermann und meinem Vater Emil Zimmermann, der leider die Veröffentlichung dieser Arbeit nicht miterleben durfte. Wir vermissen Dich.

Augsburg, im Januar 2005   Uwe Zimmmermann

für Kuschel

Inhaltsverzeichnis

Verwendete Formelzeichen	**XIII**

1 Einleitung   1
    1.1 Motivation 1
    1.2 Ziele und wissenschaftlicher Beitrag 3
    1.3 Aufbau der Arbeit 4

2 Grundlagen und Begriffsdefinitionen   5
    2.1 Softwarekomponenten und Komponentenframework 5
    2.2 Komponenteninstanzen 9
    2.3 Komponenten vs. Objekte und Klassen 9
    2.4 Komponentenmodelle 10
        2.4.1 Abstrakte Komponentenmodelle 11
        2.4.2 Interaktion 14
        2.4.3 Komposition 15
        2.4.4 Komponentenbeschreibung 16
        2.4.5 Fehlerbehandlung 16
    2.5 Komponentenbasierte Softwareentwicklung 17
    2.6 Zusammenfassung 18

3 Problemstellung und Anforderungen   19
    3.1 Entwicklung von eingebetteten mechatronischen Systemen 19
    3.2 Produktadaption 21
    3.3 Anforderungen 23
        3.3.1 Abstraktes Komponentenmodell 23
        3.3.2 Vorgehensweise 24
        3.3.3 Komponentenframework 25
        3.3.4 Sonstige Anforderungen 26
        3.3.5 Laufzeiteffizienz - Sicherheit - Flexibilität 26
    3.4 Konfigurierbare Aspekte 27
    3.5 Zusammenfassung 28

4 Relevante Arbeiten   29
    4.1 Softwarekonfiguration 29
        4.1.1 Offline-Konfiguration 30
        4.1.2 Online-Konfiguration 31
        4.1.3 Dynamische Konfiguration 31

INHALTSVERZEICHNIS

       4.1.4   Vorteile der Online-Konfiguration 33
   4.2   Verwandte Forschungsfelder 34
       4.2.1   Komponentenrahmensystem 34
       4.2.2   Modellierungswerkzeuge 36
       4.2.3   Rechenmodelle 36
       4.2.4   Modellbasierte Ansätze 40
       4.2.5   Objektorientierte Frameworks 41
       4.2.6   Softwarearchitektur 41
       4.2.7   Aspektorientierte Programmierung 42
       4.2.8   Offene Systeme 43
       4.2.9   Produktlinien 43
       4.2.10 Fazit 44
   4.3   Systeme mit Offline-Konfiguration 45
       4.3.1   Koala 45
       4.3.2   PECOS 45
       4.3.3   VERTAF 45
   4.4   Systeme mit Online-Konfiguration 46
       4.4.1   IEC 61131 und IEC 61499 46
       4.4.2   OSACA 48
       4.4.3   MoBIES 49
       4.4.4   COROT Software 50
       4.4.5   Port Based Objects 51
       4.4.6   PÅLSJÖ 52
       4.4.7   ControlShell 52
   4.5   Zusammenfassung 53

5 Übergreifendes Komponentenmodell   **57**
   5.1   Domänenanalyse 57
   5.2   Datenfluss-Interaktionsmodell 60
   5.3   Allgemeine Datenflusskomponente 62
       5.3.1   Portverknüpfung und Kompositionskomponenten 66
   5.4   Zeitgesteuerte Datenflusskomponente 72
       5.4.1   Portverknüpfung und Kompositionskomponenten 74
   5.5   Generische Ports 75
   5.6   Ressourcenports 75
   5.7   Verknüpfbarkeit von Komponenten 76
   5.8   Zusammenfassung 77

6 Vorgehensweise für die Online-Konfiguration   **79**
   6.1   Komponenteneigenschaften 80
       6.1.1   Porteigenschaften 80
       6.1.2   Portinstanzen 82
       6.1.3   Aufrufeigenschaften 83
       6.1.4   Komponentenhierarchie 84
   6.2   Komponenten im Problemraum 86
       6.2.1   Typ- und Instanzbeschreibung 86
       6.2.2   Musterbeschreibung 87

INHALTSVERZEICHNIS

- 6.3 Beschreibungsprozess 87
  - 6.3.1 ZDK-Modell als Konfigurationsbeschreibung 87
  - 6.3.2 Gerätebeschreibung 89
- 6.4 Komponenten im Lösungsraum 90
  - 6.4.1 Instanzdatenbereich 91
- 6.5 Komponentenentwicklung 92
  - 6.5.1 Instanzdatenbereich 93
  - 6.5.2 Instanziierungs- und Initialisierungsfunktion 93
  - 6.5.3 Aktualisierungsfunktion 94
  - 6.5.4 Zyklische Hauptfunktion 95
  - 6.5.5 Zerstörungs- und Freigabefunktion 95
- 6.6 Entwicklungsprozess 96
  - 6.6.1 Komponentenentwurfswerkzeug 96
  - 6.6.2 Konfigurationswerkzeug 97
  - 6.6.3 Kompositionsprozess 103
- 6.7 Format der Beschreibungen 103
  - 6.7.1 Typbeschreibung 104
  - 6.7.2 Instanzbeschreibung 105
  - 6.7.3 Datenformat der Komponentenbeschreibungen 107
  - 6.7.4 Konfigurationsbeschreibung 107
  - 6.7.5 Datenformat der Konfigurationsbeschreibung 108
- 6.8 Zusammenfassung 110

7 Komponentenframework - Umsetzung im Lösungsraum 113
- 7.1 Realisierungskonzept für die Portverknüpfung 113
  - 7.1.1 Gemeinsame Portinstanz 116
  - 7.1.2 Kommunikationskomponenten 117
- 7.2 Komponenten-Framework-Schnittstelle - KFS 118
  - 7.2.1 Angebotene Schnittstelle 118
  - 7.2.2 Benötigte Schnittstelle 119
- 7.3 Komponentenframework 119
  - 7.3.1 Aufruf der Komponentenfunktionen 119
  - 7.3.2 Laufzeitsystem 121
  - 7.3.3 Konfigurationssystem 124
  - 7.3.4 Kommunikationssystem 127
- 7.4 Zusammenfassung 127

8 Praktischer Einsatz - Möglichkeiten der Online-Konfiguration 129
- 8.1 Systeme ohne Ablaufsteuerung 129
  - 8.1.1 Versuchsaufbau Eingebettetes System 130
  - 8.1.2 Versuchsaufbau PC-System 130
  - 8.1.3 Problembeschreibung 131
  - 8.1.4 Beispielkonfiguration 132
  - 8.1.5 Adaptionsszenarien 133
  - 8.1.6 Fazit 137
- 8.2 Systeme mit Ablaufsteuerung 138
  - 8.2.1 Automatische Geschwindigkeitsregelung 138

VII

		8.2.2	Problembeschreibung	139
		8.2.3	Regelungstechnischer Teil	140
		8.2.4	Berechnung der Sollgeschwindigkeit	140
		8.2.5	Ablaufsteuerung	141
		8.2.6	Fazit	144
	8.3	Komplexere Verhaltens- und Interaktionsmuster		144
		8.3.1	Datenraten	144
		8.3.2	Interaktionsmuster Datenpuffer	145
		8.3.3	Interaktionsmuster zeitgenaue Datenübernahme	146
		8.3.4	Interaktionsmuster konsumierendes Lesen	147
		8.3.5	Interaktionsmuster Inter-Daten-Konsistenz	149
	8.4	Zusammenfassung		157
9	**Zusammenfassung und Ausblick**			**159**
	9.1	Ergebnisse		159
		9.1.1	Komponentenmodell	160
		9.1.2	Vorgehensweise für die Online-Konfiguration	161
		9.1.3	Interaktionsmuster	163
	9.2	Ausblick		163
		9.2.1	Interaktionsmuster	163
		9.2.2	Ereignisse	164
		9.2.3	Modellbasierte Komponentenentwicklung	164
		9.2.4	Autonome Systeme	165
A	**Automatenmodelle**			**169**
	A.1	Automatenmodell einer ADK		169
	A.2	Automatenmodell einer ZDK		170
B	**SOFIA-Spezifikationen**			**173**
	B.1	IEC-Datentypen		173
	B.2	XML-Schemas		174
		B.2.1	Typbeschreibung	174
		B.2.2	Instanzbeschreibung	175
		B.2.3	Konfigurationsbeschreibung	176
	B.3	Beispielkomponente		177
		B.3.1	Komponente im Problemraum	178
		B.3.2	Komponente im Lösungsraum	178
	B.4	PORTINFO		181
	B.5	Funktionen der Komponenten-Framework-Schnittstelle		181
		B.5.1	Angebotene Schnittstellen	181
		B.5.2	Benötigte Schnittstellen	182
	B.6	Funktionen der Parser-Framework-Schnittstelle		183
		B.6.1	Angebotene Schnittstelle	183
		B.6.2	Benötigte Schnittstelle	184

Abbildungsverzeichnis

1.1 Entwicklung des Softwareanteils in mechatronischen Systemen. 2

2.1 Implizite und explizite Schnittstellen. 10
2.2 Klassifizierung von Komponentenmodellen. 11
2.3 Beispiel: dienstorientierte Komponente. 12
2.4 Komponentenbasiertes Entwicklungsmodell. 18

3.1 3-Rollen-Modell. 20
3.2 Anforderungsdreieck aus Sicherheit, Flexibilität und Laufzeit. 27

4.1 Offline-Konfiguration. 31
4.2 Online-Konfiguration 32
4.3 Beispiel: IEC61131-3. 47

5.1 Generatives Domänenmodell nach Czarnecki. 58
5.2 Ankerstrom-Regelkreis mit Begrenzung der Führungsgröße. 58
5.3 Lastkran-Regelung eines inversen Pendels. 59
5.4 Allgemeine Datenflusskomponente. 64
5.5 Ereigniszeitpunkte bezüglich einer Eingabesequenz. 65
5.6 Portverknüpfung zweier ADKs K^A und K^B. 68
5.7 Bildung einer Kompositionskomponenten aus zwei ADKs. 71
5.8 Zeitgesteuerte Datenflusskomponente. 73
5.9 ZDKs mit Ressourcenports. 77

6.1 Grundlegende Vorgehensweise für die Online-Konfiguration. 79
6.2 Merkmalsdiagramm der Porteigenschaften. 81
6.3 Verknüpfung zweier Ports mit und ohne PIs. 83
6.4 Merkmalsdiagramm der Aufrufeigenschaften einer Komponente. 83
6.5 ZDK-Modell als Anwendungbeschreibung 88
6.6 Komponentenentwicklung mit dem Komponentenentwurfswerkzeug. . . 97
6.7 Screenshots des Komponentenentwurfswerkzeuges. 98
6.8 Beschreibungsprozess mit dem Konfigurationswerkzeug. 99
6.9 Screenshots des Konfigurationswerkzeuges. 100
6.10 Kompositionsprozess auf dem Zielsystem. 104
6.11 Typbeschreibung. 105
6.12 Instanzbeschreibung. 106
6.13 Konfigurationsbeschreibung. 108
6.14 Vergleich der Dateigröße bei XML und WBXML. 110

7.1 Beispiel: Datentransfer dreier Werte mittels *Data-Push*. 114

ABBILDUNGSVERZEICHNIS

7.2 Beispiel: separater Datentransfer dreier Werte mittels *Data-Push*. 115
7.3 Datenaustausch mit dem GPI-Mechanismus. 116
7.4 Datenaustausch mit Kommunikationskomponente. 117
7.5 Komponentenframework 119
7.6 Ablauf der Funktionsaufrufe. 120
7.7 Beispiel: Rate Monotonic Algorithmus. 124
7.8 Ablauf des Kompositionsprozesses während der Startphase. 126
7.9 Möglichkeiten zur Anbindung des Parsers. 126

8.1 Versuchsaufbau mit eingebettetem System. 130
8.2 Versuchsaufbau mit PC-Version. 131
8.3 Zusammenhang zwischen Lage-Istwert und Lage-Sollwert. 132
8.4 Konfiguration der Beispielanwendung. 133
8.5 Szenario 1: Änderung des Hubs. 134
8.6 Teilkonfiguration zur Änderung des Hubs. 134
8.7 Szenario 3: Totzeit am oberen Reversierpunkt. 135
8.8 Teilkonfiguration mit Totzeit am oberen Reversierpunkt. 135
8.9 Szenario 4: Totzeit an beiden Reversierpunkten. 135
8.10 Teilkonfiguration mit Totzeit an beiden Reversierpunkten. 135
8.11 Szenario 5: Erhöhung von jedem zweiten Hub. 136
8.12 Teilkonfiguration zur Erhöhung von jedem zweiten Hub. 136
8.13 Flexible TriangleConv Komponente mit Parametertechnik. 137
8.14 Automatische Geschwindigkeitsregelung. 139
8.15 Regelungstechnische Teilkonfiguration. 140
8.16 Teilkonfiguration zur Berechnung der Sollgeschwindigkeit. 141
8.17 Beispiel der Signalverläufe der Sollgeschwindigkeitsberechnung. 141
8.18 Teilkonfiguration zur Ablaufsteuerung. 142
8.19 Zustandsautomat für die Ablaufsteuerung. 142
8.20 Zeitpunkt der Datenübernahme. 147
8.21 Konflikte bei Ereignissen. 148
8.22 Beispiel: Übertragung dreier Werte von SOURCE nach ADD. 149
8.23 Inter-Daten-Inkonsistenz: Leser unterbricht Schreiber. 150
8.24 Inter-Daten-Inkonsistenz: Schreiber unterbricht Leser. 151
8.25 Globaler und Lokale Datenpuffer bei Port Based Objects. 152
8.26 Zwei Puffer Lösung mit Kommunikationskomponente. 153
8.27 Inter-Daten-Konsistenz: Leser unterbricht Schreiber. 154
8.28 Inter-Daten-Konsistenz 1: Schreiber unterbricht Leser. 154
8.29 Inter-Daten-Konsistenz 2: Schreiber unterbricht Leser. 155
8.30 Beispiel: drei kooperierende Prozesse. 156

9.1 Online-Konfiguration mit modellbasiertem Generierungsprozess. 165
9.2 Rekonfigurationsregelkreis für autonome Systeme. 166
9.3 Beispiel: strukturelle Rekonfiguration. 167

A.1 Allgemeine Datenflusskomponente als Automatenmodell. 170
A.2 Zeitgesteuerte Datenflusskomponente als Automatenmodell. 171

B.1 Beispiel: MultAdd-Komponente. 177

Tabellenverzeichnis

3.1	Beispiel: typischer Parameter eines digitalen Antriebs	22
3.2	Beispiel: typische Parameterliste eines digitalen Antriebs	22
4.1	Gegenüberstellung von Systemen mit Online-Konfiguration	55
5.1	Unterschiedliche Tiefe der Vorgeschichte	66
6.1	Variable und festgelegte Eigenschaften bezüglich den drei Ebenen	85
6.2	Umsetzung der konfigurierbaren Aspekte	88
6.3	Zugriffsrechte auf Strukturelemente	92
8.1	Zustandstabelle des Zustandsautomaten	142
8.2	Generische Ports einer allgemeinen Automaten-Komponente	143
8.3	Konsumierendes Lesen mit neutralem Element (f)	149
B.1	Datentypen angelehnt an IEC61131-3	173

TABELLENVERZEICHNIS

Verwendete Formelzeichen

Schreibweisen

Skalare	a	(lateinische Kleinbuchstaben)
Vektoren	$\vec{A}$	(lateinische Großbuchstaben mit Vektorpfeil)
Folgen (Sequenzen)	$\tilde{A}$	(lateinische Großbuchstaben mit Tilde)
Mengen	$\mathbb{A}$	(lateinische Großbuchstaben mit Doppelstrich)
Funktionen	α	(griechische Kleinbuchstaben)

Beziehen sich die Formelzeichen auf eine bestimmte Komponente, so wird dies durch entsprechende hochgestellte Indizes gekennzeichnet: Die Menge der Eingangsports der Komponente K^A ist beispielsweise $\mathbb{I}^A$.

Lateinische Kleinbuchstaben

Symbol	Beschreibung	eingeführt	Seite
$c_{A \to B}$	Verknüpfung der Ausgangsports der Komponente A mit den Eingangsports der Komponente B	Def. 5.10	67
$c_{A \leftrightarrow B}$	Verknüpfung zweier Komponenten A und B	Def. 5.10	67
$c(i)$	Komplement von i (Index des mit dem Index i verknüpften Ports)	Def. 5.10	67
k_{ges}	Anzahl der Portgruppen eines ADK	Def. 5.7	63
j_{max}	maximale Anzahl Subports	Def. 5.15	75
x_i	wirksames Zeichen am $i$ten Eingangsport	Def. 5.4	63
x_{Ai}	anliegendes Zeichen am $i$ten Eingangsport	Def. 5.3	62

Lateinische Großbuchstaben

Symbol	Beschreibung	eingeführt	Seite
C_p	Ausführungszeit des Prozesses p	Gl. 7.3	123
D_{xi}	Eingabealphabet des $i$ten Eingangsports	Def. 5.3	62
D_{yi}	Ausgabealphabet des $i$ten Ausgangsports	Def. 5.6	63
E_k	Ausführungsereignis der Portgruppe k	Def. 5.7	63
E_S	statisches Aktualisierungsereignis (ZDK)	Def. 5.12	72
E_Z	zyklisches Zeitereignis (ZDK)	Def. 5.12	72
I_i	$i$ter Eingangsport	Def. 5.3	62
$I_i[j]$	$j$ter Subport des generischen $i$ten Eingangsports	Def. 5.15	75
O_i	$i$ter Ausgangsport	Def. 5.6	63

VERWENDETE FORMELZEICHEN

Symbol	Beschreibung	eingeführt	Seite
$O_i[j]$	$j$ter Subport des generischen $i$ten Ausgangsports	Def. 5.15	75
$O_{c(i)}$	mit I_i verknüpfter Ausgangsport (komplementäre Ports)	Def. 5.10	67
P_p	Prozess p	Gl. 7.1	123
T_p	Zykluszeit des Prozesses p	Gl. 7.2	123
$\vec{X}$	wirksamer Eingabevektor	Def. 5.4	63
$\vec{X_A}$	anliegender Eingabevektor	Def. 5.3	62
$\vec{X_S}$	statischer wirksamer Eingabevektor (ZDK)	Def. 5.12	72
$\vec{X_Z}$	zyklischer wirksamer Eingabevektor (ZDK)	Def. 5.13	74
$\tilde{X}$	wirksame Eingabesequenz	Def. 5.5	63
$\tilde{X}_k$	wirksame Eingabesequenz der Portgruppe k	Def. 5.9	66
$\tilde{X}_Z$	zyklische wirksame Eingabesequenz (ZDK)	Def. 5.12	72
$\vec{Y}$	Ausgabevektor	Def. 5.6	63
$\vec{Y_k}$	Ausgabevektor der Portgruppe k	Def. 5.7	63
$\vec{Y_S}$	statischer Ausgabevektor (ZDK)	Def. 5.12	72
$\vec{Y_Z}$	zyklischer Ausgabevektor (ZDK)	Def. 5.12	72

Mengen

Symbol	Beschreibung	eingeführt	Seite
$\mathbb{D}_x$	Menge der Eingabealphabete	Def. 5.3	62
$\mathbb{D}_y$	Menge der Ausgabealphabete	Def. 5.6	63
$\mathbb{E}$	Menge der Ausführungsereignisse	Def. 5.11	68
$\mathbb{I}$	Menge der Eingangsports	Def. 5.3	62
$\mathbb{I}_k$	Menge der Eingangsports der Portgruppe k	Def. 5.7	63
$\mathbb{I}_S$	Menge der statischen Eingangsports (ZDK)	Def. 5.12	72
$\mathbb{I}_Z$	Menge der zyklischen Eingangsports (ZDK)	Def. 5.12	72
$\mathbb{I}_V$	Menge der verknüpften Eingangsports	-	67
$\mathbb{O}$	Menge der Ausgangsports	Def. 5.6	63
$\mathbb{O}_k$	Menge der Ausgangsports der Portgruppe k	Def. 5.7	63
$\mathbb{O}_S$	Menge der statischen Ausgangsports (ZDK)	Def. 5.12	72
$\mathbb{O}_Z$	Menge der zyklischen Ausgangsports (ZDK)	Def. 5.12	72
$\mathbb{O}_V$	Menge der verknüpften Ausgangsports	-	67
$\mathbb{P}$	Menge von Prozessen	Gl. 7.1	123
$\mathbb{R}_I$	Menge der Eingabe-Ressourcenports	Def. 5.18	76
$\mathbb{R}_{IO}$	Menge der gemischten Ressourcenports	Def. 5.18	76
$\mathbb{R}_O$	Menge der Ausgabe-Ressourcenports	Def. 5.18	76

Griechische Kleinbuchstaben

Symbol	Beschreibung	eingeführt	Seite
β_k	Ausgabefunktion der Portgruppe k	Def. 5.7	63
β_S	statische Ausgabefunktion (ZDK)	Def. 5.12	72
β_Z	zyklische Ausgabefunktion (ZDK)	Def. 5.12	72

Kapitel 1

Einleitung

„Software and cathedrals are much the same:
first we build them, then we pray"
Sam Redwine

Im Rahmen dieser Arbeit wurde ein Softwarekomponentenmodell sowie ein Komponentenframework für eingebettete echtzeitfähige Mechatroniksysteme konzipiert. Hierbei liegt der Schwerpunkt auf wiederverwendbaren Softwarekomponenten, die möglichst unabhängig voneinander entwickelt werden können und deren Verwendung in unterschiedlichen Kontexten möglich ist. Neben der Wiederverwendbarkeit steht die Flexibilität im Vordergrund. Die in der vorliegenden Arbeit dargestellten Methoden und Verfahren ermöglichen es, die aus den einzelnen Komponenten erstellte Anwendung neu zu konfigurieren. Die Neukonfiguration kann erfolgen, ohne dass die Gesamtanwendung erneut übersetzt bzw. verlinkt werden muss. Die Anwendung wird entsprechend einer Konfigurationsbeschreibung während der Bootphase rekonfiguriert, so dass das gewünschte Systemverhalten erreicht wird.

1.1 Motivation

Charakteristisch für mechatronische Systeme ist die Integration von elektronischen, mechanischen und informationstechnischen Teilsystemen. Heutige mechatronische Systeme werden zunehmend mit neuer Funktionalität ausgestattet und müssen zudem flexibel anpassbar sein. Neue Funktionalität und Flexibilität wird im Wesentlichen durch die Systemsoftware erreicht. Wie Abbildung 1.1 zeigt, ist der Anteil von Software in mechatronischen Systemen in den letzten Jahren rapide gestiegen. Dies liegt maßgeblich daran, dass sich neue Funktionalität wesentlich kostengünstiger in Software als in Hardware realisieren lässt.

Hierbei nimmt vor allem eingebettete Software eine Schlüsselstellung ein. In technischen Geräten, wie z.B. digitale Antriebe, Feldgeräte, intelligente Sensoren und Aktoren usw. wird eingebettete Software eingesetzt, um zeitkritische, sicherheitskritische und innovative Funktionalität zu realisieren. Dabei steht die Überwachung und Steuerung von realen Prozessen im Vordergrund. Deshalb sind solche Softwaresysteme meist Steuerungs- und Regelungssysteme mit harten Echtzeitanforderungen. Der Entwicklungsprozess von eingebetteter Steuerungs- und

Einleitung

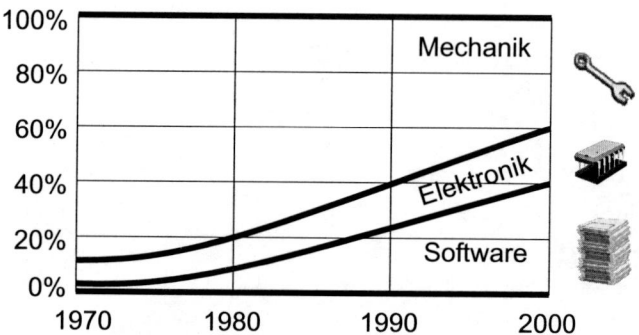

Abbildung 1.1: Entwicklung des Softwareanteils in mechatronischen Systemen (aus [SFv+00]).

Regelungssoftware unterliegt vielfältigen Anforderungen und umfasst beispielsweise rapide wachsende Systemkomplexität, hohen Kostendruck und ständig kürzer werdende Produkt- und Innovationszyklen bei hoher Varianten- und Versionsvielfalt.

Diesen vielseitigen Anforderungen an mechatronische Systeme steht in der Praxis häufig eine fehlende Systematik beim Entwicklungsprozess gegenüber. Eingebettete Echtzeitsysteme werden maßgeblich immer noch *ad hoc* entwickelt. Des Weiteren ist die so entwickelte Software häufig monolithisch aufgebaut.

Insbesondere in der Automatisierungsindustrie wirft dies eine Reihe von Problemen auf. Die Stärke der europäischen - insbesondere der deutschen - Automatisierungsindustrie besteht maßgeblich darin, dass die Produkte individuell angepasste Einzellösungen für die speziellen und vielfältigen Kundenanforderungen darstellen. Aufgrund dieses daraus resultierenden Einzelfertigungscharakters ergeben sich hohe Variantenvielfältigkeiten sowie hohe Entwicklungskosten. Entsprechend hohe Folgekosten ergeben sich bei der Pflege und Wartung dieser Systeme, da sie meist Teilsysteme von langlebigen Investitionsgütern sind.

Im Bereich der Mechanik und der Elektronik werden seit Jahren Baukastensysteme eingesetzt. Die dort gewonnenen Erfahrungen zeigen, dass sich die angesprochenen Probleme wesentlich reduzieren lassen, wenn das Gesamtprodukt aus vorgefertigten, vorab getesteten und standardisierten Komponenten gefertigt wird. Dies lässt sich auch auf die Entwicklung von Software übertragen. Schon 1968 forderte McIlroy [McI69] auf der NATO-Konferenz in Garmisch-Partenkirchen eine Art „Software-Zulieferindustrie", die es ermöglicht, komplexe Softwaresysteme aus einzelnen, vorgefertigten Teilkomponenten zusammenzusetzen. Aber auch über 35 Jahre später ist die informationstechnische Gesellschaft von McIlroys visionären Vorstellungen eines firmenübergreifenden Komponentenmarktes noch weit entfernt. Obwohl bei Office- und Internetanwendungen die komponentenbasierte Softwareentwicklung recht weit fortgeschritten ist, gibt es jedoch kaum entsprechende Lösungen für eingebettete Systeme mit harten Echtzeitanforderungen.

Existierende Lösungsansätze beruhen fast durchgehend auf der Methode der Softwaresynthese. Stellt man jedoch die zusätzlichen Anforderungen, dass kein zusätzlicher Code zur Integration der Softwarekomponenten erstellt werden soll und dass das System auch dann modifizierbar sein soll, wenn es schon vor Ort beim Kunden installiert ist, stoßen die bisherigen Methoden an ihre Grenzen. Deshalb wird ein neuer Lösungsansatz benötigt, der Methoden und Verfahren zur Verfügung stellt, eine Anwendung ohne erneute Übersetzung online zu konfigurieren. Hierzu bietet sich die Methode der Softwarekomposition an, bei der ausführbare Komponenten direkt miteinander verknüpft werden. Da bei den betrachteten Systemen der Verarbeitungstakt der Komponenten unabhängig von der Datenrate der eingehenden Signale ist, wird als Softwarearchitektur ein Datenflussmodell gewählt, bei dem Komponenten nur die aktuellsten zur Verfügung stehenden Daten berücksichtigen.

Ein weiteres Problem ergibt sich dadurch, dass Softwareentwickler in Automatisierungsbereich sowohl hohes Prozesswissen besitzen müssen als auch hardwarenahe Systemprogrammierung beherrschen sollten. Eine stärkere Entkopplung zwischen Anwendungsentwicklung (Problemraum) und Echtzeitprogrammierung (Lösungsraum) ist hier von außerordentlicher Wichtigkeit.

1.2 Ziele und wissenschaftlicher Beitrag

Hauptziel dieser Arbeit ist eine echtzeitfähige Komponentenarchitektur mit standardisierten Schnittstellen zur Online-Konfiguration. Dabei können folgende drei wesentlichen Teilziele definiert werden:

1. ein Softwarekomponentenmodell,

2. eine Vorgehensweise für die Online-Konfiguration und

3. ein Komponentenframework.

Die konzipierten Methoden richten sich an Entwickler von mechatronischen Systemen, um diesen die einfache Entwicklung von korrekten, zuverlässigen, test- und wartbaren Softwaresystemen zu ermöglichen, unter gleichzeitiger Reduktion der Entwicklungszeit und der Gesamtkosten. Um dieses Ziel zu erreichen, wurden Forschungen in den Bereichen Softwarearchitektur, Software Engineering, Komponententechnologie sowie Echtzeitsysteme durchgeführt. Der wissenschaftliche Beitrag dieser Arbeit lässt sich im Wesentlichen in drei Bereiche einteilen.

Es wurde ein allgemeines Modell für Datenflusskomponenten entwickelt; aus diesem wurde das für diese Arbeit zentrale Komponentenmodell für zeitgesteuerte Datenflusskomponenten abgeleitet. Dieses Modell dient zur einheitlichen Bildung von Konfigurationsbeschreibungen.

Im Bereich des Software Engineerings wird dargelegt, dass sich der Konfigurationsprozess in zwei Teilprozesse zerlegen lässt. Diese Betrachtungsweise ermöglicht die Definition der Online-Konfiguration. Entsprechend wurde ein übergeordneter Softwareentwicklungsprozess definiert. Grundsätzlich wurde auf eine strikte

Einleitung

Einteilung in Problemraum und Lösungsraum geachtet. Darauf aufbauend wurde der gesamte Entwicklungsprozess auf drei Rollen verteilt: Komponentennutzer, Komponentenentwickler und Komponentenframeworkentwickler. Dies ermöglicht, dass sich bei der Entwicklung solch komplexer Systeme, einzelne daran beteiligte Personen auf ihre Fachkompetenz konzentrieren können.

Ein weiterer wesentlicher Grundgedanke ist die Aspekttrennung beim Entwurf komplexer Systeme. Im Rahmen dieser Arbeit wird gezeigt, wie unterschiedliche Aspekte konfiguriert werden können. Insbesondere die Integration diverser komplexer Interaktionsmuster in ein online konfigurierbares System mit Hilfe des neuen Konzepts der Kommunikationskomponenten spielen eine zentrale Rolle. In dieser Arbeit wurde zusätzlich ein neues Verfahren zur Sicherstellung der Datenkonsistenz bei prozessübergreifender Kommunikation konzipiert.

1.3 Aufbau der Arbeit

Nachdem die vorliegende Forschungsarbeit motiviert wurde, soll nun der Aufbau dieser Dissertation dargestellt werden. In Kapitel 2 werden allgemeine Grundlagen und Begriffsdefinitionen dargestellt. Anschließend wird in Kapitel 3 detailliert auf die Problemstellung eingegangen und die Anforderungen an ein komponentenorientiertes Softwaresystem für eingebettete Mechatroniksysteme formuliert. Eine Diskussion hinsichtlich des Stands der Technik und Forschung findet sich in Kapitel 4.

Die darauf folgenden Kapitel beschäftigen sich mit den in dieser Arbeit konzipierten Methoden. In Kapitel 5 wird ein für die Online-Konfiguration geeignetes Komponentenmodell dargestellt, welches maßgeblich dazu dient, Anwendungen zu beschreiben. Kapitel 6 beschäftigt sich anschließend mit der Vorgehensweise für die Online-Konfiguration. Hier wird präsentiert, wie Komponenten im Problemraum und im Lösungsraum dargestellt werden, mit welchen Methoden der Komponentenentwickler die Transformation zwischen diesen beiden Räumen erzielt und wie der Komponentennutzer neue Anwendungen durch Erzeugen einer Konfigurationsbeschreibung entwickeln kann. Das Komponentenframework wird in Kapitel 7 vorgestellt. Hier wird aufgezeigt, wie ein Komponentenframeworkentwickler die Methoden auf einer Zielplattform umsetzen kann. Untersuchungen hinsichtlich der Flexibilität und deren Ergebnisse erfolgen in Kapitel 8. Hier werden anhand einfacher Beispiele die Möglichkeiten, aber auch die Grenzen der entwickelten Beispielimplementierung diskutiert. Ausführlich wird behandelt, wie die Konfigurationsmöglichkeiten durch die Integration von komplexen Interaktionsmustern erweitert werden können.

Abschließend erfolgt in Kapitel 9 die Zusammenfassung dieser Dissertation sowie ein Ausblick auf zukünftige Forschungsarbeiten im Themenbereich der komponentenbasierten Softwarekonfiguration von eingebetteten Systemen.

Wesentliche Teile dieser Arbeit entstanden im Rahmen des Projekts SOFIA (modulares Softwaresystem für intelligente Antriebe), welches als Teil des Programms „Forschung für die Produktion von morgen" vom BMBF gefördert wurde [Zim04] [ZLW02b] [WZLW03] [WWZ03] [WKLZ01].

Kapitel 2

Grundlagen und Begriffsdefinitionen

> „Eine Sache kann mit Sicherheit behauptet werden:
> Komponenten sind zur Komposition bestimmt. Nomen est Omen"
> Clemens Szyperski

In einem so schnell wachsenden Wissenschaftszweig wie in der Informatik kommt es zwangsläufig dazu, dass derselbe Begriff innerhalb verschiedener Ausarbeitungen unterschiedlich interpretiert wird. Uneinheitliche Definitionen von zentralen Begriffen, wie z.B. *Komponente*, können zu Missverständnissen und Unklarheiten führen. Deshalb wird im Folgenden definiert, wie solche Begriffe in dieser Arbeit Verwendung finden. Begriffe, die eindeutig sind bzw. in der Literatur weitestgehend einheitlich verwendet werden, wie z.b. *Datentyp*, werden nicht explizit definiert.

Dieses Kapitel ist folgendermaßen strukturiert: Im ersten Abschnitt werden Definitionen der Begriffe Softwarekomponente und Komponentenframework dargestellt, wie sie in der Literatur zu finden sind und wie sie in dieser Arbeit verwendet werden. Anschließend wird erläutert, was Komponenteninstanzen sind. Eine Abgrenzung von Komponenten und Objekten bzw. Klassen erfolgt in Abschnitt 2.3. Abschnitt 2.4 erläutert grundlegende Eigenschaften von Komponentenmodellen. Das Kapitel wird mit grundlegenden Betrachtungen zur komponentenbasierten Softwareentwicklung sowie einer Zusammenfassung abgeschlossen.

2.1 Softwarekomponenten und Komponentenframework

Für den Begriff der Softwarekomponente, im Folgenden häufig einfach als Komponente bezeichnet, gibt es nahezu so viele Definitionen wie es Publikationen zu diesem Thema gibt. Die folgende Auswahl an unterschiedlichen Begriffsdefinitionen soll einen Einblick auf die Komplexität des Themenbereichs der komponentenbasierten Systeme geben.

Eine vielfach zitierte Definition von Komponenten ist das Ergebnis des *Workshop on Component-Oriented Programming* im Rahmen der *10. European Conference on Object Oriented Programming (ECOOP '96)* [SC97]:

Grundlagen und Begriffsdefinitionen

> *A software component is a unit of composition with contractually specified interfaces and explicit context dependencies only. A software component can be deployed independently and is subject to composition by third parties.*

Diese Definition wird in vielen Veröffentlichungen allein Szyperski zugerechnet. Szyperski stellt aber auf Seite 41 in [SGS02] fest, dass die Definition im Rahmen des Workshops und nicht von ihm allein geschaffen wurde. Szyperski fordert darüberhinaus, dass Komponenten keinen observierbaren Zustand haben.

Laut Griffel [Gri98] ist eine Softwarekomponente

> *ein Stück Software, das klein genug ist, um es in einem Stück erzeugen und pflegen zu können, groß genug ist, um eine sinnvoll einsetzbare Funktionalität zu bieten und eine individuelle Unterstützung zu rechtfertigen sowie mit standardisierten Schnittstellen ausgestattet ist, um mit anderen Komponenten zusammenzuarbeiten.*

Buchholz [Buc99] macht folgenden Definitionsvorschlag:

> *Eine Komponente ist ein Softwarebaustein, der über seine standardisierte(n) Schnittstelle(n) eine in sich geschlossene, nicht zu spezifische Funktionalität anbietet, um in mehreren Entwicklungs- und Systemumgebungen wieder verwendet zu werden.*

Heineman und Council [CH01] verstehen unter einer Komponente ein Softwareelement, welches mit einem eindeutig vordefinierten Komponentenmodell übereinstimmt und nach den Vorschriften eines Kompositionsstandards mit anderen Softwareelementen interagieren kann, ohne dass Veränderungen am Softwareelement notwendig sind.

Sametinger [Sam97] sieht den Hauptnutzen von Softwarekomponenten in der Wiederverwendung. Er definiert daher wiederverwendbare Softwarekomponenten folgendermaßen:

> *Reusable software components are self-contained, clearly identifiable artefacts that describe and/or perform specific functions and have clear interfaces, appropriate documentation and a defined reuse status.*

Wesentlich weiter geht die Forschergruppe um Nierstrasz [LSNA97]. Dort wird herausgestellt, dass Softwarekomponenten nicht isoliert betrachtet werden können, sondern:

> *Eine Softwarekomponente ist ein Element eines Komponentenframeworks.*[1]

Als Definition für ein Komponentenframework beziehen sie sich auf Shaw und Garlan [SG96]:

---

[1] Übersetzung aus [NL97]

2.1 Softwarekomponenten und Komponentenframework

Ein Komponentenframework besteht aus einer Bibliothek von Komponenten und einer zugehörigen Softwarearchitektur, welche die Basiseigenschaften der Plugs und die Art und Weise der Komposition festlegt.[2]

Unter Plugs werden hierbei die Softwareschnittstellen verstanden. Diese rekursive Definition zeigt die enge Verbundenheit der Begriffe Softwarekomponente und Komponentenframework. Ein Komponentenframework bietet eine Umgebung, in die Softwarekomponenten integriert werden können, so dass diese miteinander arbeiten können.

Auch andere Wissenschaftler haben diese Verbindung erkannt, auch wenn sie dies nicht so explizit formulieren wie die Gruppe um Nierstrasz. So versteht Szyperski unter einem Komponentenframework eine Softwareeinheit, die Komponenten, welche konform zu einem bestimmten Standard sind, unterstützt und es ermöglicht, Instanzen dieser Komponenten in das Komponentenframework „einzustecken". Weiterhin formuliert er, dass ein Komponentenframework Umgebungsbedingungen für die Komponenten errichtet und die Interaktion zwischen den Komponenten reguliert [SGS02]. Dadurch werden Passfehler zwischen Komponenten verhindert. Passfehler entstehen, wenn Komponenten nicht korrekt miteinander interagieren können [Heu04].

Oftmals finden sich ähnliche Konzepte auch unter Verwendung einer anderer Terminologie. So bezeichnen Heineman und Council eine bestimmte Auswahl ausführbarer Softwareelemente, die benötigt werden, um die Ausführung von Komponenten zu unterstützen, als *component model implementation*. Auch hier gilt, dass die Komponenten konform zu einem Komponentenmodell sein müssen, welches spezifische Interaktionen und Kompositionsstandards definiert [CH01].

Prinzipiell kann man den Zusammenhang zwischen Komponenten und Komponentenframework folgendermaßen abstrahieren: Ein Komponentenframework vereinigt die gemeinsamen Konzepte der Komponenten und ermöglicht dadurch, dass sich der Komponentenentwickler bei der Entwicklung von Komponenten auf deren funktionale Eigenschaften konzentrieren kann. Durch den Einsatz von Komponentenframeworks unterliegen die Komponenten bestimmten Restriktionen. Dadurch werden zwar Passfehler vermieden, andererseits kann dies zu Einschränkungen hinsichtlich der allgemeinen Verwendbarkeit führen.

Komponentensysteme, die zur Vermeidung von Passfehlern Komponentenframeworks einsetzen, sind so genannte Komponentenrahmensysteme. Es gibt auch Komponentensysteme, die ohne explizites Komponentenframework auskommen. Bei diesen werden die entsprechenden Interaktions- und Kompositionsaspekte in den einzelnen Komponenten integriert. Auch wenn diese Integration durch geeignete Werkzeuge automatisiert werden kann, führt dies zu komplexen Einzelkomponenten.

Wie man sieht, ist es nicht einfach, eine allgemeingültige Definition der Begriffe Softwarekomponente und Komponentenframework zu geben. Czarnecki [CE00] sieht daher die Komponente als einen natürlichen Begriff[3], welcher nicht eindeutig

---

[2]Übersetzung aus [NL97]
[3]Wittgenstein [Wit53] zeigt die Problematik beim Definieren von natürlichen Begriffen an-

definierbar ist. Deshalb soll an dieser Stelle auch keine erneute Definition erfolgen. Vielmehr wird ein anderer Ansatz gewählt. Es werden einige wesentliche Merkmale aufgezählt, die die oben genannten Begriffe beschreiben. Hierbei sind die Merkmale entsprechend ihrer Wichtigkeit geordnet. Das bedeutet, dass das zuerst genannte Merkmal das wichtigste Kennzeichen ist und auch in den meisten zuvor genannten Definitionen wiederzufinden ist, während das letzte Merkmal in der Fachwelt umstritten ist, aber dennoch von vielen als Kennzeichen von Komponenten angesehen wird. Je mehr Merkmale eine Softwarekomponente bzw. ein Komponentenframework erfüllt, desto eher entspricht sie bzw. es dem Begriffsverständnis des Autors.

Definition 2.1 *Softwarekomponenten sind Teile einer Komposition und besitzen folgende Merkmale:*

- Merkmal MK1: *sie haben eine in sich abgeschlossenen Funktionalität,*

- Merkmal MK2: *sie besitzen klar definierte Schnittstellen, das heißt, sie bieten Schnittstellen an (provided interfaces) und benötigen u. U. Schnittstellen (required interfaces),*

- Merkmal MK3: *sie haben darüberhinaus keine weiteren (impliziten) Abhängigkeiten,*

- Merkmal MK4: *sie sind konform zu einem standardisierten Komponentenmodell (s. 2.4),*

- Merkmal MK5: *sie haben keinen (observierbaren) Zustand,*

- Merkmal MK6: *sie sind (mehrfach) instanziierbar,*

- Merkmal MK7: *sie benötigen ein Komponentenframework,*

- Merkmal MK8: *sie liegen als ausführbare Softwareeinheiten vor.*

Komponenten existieren prinzipiell nie alleine. Sie sind immer Teil eines Komponentenpools und dienen immer dazu, mit anderen Komponenten zu einen System zusammengesetzt zu werden. Die Kompositionsfähigkeit ist somit ein notwendiges Merkmal einer Komponente.

Zusätzliche Schwierigkeiten bei der Definition von Komponenten entstehen dadurch, dass der Komponentenbegriff bezüglich unterschiedlicher Phasen variieren kann. So kann eine Komponente je nach dem, ob man sie zum Zeitpunkt der Konstruktion, der Übersetzung, des Deployments, des Programmstarts oder dynamisch zur Laufzeit betrachten, unterschiedliche Eigenschaften haben (vgl. 6.1.4). Auch die Schnittstellen einer Komponente können bezüglich dieser Zeitpunkte variieren. So kann zwischen Schnittstellen im Problemraum und im Lösungsraum unterschieden werden (vgl. 6.5).

---

hand des Begriffes „Spiel". Er zeigt auf, dass ein Spiel keine allgemeingültigen Eigenschaften besitzt, z.B. es gibt einen Gewinner, es müssen mindestens zwei Gegner vorhanden sein, es dient zur Zerstreuung und zur Unterhaltung, etc. Es wird gezeigt, dass es Spiele gibt, die diese Eigenschaften nicht haben. Dennoch wird mit dem Begriff „Spiel" ein Konzept festgelegt, unter dem die meisten Menschen dasselbe verstehen.

2.2 Komponenteninstanzen

Definition 2.2 *Ein **Komponentenframework** besitzt folgende Merkmale:*

- Merkmal MF1: *es ist eine Implementation gemäß dem zugrundeliegenden Komponentenmodell (s. 2.4),*
- Merkmal MF2: *es ermöglicht die Interaktion zwischen den Komponenten,*
- Merkmal MF3: *es dient als „Substrat", auf bzw. in das die Komponenten „eingesteckt" werden können,*

2.2 Komponenteninstanzen

Merkmal MK6 fordert, dass Komponenten instanziierbar sind. Ähnlich wie Klassen bei der objektorientierten Programmierung stellen Komponenten eine Art Beschreibung bzw. Plan dar. Gemäß dieser Beschreibung können Komponenteninstanzen gebildet werden, welche über eine abstrakte Identität verfügen. In vielen aktuellen Ansätzen sind Komponenten Einheiten mit nur einer Instanz. Dies führt dazu, dass häufig Komponenteninstanzen und Komponenten als das gleiche Konzept angesehen werden. Es ist jedoch wichtig, Verwechslungen zwischen beiden Begriffen zu verhindern. Dies gilt insbesondere für das Verständnis des Komponentenkonzepts, wie es in dieser Arbeit Verwendung findet.

Auch Szyperski weist darauf hin, dass Komponenten und Komponenteninstanzen unterschiedliche Konzepte sind. So weisen Komponenten keinen observierbaren Zustand auf (vgl. Merkmal MK5) und sind somit in verschiedenen Kontexten wiederverwendbar. Mögliche Ausnahmen sind allgemeine Attribute, wie z.B. eine Kennungsnummer. Instanzen können jedoch sehr wohl einen Zustand besitzen. Darüberhinaus sind sie über eine abstrakte Identität referenzierbar [SGS02].

Während Komponenten so gestaltet sind, dass sie in verschiedenen Anwendungen eingesetzt werden können, sind Komponenteninstanzen für einen konkreten Anwendungsfall konfiguriert. In Abschnitt 6.1.4 wird detailliert auf das Konzept der Komponenteninstanzen eingegangen und eine entsprechende Definition nachgereicht. Komponenteninstanzen können als Komponenten zur Laufzeit angesehen werden.

2.3 Komponenten vs. Objekte und Klassen

Wegen der häufig synonymen Verwendung der Begriffe *Objekt, Klasse* bzw. *Modul* sowie dem Begriff der *Komponente* soll an dieser Stelle ausdrücklich auf deren Unterschiede hingewiesen werden. Obwohl es in der Fachliteratur hierüber keine Einigung gibt, lassen sich die Begriffe gemäß der Merkmalsdefinitionen des vorangegangenen Abschnittes voneinander abgrenzen. Auch andere Autoren weisen auf Unterschiede bezüglich der obigen Begriffe hin [Fra99] [SGS02] [Gri98].

Komponenten und Klassen weisen deutliche Parallelen auf; so kann eine Komponente durchaus durch eine Klasse implementiert werden. Jedoch ist es auch möglich, Komponenten durch mehrere Klassen oder sogar nicht objektorientiert in Form eines gekapselten Moduls zu realisieren.

Grundlagen und Begriffsdefinitionen

Dass eine Klasse nicht automatisch als Komponente gesehen werden kann, ergibt sich aus den Merkmalen MK2 und MK3. Hier wird gefordert, dass es klar definierte Schnittstellen und nur explizite Abhängigkeiten gibt. Diese Schnittstellen werden in Anlehnung an das Forschungsfeld der Software Architektur eingeteilt in *angebotene Funktionalität (provided interface)* und in *benötigte Funktionalität (required interface)* [CH01]. Während die angebotene Schnittstelle bei Klassen durch entsprechende öffentliche Methoden explizit dargestellt ist, ergeben sich die benötigten Abhängigkeiten prinzipiell implizit innerhalb der Implementierung. Diese Abhängigkeiten sind im Regelfall durch Methodenaufrufe im Quellcode „versteckt". So kann normalerweise aufgrund einer Klassendeklaration nicht darauf geschlossen werden, welche anderen Klassen zur korrekten Funktionsweise benötigt werden. Hier hilft nur ein Blick darauf, welche Headerfiles bzw. Packages eingebunden wurden. (s. Abb. 2.1).

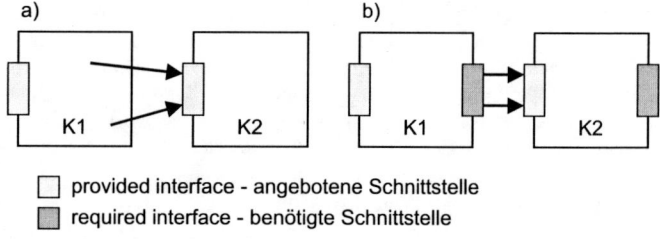

☐ provided interface - angebotene Schnittstelle
▨ required interface - benötigte Schnittstelle

Abbildung 2.1: Schematische Darstellung von a) impliziten im Code versteckten und b) expliziten benötigten Schnittstellen (required interfaces).

Auch Objekte und Komponenten sind zwei unterschiedliche Konzepte [Fra99]. Objekte besitzen viel eher die Eigenschaften von Komponenteninstanzen als von Komponenten. Da Objekte schon Instanzen sind, lassen sie sich zum Beispiel nicht nochmals instanziieren (vgl. Merkmal MK6).

2.4 Komponentenmodelle

Für die korrekte Zusammenarbeit von Komponenten, insbesondere hinsichtlich der Anforderung, Komponenten wiederzuverwenden, müssen Vorschriften geschaffen werden. Die Sammlung aller für eine Komponente zutreffenden Vorschriften ist das Komponentenmodell. Komponentenmodelle legen die Eigenschaften für die Entwicklung und Ausführung von Komponenten fest und stellen strukturelle und verhaltensorientierte Anforderungen an die Komponenten [GT00]. In Anlehnung an [CH01] erfolgt die Definition des Begriffes Komponentenmodell.

Definition 2.3 *Ein **Komponentenmodell** definiert Standards und Vorschriften in syntaktischer und semantischer Hinsicht, die eine Komponente erfüllen muss, insbesondere bezüglich Schnittstellen, Interaktion und Komposition.*

2.4 Komponentenmodelle

Wesentliches Kriterium hierbei ist das Verhindern von Passfehlern. Komponentenmodelle sollten so gestaltet sein, dass die Komposition von Komponenten ohne Komplikationen ermöglicht wird. Sind Komponentenmodelle zu unspezifisch bzw. unvollständig, so kann es aufgrund impliziter Annahmen zu Kompatibilitätsproblemen zwischen Komponenten kommen. Die Komposition von Komponenten mit fehlenden bzw. unterschiedlichen Komponentenmodellen ist aufgrund der unterschiedlichen zugrundeliegenden Architekturen mit großen Problemen verbunden [GAO95].

Ein vollständiges Komponentenmodell sollte Komponenten auch bezüglich der unterschiedlichen Abstraktionen (Problem-/Lösungsraum) beschreiben. Von den vielfältigen Facetten, die durch ein Komponentenmodell festlegt werden können, soll an dieser Stelle auf folgende Punkte eingegangen werden: abstrakte Komponentenmodelle sowie die wesentlichen drei Eigenschaften Interaktion, Komposition und Komponentenbeschreibung inklusive Schnittstellen. Zudem wird kurz die Fehlerbehandlung diskutiert.

2.4.1 Abstrakte Komponentenmodelle

Komponentenmodelle können sowohl abstrakte Sichtweisen als auch konkrete Implementierungsvorschriften enthalten. Abstrakte Komponentenmodelle versuchen idealerweise Komponenten unabhängig von der Implementierung zu beschreiben. An dieser Stelle sollen einige grundlegende abstrakte Komponentenmodelle vorgestellt werden, ohne auf die Ebene der Implementierung einzugehen. Es existiert zwar eine Vielzahl diverser Komponentenmodelle, doch diese haben zum Teil ähnliche Grundeigenschaften. Aufgrund dieser Grundeigenschaften wird die in Abbildung 2.2 dargestellte hierarchische Einteilung vorgeschlagen. Diese Klassifizierung dient zur groben Orientierung. Selbstverständlich existieren Komponentenmodelle, die Mischformen darstellen.

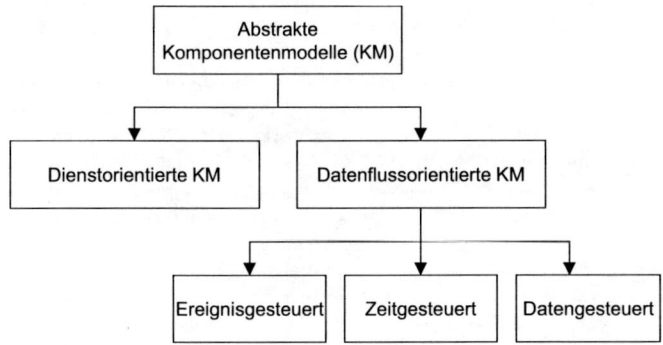

Abbildung 2.2: Klassifizierung von Komponentenmodellen.

Grundlagen und Begriffsdefinitionen

Dienstorientierte Komponentenmodelle

Bei den dienstorientierten Komponentenmodellen entsprechen die Schnittstellen Serviceaufrufen. Hierbei kann zwischen angebotenen Diensten (provided services) und benötigten Diensten (required services) unterschieden werden. Ein typisches Beispiel ist die in Abbildung 2.3 dargestellte Buchungskomponente. Sie bietet drei Dienste an: *Einzahlen*, *Auszahlen* und *Kontostand*. Diese Dienste können von anderen Komponenten benutzt werden. Die Buchungskomponente selbst benötigt zwei Dienste: *AktuelleZeit*, um die aktuelle Zeit abzurufen, und *Währungskurs*, um gegebenenfalls aktuelle Währungskurse zu Umrechnungszwecken ermitteln zu können.

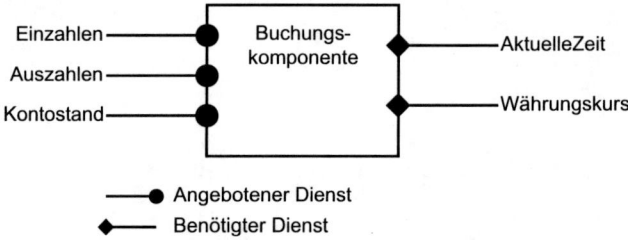

Abbildung 2.3: Beispiel für eine Komponente mit einen dienstorientierten Komponentenmodell.

Da die entsprechend angebotenen Dienste von mehreren anderen Komponenten benutzt werden können, existiert meist nur eine Instanz der Komponente. Deswegen wird bei dienstorientierten Komponentenmodellen häufig auf die Differenzierung zwischen Komponente und Komponenteninstanz verzichtet.

Client-Server Architekturen sind typische Anwendungsfälle für diese Art des Komponentenmodells. Da solche Komponenten prinzipiell über Methodenaufrufe direkt verbunden werden können, wären Komponentenframeworks eigentlich nicht nötig. Häufig wird jedoch gefordert, Komponenten in verteilten Anwendungen einsetzen und/oder in unterschiedlichen Programmiersprachen implementieren zu können. Daraus entstanden mehrere Framework-Konzepte (so genannte „Middleware"), deren bekannteste Vertreter *CORBA*, *DCOM* und *JavaBeans* sind.

Eine weitere wichtige Eigenschaft dienstorientierter Komponentenmodelle ist, dass der Kontrollfluss von Komponente zu Komponente geht. Das heißt, Komponenten werden automatisch bei Aufruf eines Dienstes aktiviert. Dies erschwert insbesondere bei echtzeitkritischen Anwendungen die Analyse hinsichtlich Zeitanforderungen. Zudem müssen die Serverdienste dem Klienten bekannt sein. Dies verhindert eine unabhängige Entwicklung von Komponenten oder erfordert einen aufwändigen Klebecode[4]. Da außerdem dienstorientierte Komponentenmodelle nicht dafür prädestiniert sind, Kontroll- und Regelungssysteme zu realisieren, werden diese im Folgenden nicht näher betrachtet.

---

[4]Klebecode dient zur Umgehung von Passfehlern und zur Anpassung von Komponenten.

2.4 Komponentenmodelle

Datenflussorientierte Komponentenmodelle

Bei datenflussorientierten Komponentenmodellen geht man von der Vorstellung aus, dass Komponenten parallele, meist asynchrone Prozesse sind, die über ihre Schnittstellen Daten miteinander austauschen. Diese Schnittstellen werden häufig als *Tore* oder *Ports* bezeichnet. Eine Komponente besitzt demnach Eingangs- und Ausgangsports. Wenn eine Komponente aktiviert wird, liest sie die Daten an ihren Eingangsports, führt mit Hilfe dieser Daten ihre Funktionalität aus und legt die Ergebnisse an ihre Ausgangsports.

Vorteil datenflussorientierter Komponenten ist, dass Ports sehr flexibel miteinander verbunden werden können. Einzige Bedingung ist prinzipiell, dass der Datentyp übereinstimmt. Dadurch sind Komponenten stark voneinander entkoppelt und können weitestgehend unabhängig voneinander entwickelt werden. Kompositionssysteme lassen sich ideal mit datenflussorientierten Systemen aufbauen.

Je nach dem, wie und wann die Aktivierung der Komponente stattfindet, kann man folgende drei Typen unterscheiden:

Ereignisgesteuerte Datenflusskomponenten Ereignisse, die datenbehaftet sein können, werden an einem oder an mehreren Eingangsports empfangen. Daraufhin wird die Komponente aktiviert und sendet als Ergebnis gegebenenfalls weitere Ereignisse aus. Diese Modelle eignen sich sehr gut für reaktive Systeme, bei denen auf externe Ereignisse reagiert werden muss und für Ablaufsteuerungen. Vorteile bei der Realisierung ergeben sich dadurch, dass die entsprechenden Prozesse nur dann aktiviert werden, wenn die Umstände dies erfordern. Dies führt zu einer sehr guten Prozessorauslastung. Nachteilig ist, dass eine Analyse der Zeitanforderungen sehr komplex und ein dynamisches Einplanen der Prozesse zur Laufzeit erforderlich ist.

Zeitgesteuerte Datenflusskomponenten Zeitgesteuerte Datenflusskomponenten werden zyklisch mit einer komponentenabhängigen Periode aktiviert. Die Komponenten lesen die zu diesem Zeitpunkt an den Eingängen liegenden Daten. Da im Regelfall die Kommunikation zwischen den Komponenten ungepuffert ist, werden nur die aktuellsten zur Verfügung stehenden Daten genutzt. Ein Vorteil dieser Methode ist, dass ein deterministischer Zeitablauf gewährleistet wird, der statisch analysierbar ist. Nachteile sind darin zu sehen, dass die Prozessorauslastung nicht optimal ist, da Komponenten auch dann aktiviert werden, wenn es nicht nötig wäre. Ereignisse werden durch zyklisches Polling abgefangen. Zeitgesteuerte Datenflusskomponenten eignen sich besonders für transformierende Systeme und stellen eine sehr gut geeignete Methode für Steuerungs- und Regelungssysteme dar. Aus Sicherheitsgründen werden in der Praxis zeitgesteuerte Systeme den ereignisgesteuerten vorgezogen [XBWT98]. In Abschnitt 5.2 wird detailliert auf dieses Datenflussmodell eingegangen.

Datengesteuerte Datenflusskomponenten Bei diesem Modell werden Komponenten dann aktiviert, wenn neue Daten an den Eingängen zur Verfügung stehen. Entsprechende Eingangsdaten werden konsumiert. Wenn keine Daten zur

Grundlagen und Begriffsdefinitionen

Verfügung stehen, blockiert der zugehörige Prozess. Die Kommunikation erfolgt prinzipiell über unbegrenzte Puffer, so dass alle erzeugten Daten verarbeitet werden. Datengesteuerte Datenflusskomponenten entsprechen daher Kahn-Prozessen [Kah74] [LS89] bzw. Datenfluss-Prozessen [LP95] und eignen sich vor allem für die Signalverarbeitung von Datenströmen (z.B. Video, Audio, etc.) (s. 4.2.3). Bei diesen Anwendungen sollten alle eingehenden Daten von einer Komponente verarbeitet werden. Da bei Steuerungs- und Regelungssysteme im Wesentlichen nur die aktuellen Datenwerte berücksichtigt werden, eignen sich datengesteuerte Modelle weniger gut.

2.4.2 Interaktion

Ein wesentliches Element bei der Betrachtung von Systemen, die aus Komponenten aufgebaut sind, ist die Interaktion zwischen den Komponenten. Interaktion lässt sich einteilen in Kommunikation, Kooperation und Koordination. Unter Kommunikation versteht man das Senden und Empfangen von Daten, d.h., Daten werden explizit kopiert. Im Gegensatz hierzu bedeutet Kooperation, dass Komponenten auf denselben Daten, welche in einem gemeinsamen Speicher abgelegt sind, arbeiten. Kooperation schließlich beschreibt, wie (nebenläufige) Prozesse zeitlich interagieren, z.B. asynchrone und synchrone Interaktion.

Die Architektur eines Softwaresystems beschreibt das System auf der Ebene von Komponenten und der Interaktion zwischen den Komponenten. Im Forschungsfeld der Softwarearchitektur wurde für die Beschreibung der Interaktion der Begriff Konnektor geprägt [Sha94]. Konnektoren sind die Verbindungselemente zwischen den Komponenten, die definieren, wie Komponenten untereinander agieren. Typische Beispiele für Konnektoren sind Unix-Pipes oder Fernaufrufe. Aber auch komplexere Interaktionen, wie Client-Server-Kommunikation, können als Konnektoren angesehen werden. Komponenten und Konnektoren dienen ursprünglich zur Beschreibung von Softwarearchitekturen. Daher sind Konnektoren abstrakte Gebilde und korrespondieren in der konkreten Realisierungen nicht automatisch mit einzelnen Objektcodeblöcken. So weist Shaw [SDZ96] darauf hin, dass Konnektoren auch durch Linkerinstruktionen oder Skripte realisiert werden können. Häufig ist der konnektorenbezogene Code sogar Teil des Komponentencodes. Dies bedeutet, dass der Interaktionsaspekt implizit in der Komponentenimplementierung integriert ist. Mit Methoden der Aspektorientierung und geeigneten Webern (s. 4.2.7) bzw. mit Hilfe von Programmtransformationen kann der Konnektoraspekt explizit in die Komponenten eingefügt bzw. an diese angebunden werden. [ALP99].

Obwohl den Forschungsgebieten Softwarearchitektur und komponentenbasierte Systeme unterschiedliche Motivationen und Ziele zugrundeliegen, gibt es deutliche Überschneidungen und Parallelen. Deshalb wurde das Konnektorkonzept auch von einigen Forschern in das Gebiet der komponentenbasierten Systeme übertragen.

Geht man von *Blackbox*-Komponenten aus, so lassen sich in vorhandenen Lösungsansätzen drei grundlegende Prinzipien zur Implementierung von Konnektoren unterscheiden:

1. Konnektoren werden durch Softwaresynthese generiert (so genannter „Glue-Code" oder „Klebe-Code") bzw. Komponenten werden umwickelt (Wrapper-Technologie) [BB03].
2. Konnektoren werden durch spezielle Komponenten realisiert [LLLS00].
3. Konnektoren werden durch das Komponentenframework realisiert (zum Beispiel *CORBA*).

Der Klebe-Code kann jedoch als ein durch Softwaresynthese generiertes Komponentenframework betrachtet werden. Somit kann Fall 1 auf Fall 3 zurückgeführt werden. Ebenso kann Fall 2 auf Fall 3 zurückgeführt werden. Da hier Konnektoren als Komponenten implementiert sind, stellt sich immer noch die Frage, wie Komponenten mit Konnektoren interagieren. Demnach muss das zugrundeliegende Komponentenframework Interaktionsmethoden zur Verfügung stellen, die dies ermöglichen. Aufgrund dieser Sichtweise entsprechen die Konnektoren im Fall 2 einfachen ausführbaren Komponenten (wenn auch mit speziellen Fähigkeiten), während die eigentliche Basisinteraktion im Komponentenframework implementiert ist.

Zusammenfassend lässt sich formulieren, dass Konnektoren im Komponentenframework realisiert sind und die Interaktion zwischen Komponenten ermöglichen. Diese Aussage entspricht dem Merkmal MF2. Diese Basisinteraktion wird im Komponentenmodell festgelegt, kann jedoch, wie in dieser Arbeit noch gezeigt wird, genutzt werden, um andere Interaktionsmuster zu realisieren.

2.4.3 Komposition

Des Weiteren wird durch das Komponentenmodell festgelegt, auf welche Art und Weise Komponenten zu einer Gesamtanwendung komponiert werden. Dies kann im primitivsten Fall durch (Um-)Programmierung von Komponenten erfolgen. Jedoch findet sich immer häufiger in der Fachliteratur die Meinung, dass es explizite Kompositionssprachen geben muss. Deshalb wurde der Begriff Kompositionssystem geprägt, der spezielle Komponentensysteme kennzeichnet, die diese Anforderung erfüllen. So weist z.B. Schneider darauf hin, dass *CORBA* kein Kompositionssystem ist [Sch99].

Definition 2.4 *Ein **Kompositionssystem** ist ein Komponentensystem, bei dem Komponenten mit Hilfe einer Kompositionssprache komponiert werden.*

Eine Kompositionssprache kann sowohl instruktiv (z.B. Skript) als auch beschreibend sein. Die Form kann textuell oder grafisch (z.B. grafische Benutzeroberfläche) sein.

Komponentenmodelle definieren auch, in welcher Form Komponenten vorliegen bzw. ausgeliefert werden. Prinzipiell können Komponenten als Modelle, als Quellcode oder als ausführbare (binäre) Komponenten vorliegen. Laut Griffel [Gri98] bewegt sich der Trend hin zur letztgenannten Richtung (vgl. Merkmal MK8).

Grundlagen und Begriffsdefinitionen

Die Lieferform beeinflusst auch direkt die Form der Wiederverwendung. Im Falle des *blackbox-reuse* präsentiert sich eine Komponente nur durch ihre Schnittstellen. Demgegenüber gibt eine Komponente beim *glassbox-reuse* ihre Implementierung preis, während beim *whitebox-reuse* nach dem Verständnis einiger Autoren zusätzlich die Veränderung der Implementierung erlaubt ist [Fra99] [SGS02].

2.4.4 Komponentenbeschreibung

Damit Komponenten ausgewählt und richtig verwendet werden können, müssen entsprechende Informationen über funktionale und nichtfunktionale Eigenschaften der Komponenten bereitgestellt werden. Wie eine solche Beschreibung auszusehen hat, sollte auch durch das Komponentenmodell festgelegt sein. Beispiel für eine einfache Komponentenbeschreibung ist die bei *CORBA* in *IDL (Interface Definition Language)* angegebene Schnittstellenbeschreibung.

Definition 2.5 *Eine **Komponentenbeschreibung** enthält Informationen über Schnittstellen sowie über funktionale und nichtfunktionale Eigenschaften einer Komponente.*

Komponentenbeschreibungen sind insbesondere während des Konstruktionszeitpunktes von Bedeutung. Sie stellen prinzipiell das Komponentenkonzept während des Konstruktionszeitpunktes dar und beschreiben Komponenten idealerweise im Problemraum.

2.4.5 Fehlerbehandlung

Ein weiterer Aspekt, der sich einem Komponentenmodell zuordnen lässt, ist die Fehlerbehandlung. Komponenten werden im Idealfall unabhängig voneinander entwickelt. Im Fehlerfall, wenn eine Ausnahme eintritt (z.B. Division durch Null), die nicht innerhalb der Komponente abgefangen und behandelt werden kann, muss eine Komponente diesen Fehlerfall dem System mitteilen. Wie solche Ausnahmen innerhalb eines Systems kommuniziert werden, muss innerhalb eines Komponentenmodells festgelegt werden. Besitzt das Komponentensystem ein Komponentenframework, so bietet es sich an, die Ausnahme im Komponentenframework zu behandeln.

Hierbei ergibt sich die schwierige Fragestellung, welche Maßnahmen im Fehlerfall ergriffen werden müssen. Die mögliche Reaktion auf einen Fehler ist häufig abhängig von der aktuellen Anwendung, so dass eine allgemeine Fehlerbehandlung nicht oder nur sehr begrenzt möglich ist. Eine mögliche Strategie wäre, dass System sicher herunterzufahren [Ste94] oder mit den letzten korrekten Werten weiterzuarbeiten. Grundsätzlich gilt zu beachten, dass häufig reale Prozesse gesteuert werden, welche nicht einfach unterbrochen werden dürfen.

Neben Ausnahmen, die innerhalb der Komponenten entstehen, kann es bei Echtzeitsystemen zusätzlich zu zeitlichem Fehlverhalten kommen. Solche Echtzeitverletzungen lassen sich mit geeigneten Mitteln durch das Komponentenframework feststellen (z.B. Watchdogs). Auch hier besteht die wesentliche Schwierigkeit darin, auf einen solchen Fehlerfall entsprechend korrekt zu reagieren.

Daher sollten potentielle Fehlerquellen schon bei der Konstruktion eines Systems erkannt werden. Ein geeignetes Konfigurationswerkzeug (s. 6.6.2) kann durch entsprechende Plausibilitätstests dem Entwickler mögliche Probleme, wie Zeitverletzungen oder nicht erfüllte Vorbedingungen, aufzeigen.

Die Fehlerbehandlung in Komponentensystemen und insbesondere in Echtzeitsystemen ist ein eigenständiges Forschungsfeld und wird im Rahmen dieser Arbeit nicht näher betrachtet. Dennoch sei an dieser Stelle auf den Ausblick (s. 9.2.4) verwiesen, in dem dynamische Rekonfiguration als Methode zur Fehlerbehandlung vorgeschlagen wird.

2.5 Komponentenbasierte Softwareentwicklung

Komponentenbasierte Softwareentwicklung stellt eine besondere Entwicklungsmethode des Software Engineerings dar, bei der Anwendungen aus vorgefertigten Komponenten erstellt werden und die daher wesentliche Vorteile bietet [Cle95]. Hierbei wird in der Literatur zwischen Komponentennutzer und Komponentenentwickler unterschieden [Buc99]. Beide Rollen haben unterschiedliche Sichtweisen und Anforderungen bezüglich Softwarekomponenten [BB00].

Der Komponentennutzer ist der eigentliche Ersteller der Gesamtanwendung. Er besitzt hohes domänenspezifisches Fachwissen und nutzt die existierenden Komponenten, die er während des Entwurfs aus der Komponentenbibliothek anhand der Komponentenbeschreibung auswählt. Bei der Implementierung kann er dann auf diese Komponenten zurückgreifen und muss sich nicht um systemnahe Programmierung kümmern. Dies wird häufig als *Entwicklung mit Wiederverwendung (design with reuse)* bezeichnet. Findet er keine passende Komponente, so wird ein entsprechender Auftrag mit Anforderungsbeschreibung an den Komponentenentwickler vergeben.

Der Komponentenentwickler hat die Aufgabe, Komponenten gemäß der Anforderungsbeschreibung zu entwickeln. Fertiggestellte Komponenten werden dann zur Nutzung freigegeben und in die Komponentenbibliothek gestellt. Analog wird dies als *Entwicklung für Wiederverwendung (design for reuse)* bezeichnet. Abbildung 2.4 zeigt das komponentenbasierte Entwicklungsmodell nach Heuer-Hasenpatt.

Wird nun noch das Konzept der Kompositionssysteme berücksichtigt, so wird die Implementierungsphase des Komponentennutzers durch eine reine Komposition ersetzt. Dies bedeutet im Idealfall, dass der Komponentennutzer nicht mehr programmieren muss. Vielmehr ist er in der Lage, mit Hilfe der Kompositionssprache die Anwendung nach reinen anwendungsbezogenen Gesichtspunkten zusammenzustellen.

Hat der Komponentennutzer zudem die Möglichkeit, Komponenten nicht nur zu verknüpfen, sondern auch weitere Komponenten- und Systemeigenschaften dem entsprechenden Anwendungsfall anzupassen, so kann man dies als *komponentenbasierte Softwarekonfiguration* bezeichnen.

Grundlagen und Begriffsdefinitionen

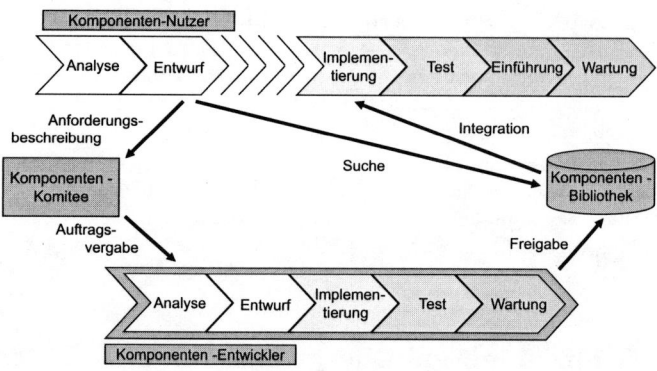

Abbildung 2.4: Komponentenbasiertes Entwicklungsmodell nach [HHKS97].

2.6 Zusammenfassung

In diesem Kapitel wurden grundlegende und für diese Arbeit relevante Begriffe aus dem Umfeld der Softwarekomponenten erläutert. Es wurden dem Begriffsverständnis des Autors entsprechende Merkmale für Komponenten und Komponentenframeworks definiert und es wurde dargestellt, dass das Komponentenkonzept bezüglich der Entwicklungsphasen variieren kann (2.1). Es wurde beschrieben, dass Komponenten abstrakte Baupläne für Komponenteninstanzen darstellen (2.2), ähnlich wie Klassen einen Bauplan für Objekte darstellen. Komponenten sind jedoch keineswegs mit Objekten oder Klassen gleichzusetzen (2.3). Insbesondere zeichnen sich Komponenten durch die explizite Angabe von angebotenen und benötigten Schnittstellen aus.

Auf das essentielle Konzept der Komponentenmodelle wurde detailliert eingegangen (2.4), wobei insbesondere eine Einteilung abstrakter Komponentenmodelle in dienstorientiert und datenflussorientiert vorgeschlagen wurde (2.4.1). Datenflusskomponenten lassen sich zudem je nach Art der Aktivierung unterscheiden in datengesteuert, ereignisgesteuert und zeitgesteuert. Anschließend wurden die drei wesentlichen Merkmale, die ein Komponentenmodell beschreibt, diskutiert. Die Interaktion (2.4.2) legt fest, wie Komponenten miteinander agieren. Um die Interaktion möglichst flexibel zu gestalten, eignet sich das Konzept der Konnektoren. Die Komposition (2.4.3) legt fest, auf welche Art (z.B. *blackbox* oder *whitebox*) Komponenten verbunden werden. Kompositionssysteme sind Systeme, die eine explizite Kompositionssprache besitzen. Die Komponentenbeschreibung (2.4.4) legt letztendlich fest, welche Eigenschaften und Schnittstellen eine Komponente hat. Auch die Fehlerbehandlung in einem Komponentensystem ist eng mit dem Komponentenmodell verknüpft (2.4.5).

Abschließend wurde das grundlegende Entwicklungsmodell der komponentenbasierten Softwareentwicklung (2.5) dargestellt und so die komponentenbasierte Softwarekonfiguration motiviert.

Kapitel 3

Problemstellung und Anforderungen

In diesem Kapitel werden die aktuellen Probleme dargelegt, die sich bei der Entwicklung mechatronischer Steuerungs- und Regelungssysteme ergeben. Außerdem wird auf die zentralen Problematiken eingegangen, die bei der Anpassung solcher Systeme an sich ändernde Bedingungen entstehen. Daraus ergeben sich dann die grundlegenden Anforderungen an ein komponentenbasiertes System für eingebettete mechatronische Steuerungs- und Regelungssysteme. Insbesondere ergeben sich als die drei Teilziele ein geeignetes Komponentenmodell, ein Komponentenframework und eine übergeordneten Vorgehensweise. Anschließend werden die an sich gegenläufigen Anforderungen bezüglich Laufzeiteffizienz, Sicherheit und Flexibilität betrachtet. Zum Abschluss werden die Aspekte typischer Steuerungs- und Regelungsanwendungen betrachtet. Sind diese Aspekte konfigurierbar, dann lassen sich eine Vielzahl unterschiedlicher Anwendungen konstruieren.

3.1 Entwicklung von eingebetteten mechatronischen Systemen

Ein großer Teil der eingebetteten Systeme wird für Steuerungs- und Regelungsaufgaben eingesetzt. Durch die zwangsläufige Nähe zu dem zu kontrollierenden technischen Prozess ergibt sich eine starke Kopplung von informationstechnischen, elektronischen und mechanischen Subsystemen. Die Entwicklung von mechatronischen Systemen erfordert daher hohes interdisziplinäres Wissen. So muss häufig der Anwendungsentwickler, dessen Fachkompetenz im Prozesswissen angesiedelt ist, sehr gute Kenntnisse in der hardwarenahen Softwareentwicklung besitzen. Hier ist eine stärkere Entkopplung von systemnaher Echtzeitprogrammierung und anwendungsabhängiger Entwicklung einer Produktlösung wünschenswert.

Wie im vorangegangenem Kapitel erläutert wurde, bietet sich hierzu der Einsatz komponentenbasierter Softwareentwicklung an, gemäß dem Paradigma „*Konfigurieren statt Programmieren*".

Der Komponentennutzer kann Anwendungen aus vorgefertigten Komponenten konstruieren, ohne die konkrete Implementierung der Komponenten zu kennen.

Problemstellung und Anforderungen

Für die korrekte Implementierung der Komponenten ist der Komponentenentwickler verantwortlich. Dieser kann durch das Konzept der Komponentenframeworks entlastet werden. Das Komponentenframework ist für die korrekte Komposition und Interaktion der Komponenten verantwortlich. Daher kann sich der Komponentenentwickler auf die Implementierung des funktionalen Aspekts konzentrieren[1]. Systemnahe Echtzeitprogrammierung ist beim Entwickeln von Komponenten weitestgehend nicht nötig. Die Aspekte der Interaktion und Komposition werden im Komponentenframework gekapselt. Daher kann zusätzlich neben dem Komponentennutzer und -entwickler noch eine weitere Rolle eingeführt werden: der Komponentenframeworkentwickler, der sich um die korrekte Implementierung dieser Aspekte kümmert. In Abbildung 3.1 sind diese drei Rollen dargestellt. Da die Abstraktion nach oben hin immer stärker wird, kann man von zwei Abstraktionsgrenzen sprechen. Die Abstraktionsgrenze 1 ermöglicht das Entwickeln von Komponentenfunktionalität und -schnittstellen, ohne spezielle Interaktions- oder Konfigurationsprobleme berücksichtigen zu müssen. Zusätzlich ermöglicht dies die plattformunabhängige Entwicklung von Komponenten. Die Abstraktionsgrenze 2 ermöglicht das Entwickeln von Anwendungen, ohne die Implementierung einzelner Komponenten zu berücksichtigen. Durch standardisierte Schnittstellen an diesen Grenzen lassen sich Systeme wesentlich effektiver entwickeln, auch wenn mehrere Personen mit unterschiedlichen Rollen an der Entwicklung beteiligt sind.

	Komponenten-nutzer	Hat Prozesswissen	Realisiert Anwendungen	Nutzt Funktionalität und Schnittstellen von Komponenten
	ABSTRAKTIONSGRENZE 2			
	Komponenten-entwickler	Hat funktionales Wissen	Realisiert Funktionalität und Schnittstellen von Komponenten	Nutzt Interaktions- und Kompositions-mechanismen
	ABSTRAKTIONSGRENZE 1			
	Komponenten-framework-entwickler	Hat systemnahes Wissen	Realisiert Interaktions- und Kompositions-mechanismen	

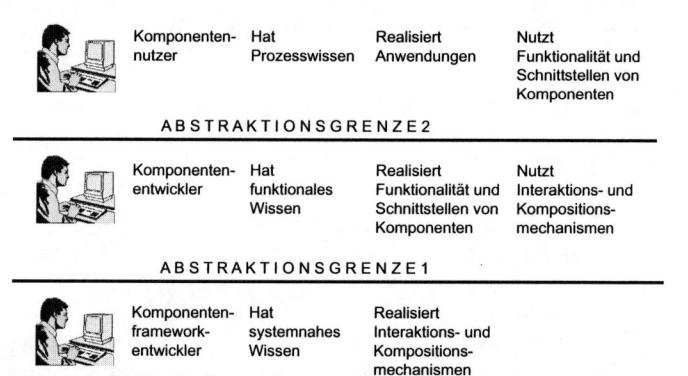

Abbildung 3.1: 3-Rollen-Modell und Abstraktionsgrenzen zwischen den drei Rollen Komponentennutzer, -entwickler, -frameworkentwickler.

Während der Komponentennutzer im Problemraum Anwendungen erstellt, entwickelt der Komponentenframeworkentwickler im Lösungsraum. Der Komponentenentwickler ist an der Nahtstelle zwischen Problem- und Lösungsraum platziert und seine wesentliche Aufgabe besteht aus der Transformation von Kompo-

---

[1] Bei vielen informationstechnischen Systemen ist eine rein funktionale Dekomposition nicht sinnvoll; aber im Bereich der Regelungstechnik ist diese sehr gut umsetzbar.

nenten zwischen diesen beiden Räumen.
Neben dem schon genannten Vorteil der Trennung von prozessnaher, funktionaler und systemnaher Entwicklung existieren eine Reihe weiterer Vorteile, die sich aus dem Einsatz komponentenbasierter Entwicklung ergeben:

- Verkürzung des Software-Entwicklungsprozesses durch Einsatz vorhandener Komponenten und dadurch auch verkürzte „Time to Market".

- Erhöhte Qualität der Anwendung durch Einsatz getesteter Komponenten.

- Kostengünstigere Qualitätskontrolle und Qualitätssicherung.

- Reduktion der Komplexität durch das Aufbrechen monolithischer Systeme in überschaubare Bauteile.

- Mittel- bis langfristige Kostenvorteile durch kostengünstigere Produktpflege und -wartung sowie verbessertes Versions- und Variantenmanagement.

3.2 Produktadaption

Da mechatronische Steuerungs- und Regelungssysteme oft Teil langlebiger Investitionsgüter sind, kommt es im Laufe des Produktlebenszyklus häufig zu Änderungen hinsichtlich der Anforderungen an das System. Diese Änderungen sollten idealerweise vor Ort erfolgen können, d.h., wenn das Produkt beim Endkunden im Einsatz ist. Heutzutage wird dies in der Praxis durch Parametrisierung der Software erzielt. Hierzu muss jedoch die Software entsprechend entwickelt werden und der jeweilige Softwareentwickler muss bereits im voraus „erahnen", in welchen Kontexten die Anwendung eingesetzt wird und welche Änderungen im Laufe der Produktlebenszeit vorkommen können. Heutige Anwendungen, z.B. im Bereich der digitalen Antriebstechnik, benutzen mehrere hundert solcher Parameter (s. Tab. 3.1). Dies führt dazu, dass die Inbetriebnahme und Wartung dieser Systeme sehr komplex ist. Entscheidungen auf Grund gewisser Einstellungen werden zur Laufzeit getroffen; auf Kosten der Laufzeiteffizienz (s. 3.3.5). Weiterer Nachteil der Parametertechnik besteht darin, dass unterschiedliche Abstraktionsniveaus miteinander vermischt werden (s. Tab. 3.2). So gibt es hardware- bzw. systemabhängige Parameter (z.B. Motordaten, wie Polzahl), applikationsabhängige Parameter sowohl für funktionale (z.B. Zeitangaben, wie Tieflaufzeit) als auch ablaufrelevante Parameter (z.B. Betriebsmodi, wie Halt-Auswahlcode) sowie Prozessgrößen (Soll- und Istwerte, wie Lagegeber-Istwert) für Überwachungs- und Diagnosezwecke.

Sind Änderungen erforderlich, die nicht mit den vorgegebenen Parametrisierungsmöglichkeiten machbar sind, so sind diese Änderungen nicht mehr einfach vor Ort durchführbar. Besonders problematisch sind hierbei neue Anforderungen, die Änderungen hinsichtlich der Softwarestruktur oder Interaktionsaspekten erfordern. Solche aufwändigeren Änderungen lassen sich nur dadurch erreichen, dass eine neue angepasste Anwendung erstellt wird und die entsprechende Software auf

Problemstellung und Anforderungen

'Halt-Auswahlcode'

Der Parameter 'Halt-Auswahlcode' gibt an, welche Aktion ausgelöst wird, wenn die Haltaktion aktiviert wird.

Auswahlcode	Bedeutung der Auswahl-Funktion	Ersatzwert
-32768 ... -1	herstellerspezifisch	
1	Tieflauf an Tieflauframpe	*
2	Tieflauf an Schnellhaltrampe	
3	Tieflauf an der Stromgrenze	
4	Tieflauf an der Spannungsgrenze	
5 ... 32767	reserviert für DRIVECOM-Profile	
0	Antriebsfunktion sperren	

Attribut	Wert
Index, Name	605D, Halt-Auswahlcode
Objektklasse	betriebsabhängig
Zugriff	schreib- und lesbar
Prozessdaten-Abbildung	herstellerspezifisch
Einheit	-
Wertebereich	i16
Pflichtbereich	ein profilspez. Code
Defaultwert	-
Ersatzwert	1

Tabelle 3.1: Beispiel eines typischen Parameters eines digitalen Antriebs (aus [DRI97]).

Kapitel Profil	Index	Name	Objekt-Code	Element	Data-Type	Access Rights	m/o	m/o je Betriebsart				
								Ge1	Lage	Ge2	Mom	Refe
4.2.1	6047	Geschw.-Min-Max	Array	4	u32	Ra Wa	b	o	-	-	-	-
4.2.1	6048	Geschw.-Beschleunigung	Record		Rampe	Ra Wa	b	m	-	-	-	-
4.2.1	6049	Geschw.-Verzögerung	Record		Rampe	Ra Wa	b	m	-	-	-	-
4.2.1	604A	Geschw.-Schnellhalt	Record		Rampe	Ra Wa	b	o	-	-	-	-
4.2.1	604B	Sollwert-Faktor	Array	2	i16	Ra Wa	b	o	-	-	-	-
4.2.1	604C	Dimensions Faktor	Array	2	i32	Ra Wa	b	o	-	-	-	-
4.2.1	604D	Polzahl	Var		u8	Ra Wa	b	o	-	-	-	-
4.2.1	604E	Geschw.-Bezugswert	Var		u32	Ra Wa	b	o	-	-	-	-
4.2.1	604F	Hochlaufzeit	Var		u32	Ra Wa	b	o	-	-	-	-
4.2.1	6050	Tieflaufzeit	Var		u32	Ra Wa	b	o	-	-	-	-
4.2.1	6051	Schnellhaltzeit	Var		u32	Ra Wa	b	o	-	-	-	-
4.2.1	6052	Prozent-Sollwert	Var		i16	Ra	b	o	-	-	-	-
4.2.1	6053	Prozent-Führungsgr.	Var		i16	Ra	b	o	-	-	-	-
4.2.1	6054	Prozent-Istwert	Var		i16	Ra	b	o	-	-	-	-
4.2.1	6055	Prozent-Stellgr.	Var		i16	Ra Wa	b	o	-	-	-	-
4.2.1	6056	Drehz.-Motor-Min-Max-Betrag	Array	2	u32	Ra Wa	b	o	-	-	-	-
4.2.1	6057	Drehz.-Motor-Min-Max	Array	4	u32	Ra Wa	b	o	-	-	-	-
4.2.1	6058	Freq.-Motor-Min-Max-Betrag	Array	2	u32	Ra Wa	b	o	-	-	-	-
4.2.1	6059	Freq.-Motor-Min-Max	Array	4	u32	Ra Wa	b	o	-	-	-	-
4.2.1	605A	Schnellhalt-Auswahlcode	Var		i16	Ra Wa	o	o	o	o	o	o
4.2.1	605B	Stillsetz Auswahlcode	Var		i16	Ra Wa	o	o	o	o	o	o
4.2.1	605C	Betrieb-Sperren-Auswahlcode	Var		i16	Ra Wa	o	o	o	o	o	o
4.2.1	605D	Halt-Auswahlcode	Var		i16	Ra Wa	b	o	-	-	-	-
4.2.1	6060	Betriebsarten-Auswahlcode	Var		i16	Ra Wa	m	m	m	m	m	m
4.2.1	6061	Betriebsarten-Anzeige	Var		i16	Ra	m	m	m	m	m	m
4.2.2	6062	Lage-Führungsgröße	Var		i32	Ra	b	-	o	-	-	-
4.2.2	6063	Lagegeber-Istwert	Var		i32	Ra	b	-	o	o	o	-

Tabelle 3.2: Auszug aus einer typischen Parameterliste für einen digitalen Antrieb (aus [DRI97]).

dem Zielsystem ausgetauscht wird. Fehler, die dann festgestellt werden, können wiederum nicht sofort behoben werden. Programmänderung, Übersetzung und das Herunterladen addieren sich zu beträchtlichen Turn-around-Zeiten [Ste02]. Bei länger andauernden kontinuierlichen Prozessen - wie etwa in der Verfahrenstechnik - kann dies zu beträchtlichen Problemen führen.

Durch die ständige Evolution der Software ergibt sich als weitere Problematik, dass die Anzahl der Varianten kontinuierlich steigt. Dadurch ist die Wartung und Pflege des Servicetechnikers vor Ort wesentlich schwieriger, da er unter Umständen nicht alle Daten der aktuellen Softwarevariante des zu wartenden Systems zur Verfügung hat. Auch die Produktpflege aus Sicht des Softwareherstellers ist aufgrund der Variantenvielfalt sehr kostenaufwändig. Ergeben sich Produktneuerungen, so ist er gezwungen, diese für alle bestehenden Varianten zur Verfügung zu stellen. In seinem Artikel „Dynamically Reconfigurable Embedded Software - Does it make Sense ?" [SA96] beschreibt David B. Stewart diese und weitere Nachteile einer statischen Implementierung eingebetteter Systeme.

3.3 Anforderungen

Neben den grundlegenden Anforderungen, die sich aus der begrenzten Rechenleistung und dem begrenzten Speicher eingebetteter Systeme ergeben, sind insbesondere harte Echtzeitanforderungen zu berücksichtigen. Daraus folgt, dass die Realisierung der Komponenten und des Komponentenframeworks zu einem laufzeiteffizienten Code mit sehr geringem Overhead führen muss. Selbstverständlich muss ein solches System zuverlässig, robust und sicher sein.

Um eine übergreifende Lösung für die aufgezeigten Probleme anzubieten, müssen ein Komponentenmodell, eine übergeordneter Entwicklungsprozess und ein Komponentenframework konzipiert werden.

3.3.1 Abstraktes Komponentenmodell

Entscheidend für ein solches System ist das zugrundeliegende abstrakte Komponentenmodell. Dieses dient als grundlegendes Modell für alle drei am Komponentensystem beteiligten Rollen. Dieses Komponentenmodell unterliegt entsprechend der betrachteten Abstraktionsebene unterschiedlichen Sichtweisen.

Für das Komponentenmodell gelten folgende Anforderungen:

- eine von anderen Komponenten weitestgehend unabhängige Komponentenentwicklung [A1.1],

- maximale Verknüpfbarkeit mit anderen Komponenten [A1.2],

- minimale Redundanz [A1.3],

- hohe Laufzeiteffizienz und Eignung für echtzeitfähige eingebettete Mechatroniksysteme [A1.4],

- Abbildung von sowohl transformativen als auch nicht transformativen Systemeigenschaften [A1.5],

Problemstellung und Anforderungen

- flexible Vor-Ort-Konfiguration möglichst vieler Aspekte [A1.6],
- aus Sicht des Komponentennutzers sind Komponenten Blackbox-Komponenten [A1.7],
- aus Sicht des Komponentenentwicklers besitzen Komponenten nur eine Basisinteraktion [A1.8].

Will man *Blackbox*-Komponenten unabhängig und flexibel verknüpfbar gestalten, in vielen unterschiedlichen Kontexten einsetzen und darüber hinaus auch verschiedene Interaktionsmuster unterstützen können, so dürfen die Komponenten selbst möglichst keine Interaktionsaspekte implementieren. Eine Komponente, die jedoch keinerlei Interaktion realisiert, ist prinzipiell nutzlos. Daher muss ein einfaches Interaktionsmuster definiert werden, welches aber dazu benutzt werden kann, weitere komplexere Interaktionsmuster zu realisieren. Diese Basisinteraktion dient zur Interaktion mit dem Komponentenframework, welches in der Lage ist komplexere Interaktionsmuster abzubilden.

3.3.2 Vorgehensweise

Um möglichst schnell und einfach neue Anwendungen erstellen zu können, wird eine **Kompositionssprache** benötigt, die auf den Problemraum zugeschnitten ist. Diese soll es dem Anwendungsersteller erlauben, möglichst abstrakt, problemorientiert und ohne auf Implementierungsdetails angewiesen zu sein, eine Lösung zu entwickeln.

Damit Komponenten im Problemraum mit möglichst hohem Abstraktionsgrad benutzt werden können, wird für die Abstraktionsgrenze 2 eine einheitliche Schnittstelle benötigt. Diese entspricht der **Komponentenbeschreibung** im Problemraum. Des Weiteren muss der Komponentenentwickler bei der **Transformation der Komponenten** zwischen Lösungs- und Problemraum unterstützt werden. Für eine solche Transformation müssen entsprechende Regeln formuliert werden, wie **Komponenten im Lösungsraum** aufgebaut sind.

Diese vier genannten Punkte werden in einer entsprechenden Vorgehensweise und im übergeordneten Entwicklungsprozess zusammengefasst. Für diese gelten folgende Anforderungen:

- Lösungsbeschreibung im Problemraum, ohne auf implementierungsspezifisches Wissen und auf systemnahe Programmierung angewiesen zu sein [A2.1],

- grafische Kompositionssprache zur einfachen Entwicklungsmöglichkeit von Anwendungen (Konfigurationswerkzeug) [A2.2],

- standardisierte, möglichst kompakte Konfigurationsbeschreibung [A2.3],

- gute Analysierbarkeit des Systems und hohe Vorhersagbarkeit des Zeitverhaltens der konstruierten Anwendung [A2.4],

- Berücksichtigung von Randbedingungen und entsprechende Plausibilitätsprüfung und Verifikation der erstellten Systemkonfiguration [A2.5],

3.3 Anforderungen

- standardisierte Komponentenbeschreibung [A2.6],

- einfache (grafische) Entwicklung von Komponentenbeschreibungen (Komponentenentwurfswerkzeug) [A2.7],

- Möglichkeit zur (semi-)automatischen Transformation der Komponentenbeschreibung vom Problemraum in den Lösungsraum (Komponentenentwurfswerkzeug) [A2.8],

- Komponenten im Lösungsraum müssen dem Komponentenframework einheitliche Schnittstellen zur Verfügung stellen [A2.9].

3.3.3 Komponentenframework

Der Komponentenentwickler wiederum soll in der Lage sein, Komponenten möglichst ohne systemnahe Programmierung zu realisieren. Sein Hauptaugenmerk muss die korrekte Umsetzung der Komponentenfunktionalität sein. Hierzu wird die Abstraktionsgrenze 1 benötigt. Das bedeutet, dass wesentliche Kompositions- und Interaktionsmuster in einem Komponentenframework gekapselt werden und über einheitliche Schnittstellen dem Komponentenentwickler angeboten werden. Ebenfalls müssen die Komponenten im Lösungsraum dem Komponentenframework entsprechende Schnittstellen zur Verfügung stellen.

Für das Komponentenframework gelten folgende Anforderungen:

- Unterstützung einer flexiblen Vor-Ort-Konfiguration des Softwaresystems [A3.1],

- deterministisches Zeitverhalten [A3.2],

- für harte Echtzeit geeignete Laufzeit- und Interaktionsplattform für die Komponenten mit hoher Laufzeiteffizienz [A3.3],

- standardisierte Schnittstellen [A3.4],

- offen für eine herstellerspezifische Implementierung [A3.5],

- Möglichkeit der Portierung auf einfache interruptgesteuerte Zielsysteme ohne Echtzeitbetriebssystem [A3.6],

- Möglichkeit zur Bereitstellung diverser Interaktionsmuster bzw. Konnektoren [A3.7].

Insbesondere die Möglichkeit, verschiedene Interaktionsmuster flexibel integrieren zu können, stellt eine wichtige Anforderung hinsichtlich moderner Softwareentwicklung dar.

Problemstellung und Anforderungen

3.3.4 Sonstige Anforderungen

- Es sollte kein zusätzlicher Code während der Konfiguration erzeugt werden, da dies ansonsten zu erhöhtem Testaufwand zur Sicherstellung der korrekten Funktionalität führt. Außerdem wird durch einen zusätzlichen Code die Analysierbarkeit des Systemverhaltens erschwert (vgl. A2.4) [A4.1].

- Die aktuelle Systemkonfiguration sollte rücklesbar sein, d.h., es muss eine Möglichkeit vorhanden sein, die aktuelle Konfiguration direkt aus der konfigurierten Anwendung zu bestimmen. Dies erleichtert die Produktpflege durch den Servicetechniker vor Ort [A4.2].

- Es sollen neben der reinen Prozessregelung und -steuerung auch Ablaufsteuerungen berücksichtigt werden [A4.3]

- Sicherheitsaspekte nehmen eine herausragende Rolle für Systeme ein, bei denen im Fehlerfall immense Sachwerte oder sogar Menschenleben gefährdet sind. Daher sind sicherheitsrelevante Eigenschaften höher zu werten als flexiblere Konfigurationsmöglichkeiten [A4.4].

3.3.5 Laufzeiteffizienz - Sicherheit - Flexibilität

Insbesondere die zuletzt genannte Anforderung soll aufgrund ihrer Wichtigkeit nochmals eingehend betrachtet werden. Natürlich bieten Systeme, bei denen direkt auf Quellcode-Ebene Anwendungen adaptiert und konfiguriert werden, die höchste Flexibilität und die mächtigsten Änderungsmöglichkeiten. Allerdings ist die Anwendungssicherheit entsprechend gering, da auf allen Ebenen der Anwendung Fehler gemacht werden können. Schränkt man nun die Möglichkeit ein, Programme zu ändern, so wird auch die Möglichkeit kleiner, Fehler in das System einzubringen. Als Extrembeispiel sei hier eine Anwendung aufgeführt, die komplett statisch implementiert ist. Hier ist die Flexibilität mit Null gleichzusetzen, allerdings ist die Anwendungssicherheit entsprechend hoch.

Die Anforderung hinsichtlich Laufzeiteffizienz ist ebenfalls gegenläufig zu den Anforderungen Sicherheit und Flexibilität. Je hoher die Flexibilität ist, desto geringer ist normalerweise die Laufzeiteffizienz. Zusätzliche Sicherheit, wie z.B. dynamische Typüberprüfung, lässt sich häufig nur durch zusätzlichen Code erzielen. Auch dies geht zu Lasten der Laufzeit. Abbildung 3.2 soll dies verdeutlichen. Je stärker man sich in dem dargestellten Dreieck in Richtung einer der drei Anforderungen Sicherheit, Flexibilität und Laufzeiteffizienz bewegt, desto mehr entfernt man sich von den beiden anderen. Systeme, bei denen alle drei Anforderungen eine gewichtige Rolle spielen, werden sich daher in der Mitte des Dreiecks bewegen und eine möglichst ideale Kompromisslösung suchen.

Vor allem die Kompositionszeitpunkte[2] spielen hierbei eine zentrale Rolle. Theoretisch kann man von einem System ausgehen, bei dem alle Variabilitäten dynamisch zur Laufzeit festgelegt werden. Dadurch erhält man ein maximal

---

[2]Der Zeitpunkt (z.B. Konstruktionszeit, Übersetzungszeit, Laufzeit, usw.), an dem Variabilitäten festgelegt werden, wird in dieser Arbeit als Kompositionszeitpunkt bezeichnet.

3.4 Konfigurierbare Aspekte

[Dreieck mit den Ecken: Sicherheit (oben), Flexibilität (unten links), Laufzeit (unten rechts)]

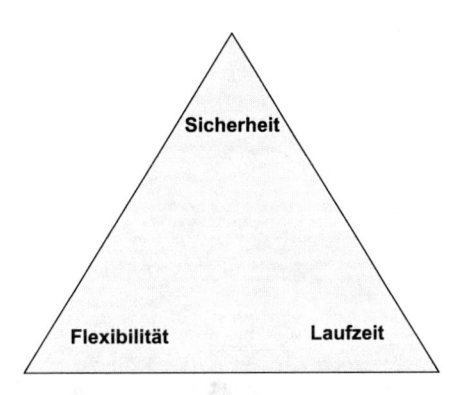

Abbildung 3.2: Dreieck aus den drei gegenläufigen Anforderungen: Sicherheit, Flexibilität und Laufzeit.

flexibles System. Bei einem solchen System müssen jedoch zur Laufzeit ständig Entscheidungen getroffen werden. Dies führt zu erheblich schlechteren Laufzeiten, insbesondere wenn entsprechende Sicherheitsaspekte bei diesen Entscheidungen eingehalten und überprüft werden müssen. Selbst wenn gewisse Aspekte einer Anwendung sich nie ändern, kann es sein, dass ständig über diese Aspekte entschieden wird, auch wenn das Entscheidungsergebnis konstant bleibt. Die schon erwähnte Parametertechnik fällt ebenfalls in diese Kategorie.

Aus diesem Grund werden in der Praxis die Kompositionszeitpunkte nach vorne geschoben, z.b. zur Binde- oder Übersetzungszeit. Dies führt zu wesentlich besseren Laufzeiteigenschaften. Aber gerade in eingebetteten Systemen hat dies eine geringerere Vor-Ort-Flexibilität zur Folge. Um eine höhere Flexibilität zu erzielen, sollten Kompositionszeitpunkte möglichst weit nach hinten verschoben werden. Ein idealer Kompromiss für diese gegenläufigen Anforderungen stellt der Systemstartpunkt als wesentlicher Kompositionszeitpunkt dar.

Ziel dieser Arbeit ist es, ein System zu konzipieren, bei dem einzelne Aspekte aufgrund der geforderten Laufzeiteffizienz und Vor-Ort-Flexibilität zum Kompositionszeitpunkt Systemstart festgelegt werden.

3.4 Konfigurierbare Aspekte

Bei Anwendungen im Bereich der Steuerungs- und Regelungstechnik lassen sich im Wesentlichen vier Aspekte herausarbeiten, die konfigurierbar sein müssen:

- funktionaler Aspekt,
- Datenflussaspekt,
- Kontrollflussaspekt und
- Interaktionsaspekt.

Problemstellung und Anforderungen

Es soll also während der Konfiguration festgelegt werden, *WER* (funktionaler Aspekt) mit *WEM* (Datenflussaspekt) *WANN* (Kontrollflussaspekt) *WIE* (Interaktionsaspekt) interagiert.
Streng genommen besitzt das *WANN* zwei Facetten. Zum einen, wann die Komponente aufgerufen wird und zum anderen, wann der Datenaustausch stattfindet. Somit besitzen sowohl der Kontrollflussaspekt als auch der Interaktionsaspekt einen zeitlichen Teilaspekt.

3.5 Zusammenfassung

In diesem Kapitel wurden die Probleme dargestellt, die sich derzeit bei der Entwicklung von eingebetteten mechatronischen Systemen ergeben (3.1). Hierbei wurde aufgezeigt, dass eine Verteilung der Entwicklungsaufgabe auf die drei Rollen Komponentennutzer, -entwickler und -frameworkentwickler wesentliche Vorteile mit sich bringt. Insbesondere die Automatisierungsindustrie hat aufgrund der ständigen Softwareadaption gemäß der Kundenwünschen und der damit einhergehenden Variantenvielfalt das Bedürfnis nach neuen innovativen Entwicklungsprozessen im Bereich der komponentenbasierten Software. Hier wird eine deutliche Steigerung der Vor-Ort-Flexibilität gefordert. Änderungen der Softwarestruktur oder der Interaktion zwischen Komponenten müssen flexibel konfigurierbar sein(3.2).

Aus der aufgezeigten Problemstellung wurden die Anforderungen (3.3) an ein System für die komponentenbasierte Softwarekonfiguration von eingebetteten Systemen formuliert. Hierzu wurde der Bedarf eines grundlegenden Komponentenmodells (3.3.1) sowie die Anforderungen an ein solches Modell dargelegt, welches als Verständnisbasis für alle drei am Entwicklungsprozess beteiligten Rollen dient. Die Anforderungen an eine Vorgehensweise für die Online-Konfiguration (3.3.2) lassen sich im Wesentlichen auf die Anforderungen an eine einheitliche Kompositionssprache, an eine einheitliche Komponentenbeschreibung im Problemraum, an eine einheitliche Realisierung von Komponenten im Lösungsraum und an eine geeignete Transformationsmethode zwischen diesen beiden Räumen zurückführen. Zuletzt wurden die Anforderungen an ein Komponentenframework (3.3.3) sowie sonstige allgemeine Anforderungen (3.3.4) formuliert. Hier ist insbesondere der Punkt hervorzuheben, dass die Integration unterschiedlicher Interaktionsmuster unterstützt werden soll.

Abschließend wurden die drei inkompatiblen Anforderungen Laufzeiteffizienz, Sicherheit und Flexibilität gegenübergestellt (3.3.5) sowie deren Abhängigkeit vom Kompositionszeitpunkt. Daraus ergab sich die Anforderung, den Kompositionszeitpunkt variabler Aspekte idealerweise an den Systemstartzeitpunkt zu legen. Als variable Aspekte ergeben sich für die meisten Steuerungs- und Regelungssysteme der funktionale Aspekt, der Datenflussaspekt, der Kontrollflussaspekt und der Interaktionsaspekt (3.4).

Kapitel 4

Relevante Arbeiten

> „Der Weise ist nicht derjenige, der diskriminierend
> unterscheidet, sondern der die Funken des Lichtes
> zusammensieht, woher sie auch kommen mögen ..."
> Umberto Eco - Das Foucaultsche Pendel

In diesem Kapitel wird zuerst definiert, was unter Softwarekonfiguration in dieser Arbeit verstanden wird. Ausgehend von diesem Begriff werden die Methoden Offline-, Online- und dynamische Konfiguration voneinander abgegrenzt. Diese dienen dann zur Einordnung der Konzepte und Methoden aktueller Forschungsarbeiten.

Zuerst wird ein Blick auf die aktuelle Forschung in verwandten Forschungsgebieten geworfen, die für diese Arbeit relevant sind. Danach werden Arbeiten und Systeme betrachtet, die sich mit der Konfiguration von eingebetteten Steuerungs- und Regelungssystemen beschäftigen. Hierzu werden zuerst einige Beispiele betrachtet, welche die Offline-Konfiguration nutzen. Anschließend werden die zentralen Ansätze mit Online- bzw. dynamischer Konfiguration diskutiert.

4.1 Softwarekonfiguration

Systeme können an unterschiedliche Anforderungen durch die Konfiguration variabler Eigenschaften angepasst werden. Durch diese Änderungen der Eigenschaften entstehen unterschiedliche Konfigurationen.

Wie man erkennt, kann das Wort *Konfiguration* im Deutschen bezüglich informationstechnischer Systeme auf zwei Arten interpretiert werden: Zum einen kann die *Zusammenstellung* eines Systems im Sinne einer Eigenschaft verstanden werden, zum anderen das *Zusammenstellen* eines Systems im Sinne eines Vorgangs. Im Folgenden wird der Begriff *Konfigurationsprozess* für die Konfiguration im Sinne des Zusammenstellens verwendet[1]. Für die Zusammenstellung des Systems im Sinne einer Eigenschaft wird der Begriff *Systemkonfiguration* benutzt.

Da sich diese Arbeit zentral mit dem Thema des Konfigurationsprozesses beschäftigt, soll dieser Begriff detaillierter betrachtet werden.

---

[1]Häufig findet sich in der Literatur anstelle des Begriffs *Konfigurationsprozess* der Begriff *Konstruktion*.

Definition 4.1 *Der (Software-)**Konfigurationsprozess** ist ein zweistufiger Prozess, bestehend aus:*

1. *Beschreibungsprozess. Dieser definiert*
   - *welche Komponenten benutzt werden (Funktion),*
   - *wie diese verbunden sind (Datenfluss),*
   - *wann diese aufgerufen werden (Kontrollfluss mit zeitl. Aspekten) und*
   - *wie diese Daten austauschen (Interaktion mit zeitl. Aspekten).*

   Das Ergebnis des Beschreibungsprozesses ist die Konfigurationsbeschreibung.

2. *Kompositionsprozess. Dieser erzeugt die Systemkonfiguration gemäß der Konfigurationsbeschreibung.*

Während des Beschreibungsprozesses werden die wesentlichen Aspekte eines Systems festgelegt. Die Konfigurationsbeschreibung ist ein Bauplan (tabellarische Form oder Anweisungsliste), der die variablen Eigenschaften der Komponenten und des Gesamtsystems festlegt. Sie entsteht als Ausgabe des Beschreibungsprozesses und dient als Eingabe für den Kompositionsprozess. Während des Kompositionsprozesses werden die variablen Aspekte eines Systems gebunden.

Insbesondere für eingebettete Systeme ist eine solche Zweiteilung des Konfigurationsprozesses sinnvoll. Je nachdem, wo und wann der Kompositionsprozess stattfindet (Kompositionszeitpunkt), kann zwischen Offline-, Online- und dynamischer Konfiguration unterschieden werden.

4.1.1 Offline-Konfiguration

Bei der Offline-Konfiguration findet der gesamte Konfigurationsprozess außerhalb des Zielsystems statt. Der Zeitpunkt, an dem die variablen Aspekte festgelegt werden, entspricht der Übersetzungszeit. Die Komponenten liegen meist in Form von Quellcode vor, können aber auch in binärer Form oder als Modellkomponenten vorliegen. Mit Hilfe der zusätzlich vorhandenen Komponentenbeschreibungen kann unter Verwendung der Kompositionssprache die gewünschte Systemkonfiguration beschrieben und erzeugt werden. Während des Kompositionsprozesses wird in den meisten Ansätzen zusätzlicher Code - der so genannte Klebecode - erzeugt. Wie aus Abbildung 4.1 ersichtlich, erhält man dann die Systemkonfiguration, welche als unveränderliche Software in den nichtflüchtigen Speicher des Zielsystems geladen wird.

Vorteile dieser Methode sind darin zu sehen, dass durch die Codesynthese Komponenten an vielfältige Anforderungen und Bedingungen anpassbar sind. Auch eine klare Aspekttrennung während des Designs ist einfacher zu realisieren, da die unterschiedlichen Aspekte während der Codegenerierung zusammengeführt (gewebt) werden können (vgl. Aspektorientiertes Programmieren, Abschnitt 4.2.7).

Die Systemkonfiguration ist allerdings statisch und eventuelle Konfigurationsänderungen werden in der Praxis durch Parametrierung erzielt. Hierbei sind nur Anpassungen möglich, die der Komponentenentwickler „vorhergesehen" hat.

4.1 Softwarekonfiguration

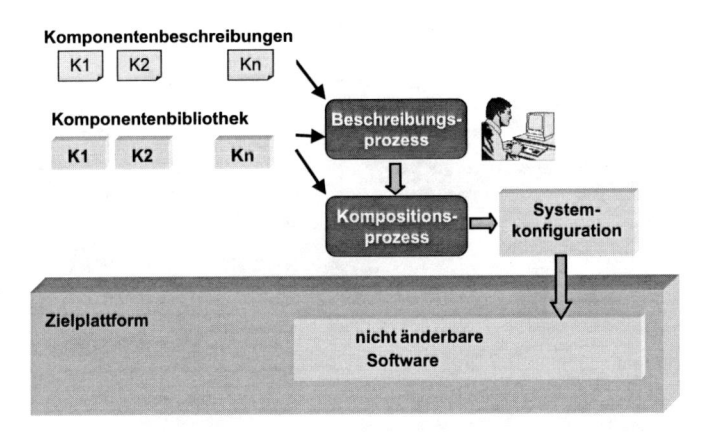

Abbildung 4.1: Offline-Konfiguration: Beschreibungsprozess und Kompositionsprozess außerhalb der Zielplattform.

4.1.2 Online-Konfiguration

Bei der Online-Konfiguration findet der Beschreibungsprozess ebenfalls außerhalb des Zielsystems auf einem Entwicklungsrechner statt [ZLW02a]. Der Kompositionsprozess erfolgt hier jedoch direkt während der Startphase im eingebetteten System. Die Komponenten liegen als ausführbare Einheiten in einer Komponentenbibliothek auf dem Zielsystem vor. Wie in Abbildung 4.2 zu erkennen, wird während der Startphase des eingebetteten Systems die gewünschte Systemkonfiguration gemäß der Konfigurationsbeschreibung aus den binären Komponenten erstellt. Die Online-Konfiguration ist ebenfalls eine statische Konfiguration. Allerdings wird der Kompositionszeitpunkt nicht bis zur Übersetzungszeit vorgeschoben. Die variablen Aspekte werden zum Zeitpunkt „Systemstart" festgelegt.

4.1.3 Dynamische Konfiguration

Um dynamische Konfigurationsmöglichkeiten zu erhalten, muss der Kompositionsprozess (und somit das Binden der variablen Aspekte) auch während der Laufzeit erfolgen können. Dynamische Konfiguration erfolgt ansonsten wie bei der Online-Konfiguration (vgl. Abb. 4.2). Es kann prinzipiell unterschieden werden zwischen *bedingter Dynamik*, bei der die Rekonfiguration a priori geplant, im Beschreibungsprozess beschrieben und im System integriert ist, und *echter Dynamik*, bei der die Rekonfiguration ungeplant während der Laufzeit erfolgen kann [MT97]. Allerdings muss während des Vorgangs der Rekonfiguration sichergestellt werden, dass sich die Anwendung fehlerfrei verhält. Dies ist eine nicht triviale Anforderung und Gegenstand aktueller Forschungstätigkeit.

Das Forschungsfeld der dynamischen Rekonfiguration von Softwaresystemen ist ein Bereich, in dem zur Zeit an vielen erfolgversprechenden Ansätzen gearbeitet

Relevante Arbeiten

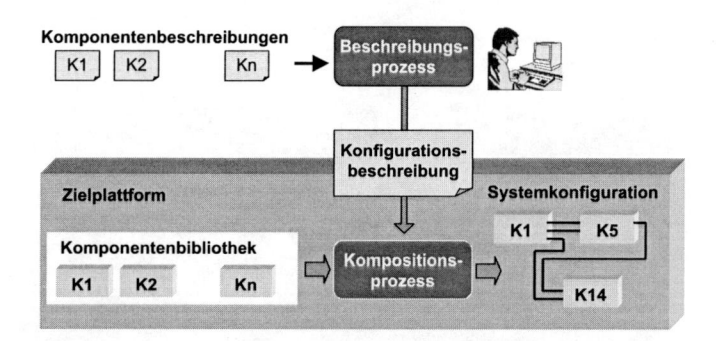

Abbildung 4.2: Online-Konfiguration: Beschreibungsprozess außerhalb und Kompositionsprozess auf der Zielplattform.

wird. Zieldomänen sind hauptsächlich verteilte Anwendungen in der Telekommunikation. Die besten Ergebnisse wurden bisher in Bereichen erzielt, bei der die zeitliche Dauer einer Rekonfiguration keine entscheidende Rolle spielt.

Hauptaugenmerk liegt hierbei auf der Anwendungskonsistenz. Diese ist erfüllt, wenn die neue Softwareversion die Ausführung, ausgehend vom Zustand der alten Version, korrekt weiterführen kann, d.h., dass das Ergebnis der Berechnung auch nach einer zwischenzeitlichen Rekonfiguration korrekt ist [DLB01]. Um dieses Ziel zu erreichen, existieren diverse Ansätze.

Der *Polylith* Ansatz ermöglicht die flexible Verbindung von Softwareprozessen über einen so genannten „Softwarebus" mittels globaler Nachrichten. Rekonfiguration ist nur an bestimmten Rekonfigurationspunkten erlaubt, die vom Programmierer definiert werden [Hof94]. Der Programmierer bestimmt, wie die Zustände einer Komponente gesichert werden. Bei anderen Ansätzen [BD92] [MKS89] [AWPv01] [AGMD01] werden die Komponenten in einen konsistenten Zustand (*safe state*) gebracht, bevor die Rekonfiguration stattfindet.

In [BNS+00] werden einige der typischen Probleme, die sich bei dynamischer Rekonfiguration ergeben, aufgezeigt. Beispiele sind Speicherlöcher (Memory Leaks), verloren gegangene bzw. korrupte Daten, fehlende Synchronisation zwischen Komponenten, Echtzeitverletzungen während der Rekonfiguration und falsche bzw. ungültige Zustände der Komponenten. Diese Probleme ergeben sich insbesondere, wenn Komponenten durch neue Komponenten ersetzt werden und diese zustandsbehaftet sind und somit von der Vorgeschichte abhängen[2].

---

[2]In [BD92] wird ein einfach nachvollziehbares Beispiel präsentiert. Es wird von einer Komponente ausgegangen, die N unterschiedliche natürliche Zahlen erzeugt. Es existiert eine Implementierung A, die aufsteigende Zahlen von 1 bis N produziert, und eine Implementierung B, die in einer Tabelle abgespeicherte zufällige Zahlen zwischen 1 und N produziert. Obwohl beide Implementierungen die Spezifikation erfüllen und auch schnittstellenkompatibel sind, lässt sich dennoch Implementierung A nicht zur Laufzeit durch Implementierung B ersetzen. Hat A schon die Zahlen 1,2,3 erzeugt, so kann B in keinen Zustand versetzt werden, bei dem garantiert weitere N-3 Zahlen erzeugt werden, ohne dass sich 1,2 oder 3 wiederholen.

4.1 Softwarekonfiguration

Zudem beschäftigen sich die meisten Veröffentlichungen damit, mit welchen Methoden Komponenten und deren Verknüpfungen neu zusammengesetzt werden können, jedoch nicht, wie die Korrektheit der Rekonfiguration gewährleistet werden kann. In Systemen mit Echtzeitanforderungen ist eine dynamische Rekonfiguration noch kritischer, da die Rekonfiguration die zeitlichen Anforderungen nicht verletzen darf. Vergleichsweise wenige Arbeiten beschäftigen sich mit den dadurch bedingten Inkonsistenzen und deren Auflösung. Hier liegen die Schwerpunkte eher im Erkennen einer Inkonsistenz nach einer Rekonfiguration [FL98]. Neueste Ansätze erlauben einen zeitlichen Korrektheitsnachweis von geplanter dynamischer Rekonfiguration (bedingte Dynamik) [SK04].

Zusammenfassend lässt sich formulieren, dass Ansätze mit bedingter Dynamik aufgrund der geplanten Rekonfiguration zwar praxistauglich sind, aber die Vor-Ort-Flexibilität nicht im benötigten Maße erhöhen. Ansätze mit echter Dynamik begrenzen sich auf eine stark eingeschränkte Menge von Rekonfigurationsproblemen (z.B. Migration von Komponenten, Evolving Philosophers Problem [KM90], Austausch zustandskompatibler Komponenten, usw). Ungeplante dynamische Rekonfiguration erfordert eine intensive Forschungsarbeit in den nächsten Jahren.

Aus diesen Gründen wird die dynamische Konfiguration in der vorliegenden Arbeit nicht näher betrachtet. Vielmehr bietet sich das Konzept der Online-Konfiguration an, um die gewünschten Ziele zu erreichen.

4.1.4 Vorteile der Online-Konfiguration

Wie schon erwähnt, ist die Online-Konfiguration als statische Konfiguration anzusehen. Sie erfüllt jedoch im Gegensatz zur Offline-Konfiguration maßgeblich die Anforderungen, wie sie in Kapitel 3.3 gestellt wurden:

- Im Gegensatz zur Offline-Konfiguration wird kein zusätzlicher Code erzeugt (vgl. A4.1). Zusätzlich generierter Code führt im Allgemeinen zur schlechteren Analysierbarkeit des Laufzeitverhaltens. In Systemen mit Online-Konfiguration ist das Zeitverhalten des Komponentenframeworks deterministisch und vorab bekannt.

- Trotz unterschiedlicher Systemkonfigurationen ist die zugrundeliegende tatsächlich ablaufende Software bei allen Varianten eines Produktes gleich. Dadurch ist die Wartbarkeit der Produkte erhöht.

- Die Systemkonfiguration ist in Form der Konfigurationsbeschreibung im System hinterlegt. Der Service-Techniker kann sofort auf die aktuelle Systemkonfiguration zugreifen (vgl. A4.2).

- Da es sich bei mechatronischen Steuerungs- und Regelungssystemen meistens um sicherheitskritische Anwendungen handelt, sind sicherheitsrelevante Anforderungen höherrangig einzustufen als die Möglichkeit, Systeme dynamisch zu rekonfigurieren (vgl. A4.4).

- Die Vor-Ort-Flexibilität wird erhöht. Der Service-Techniker kann auf einfache Weise eine neue Systemkonfiguration einspielen. Sogar der Kunde selbst kann die Konfiguration ändern, ohne direkt Zugang zur eigentlichen Software zu haben (vgl. A3.1 und A4.4).

4.2 Verwandte Forschungsfelder

Zuerst werden nun einige Forschungsfelder betrachtet, welche die vorliegende Arbeit beeinflusst haben. Auch wenn diese sich primär nicht unbedingt mit Komponententechnik oder eingebetteten Systemen beschäftigen, bieten sie wichtige Erkenntnisse für die komponentenbasierte Konfiguration von eingebetteten Systemen.

4.2.1 Komponentenrahmensystem

Die bekanntesten Beispiele für Komponentenrahmensysteme (auch als Middleware bezeichnet) sind *DCOM* von Microsoft [Mic02], *JavaBeans* von SUN [Sun03] und *CORBA* [OMG04], das von der OMG (Object Management Group) spezifiziert wurde.

Der Komponentenbegriff lässt sich immer wieder im Zusammenhang mit diesen Architekturen finden, die hauptsächlich zur Realisierung von verteilten Objekten dienen. Häufig werden Komponenten und verteilte Objekte gleichgesetzt. Jedoch weist Griffel [Gri98] darauf hin, dass verteilte, objektorientierte Systeme lediglich einige Eigenschaften hätten, die den „Komponententrend" unterstützen bzw. dessen Grundlage bilden. Ihnen fehlten jedoch viele wesentliche Konzepte und vor allem ein konsensfähiges Modell mit einer entsprechenden Entwicklungsmethodik. In [Sch99] wird darauf hingewiesen, dass diese Architekturen keinesfalls Kompositionssysteme sind, da sie nicht oder nur sehr begrenzt durch eine Kompositionssprache unterstützt werden. Einen guten Überblick über Vor- und Nachteile dieser Architekturen gibt Assmann [Ass99].

COM, DCOM, ActiveX

Bei *COM (Component Object Model)* werden Schnittstellen mit einer Beschreibungssprache (*IDL - Interface Definition Language*) unabhängig von der Implementierungssprache definiert. Komponenten können mehrere Schnittstellen anbieten. *COM* erlaubt Schnittstellenvererbung, jedoch keine Implementierungsvererbung.

COM bietet eine Implementierung, die die Nutzung von binären Komponenten, eine gemeinsame Speicherverwaltung mehrerer Instanzen und das Laden und Terminieren von Instanzen unterstützt. Obwohl es inzwischen einige Portierungen auf andere Plattformen gibt, wurde *COM* maßgeblich für Microsoft Betriebssysteme entwickelt. *COM* dient nur zur Nutzung von Komponenten auf einer Plattform. Um verteilte Objekte zu unterstützen, wurde von Microsoft *DCOM (Distributed COM)* entwickelt, als Erweiterung zum *COM* Standard.

4.2 Verwandte Forschungsfelder

ActiveX-Komponenten sind spezielle *COM*-Komponenten, die in einen Internet-Browser eingebunden werden können und dort ablaufen. Sie können als binäre Komponenten direkt vom Internet heruntergeladen werden.

CORBA, CCM

Die OMG (Object Management Group), ein Konsortium vieler Hersteller und Anbieter, hat *CORBA (Common Object Request Broker Architecture)* spezifiziert [OMG02a]. *CORBA* stellt eine echte Middleware dar, die es ermöglicht, Objekte implementierungs- und plattformunabhängig interagieren zu lassen.

Auch hier werden Schnittstellen mit Hilfe einer IDL beschrieben. Herzstück einer *CORBA*-Architektur ist der *ORB (Object Request Broker)*, welcher die Aufrufe zwischen verteilten Objekten verwaltet. Daneben gibt es eine Reihe von *CORBA*-Services, wie z.b. Druckdienste.

Um gewisse Einschränkungen der *CORBA*-Spezifikation zu umgehen und um *CORBA* stärker mit der Komponententechnologie zu verknüpfen, entstand als Erweiterung das *CORBA Component Model (CCM)* [OMG02b], welches insbesondere Implementierung, Konfiguration, Verwaltung und Deployment von *CORBA*-Objekten besser unterstützt. In *CCM* werden z.b. benötigte (receptacles) und angebotene (facets) Schnittstellen definiert. Zusätzlich gibt es Attribute (attributes), um Komponenten zu konfigurieren.

Inzwischen gibt es auch *RT-CORBA*, welches eine Erweiterung für Echtzeitsysteme darstellt [OS00].

JavaBeans

Java von SUN bietet eine weitere Möglichkeit, Anwendungen auf unterschiedlichen Plattformen unter Nutzung einer virtuellen Maschine auszuführen. Ein Zwischencode, der Java Byte Code, kann auf unterschiedlichen Plattformen genutzt werden. Java ist sehr stark mit dem Internet verknüpft. Daher können kleine Java Anwendungen (*Java Applets*) in einen Browser heruntergeladen und dort direkt ausgeführt werden. Eine Kommunikation zwischen verschiedenen Applets ist jedoch nicht möglich. Auch lassen sich Applets nur schwer bezüglich eigener Anforderungen konfigurieren.

Die Komponententechnologie *JavaBeans* beseitigt diese Nachteile. *JavaBeans* können über Ereignisse miteinander kommunizieren und lassen sich konfigurieren. Hierzu wird unterschieden in *compile time*, *design time* und *build time*. Zunächst werden die Komponenten implementiert und übersetzt (*compile time*). Anschließend werden diese mit einem Werkzeug miteinander verbunden und konfiguriert, indem bestimmte Eigenschaften gesetzt werden (*design time*). Danach können die Komponenten ausgeführt werden (*build time*).

JavaBeans sind aufgrund der expliziten Verknüpfung von Komponenten während der design time und der existierenden Entwicklungsmethodik „komponentenorientierter" als *CORBA* und *DCOM* und entsprechen am ehesten einem Kompositionssystem. Allerdings wird der generierte Java Byte Code interpretiert. Dies führt zu einer schlechten Laufzeiteffizienz und ist daher nicht geeignet für Echtzeitsysteme. Auch die Anbindung an Hardware, wie sie in eingebetteten Systemen

Relevante Arbeiten

benötigt wird, ist nicht möglich. In letzter Zeit wurde daher eine Java-Version für eingebettete Echtzeitsysteme entwickelt [Har00].

Fazit

Die vorgestellten Mainstream-Technologien lassen sich nur begrenzt auf eingebettete Echtzeitsysteme übertragen, da sie sehr hohe Anforderungen bezüglich Rechenleistung und Speicher besitzen. Auch die resultierenden Latenz- und Jitterzeiten (Latenz = Verzögerung, Jitter = Standardabweichung von der Durchschnittslatenzzeit) sind für viele Anwendungen, insbesondere in der Steuerungs- und Regelungstechnik, zu hoch [OS00]. Zusätzlich gibt es nur begrenzte Möglichkeiten, Komponenten und insbesondere Systemkonfigurationen zu beschreiben. Sie sind maßgeblich dienstorientiert. Datenflüsse sowie zyklische Abarbeitung, zwei Schlüsseltechnologien der Steuerungs- und Regelungssysteme, werden nicht explizit unterstützt.

4.2.2 Modellierungswerkzeuge

Die *UML (Unified Modeling Language)* ist derzeit der am weitesten verbreitete Standard zum Design objektorientierter Systeme. Obwohl mit objektorientierter Modellierung auch Komponentensysteme beschrieben werden können [SC97], ergeben sich einige Nachteile. So stellt UML nur eine Art der Komponentenverknüpfung (Methodenaufrufe) zur Verfügung, ermöglichen die Hierarchisierung nur begrenzt und die Definition von Produktfamilien wird nicht unterstützt [GMW00].

ROOM (Real-Time Object-Oriented Modeling) stellt ein objektorientiertes Modellierungsverfahren für das Design von Echtzeitsystemen dar. Bei *ROOM* werden Ports und Konnektoren unterstützt und somit lassen sich Komponentensysteme wesentlich effektiver beschreiben [RSRS99].

UML/ROOM unterstützen die Online-Konfiguration nicht direkt. Zudem werden in *UML/ROOM* die Systeme maßgeblich grafisch modelliert. Eine formale nichtgrafische Darstellung existiert nicht. Daher eignen sich diese Formate nicht zur Definition der Konfigurationsbeschreibung. Als Modellierungswerkzeug während des Beschreibungsprozesses ist vor allem *ROOM* jedoch durchaus geeignet.

4.2.3 Rechenmodelle

Rechenmodelle (*models of computation*) spielen bei der Entwicklung eingebetteter Systeme eine zentrale Rolle. Edward A. Lee zeigt in seiner Veröffentlichung „Embedded Software - An Agenda for Research" [Lee99] einige wichtige Forschungsfelder (darunter die Komponententechnologie) auf, die für einen systematischen Entwurf von eingebetteter Software wichtig sind. Einen zentralen Schwerpunkt bilden hierbei die für die Modellierung zugrunde liegenden Rechenmodelle. Lee teilt diese ein in Differentialgleichungen, endliche Automaten, synchron-reaktive Modelle, diskrete Ereignismodelle, zyklusgesteuerte Modelle, synchrone und asynchrone Nachrichtenmodelle und andere [Lee00]. Häufig gibt es Mischformen aus diesen Kategorien. Ziegenbein gibt einen weiteren guten Überblick über verschiedene Rechenmodelle [Zie02].

4.2 Verwandte Forschungsfelder

Im Folgenden werden einige wichtige Rechenmodelle, die einen engeren Bezug zur vorliegenden Arbeit haben, detaillierter betrachtet.

Prozess-Netzwerke

Um asynchrone nebenläufige Prozesse in einem System analysieren zu können, entstanden schon in den 70er Jahren verschiedene Ansätze, die es ermöglichen, mit Hilfe einfacher Graphen die Datenflüsse in solchen Systemen zu modellieren. Heutzutage werden sie vor allem in der Signalverarbeitung für die Verarbeitung von Datenströmen eingesetzt. Hierbei werden Datenflüsse durch Kanten und einzelne Prozesse durch Knoten dargestellt. Die Aspekte Berechnung (definiert in der *Host Sprache*) und Kommunikation (definiert in der *Koordinationssprache*) werden getrennt voneinander beschrieben.

Bei einem *Prozess-Netzwerk* kommunizieren nebenläufige Prozesse über einen unidirektionalen FIFO-Kanal. *Prozess-Netzwerke* eignen sich sehr gut für die Modellierung von Systemen, bei denen endlose Datenströme von vielen Prozessen sequentiell oder parallel transportiert und verändert werden. Daten werden in Form von Zeichen (*Token*) modelliert. Die FIFO-Kanäle dienen als (meist unbegrenzte) Puffer dieser Zeichen.

Bei *Kahn-Prozessen* [Kah74] geht man von einem Modell aus, bei dem das Schreiben in einen Kanal nicht blockierend geschieht, d.h., das Schreiben erfolgt immer sofort. Das Lesen aus einem Kanal geschieht blockierend. Jedes Zeichen wird genau einmal gelesen und geschrieben. Der lesende Prozess, der versucht, aus einem leeren Kanal zu lesen, wird so lange blockiert, bis sich genügend zu lesende Zeichen im Kanal befinden. Dies entspricht einer datengesteuerten Datenflusskomponente, wie sie in Abschnitt 2.4.1 dargestellt wurde.

Typische Beispiele für *Kahn-Prozesse* sind das Verzahnen zweier Eingangsströme zu einem Ausgangsstrom, das Verteilen eines Eingangsstromes auf zwei Ausgangsströme oder das Einfügen eines zusätzlichen Zeichens in einen Datenstrom.

Kahn-Prozesse können sehr gut formal über monotone und stetige Eigenschaften sowie Fixpunkte beschrieben werden. Ein Netzwerk aus monotonen Prozessen ist deterministisch. Eine weitere Eigenschaft, die sich aus monotonen Prozessen ergibt, ist, dass Ausgaben iterativ erfolgen können, d.h., ein *Kahn-Prozess* muss nicht warten, bis er alle Eingangszeichen gelesen hat, bevor er die Ausgabe startet.

Datenfluss-Prozess-Netzwerke [LP95] sind eine spezielle Form von Kahn-Prozess-Netzwerken. Die Knoten werden als *actors* bezeichnet. Anstelle der blockierenden Semantik wird die Kommunikation hier mit Hilfe von *Firing*-Regeln bestimmt. Ob ein Prozess gefeuert, d.h. angestoßen, wird, hängt von den anliegenden Eingangszeichen ab. Beispiel für eine solche Regel wäre ein Addierer, der nur dann gefeuert wird, wenn an jedem der beiden Eingänge mindestens ein Zeichen anliegt.

Um zeitliche Abhängigkeiten zwischen den Prozessen modellieren zu können, dienen *Timed Automatas* [Alu99]. Bei diesem Rechenmodell können zusätzlich Zeitbedingungen angegeben werden, um ereignisgesteuerte Echtzeitsysteme zu spezifizieren und zu verifizieren.

Relevante Arbeiten

Grundlegend gilt jedoch, dass diese Rechenmodelle stark datengesteuert arbeiten. Prozesse bzw. Komponenten werden in Abhängigkeit vom Verhandensein anliegender Zeichen aktiviert (vgl. 2.4.1). Da, wie in Kapitel 5 dargelegt wird, die Aktivierung der Komponenten in den Zielanwendungen dieser Arbeit zeitgesteuert und nicht datengesteuert erfolgt, eignen sich diese Datenfluss-Modelle weniger gut.

Zyklische Abarbeitung

Mit Hilfe zyklischer Rechenmodelle, bei denen die Anwendung bzw. die Komponenten zyklisch aufgerufen werden, lassen sich zeitgesteuerte Anwendungen wesentlich besser beschreiben. Insbesondere in Steuerungs- und Regelungssystemen, wie sie bei Robotern, speicherprogrammierbaren Steuerungen (SPS), Werkzeugmaschinensteuerungen, aber auch bei Sensoren und Aktoren vorkommen, werden zyklische Modelle eingesetzt [RBA93] [McK95] [Spe00]. Leider gibt es kaum theoretische bzw. formale Ausarbeitungen zur zyklischen Abarbeitung [BS88]. Die vorliegende Dissertation nutzt dieses Rechenmodell als Grundlage.

Synchrone Programmiersprachen und Datenfluss-Werkzeuge

Aufbauend auf diversen Datenfluss-Theorien wurden diese genutzt, um einige Implementierungen und sogar spezielle Programmiersprachen für synchrone reaktive Systeme zu entwickeln. Hierbei werden Prozesse mit endlichen Automaten beschrieben. Die Kommunikation ist synchron, meist nicht-blockierend und erfolgt als Broadcast. Als Modell geht man bei synchronen/reaktiven Sprachen davon aus, dass zu bestimmten Zeitpunkten alle Komponenten gleichzeitig ihre Eingaben lesen, ihre Berechnung ausführen und ihre Ausgaben erzeugen. Beispiele sind *LUCID* [WA85], *LUSTRE* [HCRP91], *ESTEREL* [BG92] und *SIGNAL* [LGLL91]. Diese haben neben einer textuellen Programmiermöglichkeit meist auch eine grafische Programmierumgebung.

Die Methode, aus Komponenten und deren Verknüpfung Datenflüsse zu modellieren, Anwendungen zu simulieren und Code zu generieren, wird auch in vielen kommerziellen Werkzeugen eingesetzt. Beispiele hierfür wären *LabView* von National Instruments, *Matrix-X* von Integrated Systems und *Matlab* mit der Erweiterung *Simulink* von MathWorks, um einige zu nennen.

Sowohl die synchronen Programmiersprachen als auch die Datenfluss-Werkzeuge erzeugen statische Anwendungen und können zu den Offline-Konfigurationsmethoden gezählt werden.

Endliche Automaten

Endliche Automaten werden mit Hilfe von Zuständen und Übergängen (*Transitionen*) beschrieben. Problematisch erweist sich hier meist die Explosion des Zustandsraums bei komplexeren Systemen und die fehlende Beschreibungsmöglichkeit von Nebenläufigkeit. *Statecharts* [Har87] bieten einen Formalismus, um diese Probleme teilweise zu umgehen.

4.2 Verwandte Forschungsfelder

Input-Output-Automaten

Ein *Input-Output-Automat (IO-Automat)* [LT89] besteht aus einer Aktionssignatur $A = (A^{in}, A^{out}, A^{int})$. Die Elemente von A^{in} sind Eingangsaktionen, die von A^{out} sind Ausgangsaktionen und die von A^{int} stellen interne Aktionen dar. Zusätzlich besitzt ein *IO-Automat* eine Menge von Zuständen, mit einem Startzustand und einer Menge an Transitionen, die den *IO-Automaten* in Abhängigkeit von den Aktionen in einen anderen Zustand überführen. Hierbei sind je nach Zustand Aktionen aktiviert oder deaktiviert. Eingangsaktionen werden prinzipiell „konsumiert", während interne und Ausgangsaktionen „ausgesendet" werden.

In [LS89] wird gezeigt, dass das Kahn-Prinzip auch für *IO-Automaten* gilt, d.h., dass die Kombination von *IO-Automaten* zu einem deterministischen System führt.

Portautomaten

Portautomaten (Port Automatas), basierend auf der Theorie von Steenstrup und Arbib [SAM83], vereinigen das Konzept von Prozess-Netzwerken mit der Automatentheorie. Bei *Portautomaten* werden Eingangs- und Ausgangsports definiert. Über diese Ports kann ein *Portautomat* Daten einlesen bzw. versenden. Neben diesen Ports ist ein *Portautomat* definiert über eine Zustandsmenge, einem Startzustand, einer Menge von Übergangsfunktionen und Ausgabefunktionen. Ports sind je nach Zustand aktiviert oder deaktiviert.

Diese Attribute definieren das Verhalten eines *Portautomaten*. Sobald ein aktivierter Eingangsport ein Zeichen enthält, findet ein entsprechender Zustandsübergang und gegebenenfalls das Aussenden von Zeichen über Ausgangsports statt. Die Kommunikation ist asynchron und die Aktivierung der einzelnen Automaten erfolgt datengesteuert. *Portautomaten* sind unabhängige Prozesse, die auf den Zuständen der Umgebung arbeiten.

Portautomaten können kombiniert werden, indem ihre Ports über Datenkanäle verknüpft werden. Die Verknüpfung zweier *Portautomaten* ergibt wieder einen *Portautomaten*.

Portautomaten bieten den immensen Vorteil, dass sie sehr flexibel miteinander verknüpfbar sind. Daher sind sie hervorragend geeignet, die Komposition von Komponenten zu modellieren. Es existieren einige Komponentensysteme, die auf dem Konzept der *Portautomaten* aufsetzen. Beispiele sind eine Umsetzung für Robotersysteme [LA89], *Port Based Objects*, die in Abschnitt 4.4.5 ausführlich betrachtet werden, sowie modellbasierte Ansätze, wie z.B. *CoolBOT* [CDH02] und *VERTAF* (s. 4.3.3). Auch die vorliegende Arbeit wurde zum Teil von dem Konzept der Portautomaten beeinflusst.

Fazit

Rechenmodelle stellen einen zentralen Punkt bei der Entwicklung eingebetteter Software dar. Insbesondere dienen sie zur Beschreibung einer Anwendung. Daher spielen sie auch eine entsprechende Rolle in der vorliegenden Arbeit. Je nach Ausprägung eignen sich die einzelnen Rechenmodelle besser oder schlechter für die vorgestellten Konfigurationsmethoden (offline, online, dynamisch). Eine entsprechende Auswahl muss maßgeblich aufgrund der Anforderungen aus der Domänenanalyse und der Aufgabenstellung erfolgen. Als grundlegender Ansatz wurde für diese Arbeit die zyklischer Abarbeitung, verbunden mit der Theorie der *Portautomaten*, gewählt.

4.2.4 Modellbasierte Ansätze

Bei modellbasierten Ansätzen, wie *Model Integrated Computing* [HM01] [SK97] [Szt01] [KSLB03] oder die *Model-Driven Architecture* der Object Management Group [Uhl03] [OMG03], werden Komponenten und z.t. deren Funktionalität mit Hilfe von Modellen auf einer hohen Abstraktionsebene beschrieben. Diese Modelle basieren z.T auf den in Abschnitt 4.2.3 vorgestellten Rechenmodellen. Mit Hilfe dieser Modellkomponenten lassen sich dann unter Verwendung einer Kompositionssprache Anwendungen modellieren (Beschreibungsprozess). Anschließend wird in nahezu allen Ansätzen mit Hilfe der Codesynthese die Anwendung automatisch aus den Modellen generiert (Kompositionsprozess). Diese Ansätze können daher der Offline-Konfiguration zugeordnet werden. Andere Ansätze interpretieren zur Laufzeit die Modellbeschreibung. Dies führt allerdings zu schlechten Laufzeiteigenschaften und ist für die meisten Echtzeitsysteme nicht einsetzbar. Ein interessanter Ansatz findet sich in [SKB98]. Während die Komponenten (funktionaler Aspekt) des Modells übersetzt werden, wird die Systemkonfiguration (d.h. Kontroll- und Datenfluss) interpretiert.

Modellbasierte Ansätze sind meist domänenspezifisch und eignen sich insbesondere für Produktlinien (s. 4.2.9).

Die wesentlichen Vorteile dieser Ansätze sind zum einen die gute Analysierbarkeit der erstellten Anwendung mit Hilfe modellbasierter Simulation und formaler Verifikation und zum anderen die Trennung unterschiedlicher Designaspekte. Diese Aspekte werden getrennt voneinander modelliert und während der Codegenerierung miteinander "verwoben". Die Grundsätze der *AOP* (s.4.2.7) sind in diese Ansätze gut zu integrieren. Weiterer Vorteil ist die Plattformunabhängigkeit der Modelle.

Wesentlicher Nachteil ist die fehlende Adaptionsfähigkeit, da aufgrund der Offline-Konfiguration die erstellte Anwendung statisch ist.

Um dennoch die Adaptionsfähigkeit der offline generierten Software zu erhöhen, wird in [BNS+00] vorgeschlagen, dynamische Rekonfiguration zu integrieren. Hierzu wird während des Beschreibungsprozesses ein weiterer Designaspekt hinzugefügt. Dieser als Verhaltensbeschreibung (*behavioral model*) bezeichnete Modellierungsaspekt definiert mit Hilfe von Zuständen und Transitionen das dynamische Rekonfigurationsverhalten des Systems. Aus diesem Modell wird während des Kompositionsprozesses offline ein Konfigurationsmanager generiert, der die dynamische Konfiguration entsprechend realisiert. Erzielt wird hierdurch die in Abschnitt 4.1.3 beschriebene *bedingte Dynamik*. Die Vor-Ort-Flexibilität wird nicht erhöht, da sich das System nur gemäß der modellierten Bedingungen selbstständig rekonfiguriert. Zur Zeit wird auch bei diesem Ansatz das System während der Rekonfiguration heruntergefahren und danach neu gestartet. Somit ist es eher

4.2 Verwandte Forschungsfelder

zu den Online-Konfigurationsverfahren zu zählen, wobei die Konfigurationsmöglichkeit jedoch statisch fest implementiert ist. Es sind sozusagen eine bestimmte Anzahl von Konfigurationsbeschreibungen in das System fest integriert. Nicht modellierte Anpassungen lassen sich nur durch Änderungen der Modelle und durch erneute Generierung des Systems erzielen.

4.2.5 Objektorientierte Frameworks

Bei *objektorientierten Frameworks* [FS97] [Joh97] wird von einem Grundgerüst mit festgelegter Struktur (Architektur) ausgegangen. An einigen Punkten (*hot spots*) kann die Grundanwendung modifiziert werden. Dies geschieht in der Regel dadurch, dass Klassen abgeleitet und die Methoden dieser abgeleiteten Klasse überschrieben werden. Durch Nutzung von Polymorphismus werden diese neuen Funktionalitäten in die Anwendung eingebunden.

Prinzipiell wird zwischen *Blackbox-Frameworks* und *Whitebox-Frameworks* unterschieden. In der Praxis findet sich jedoch häufig eine Mischform, bei der das unveränderbare Grundgerüst (*blackbox*) durch das Abändern von bestimmten Klassen (*whitebox*) adaptiert werden kann.

OO-Frameworks sind in der Regel domänenspezifische Lösungen und dienen direkt der Entwicklung von Produktlinien (s. 4.2.9). Sie stellen im Prinzip eine Methode zur Wiederverwendung von Softwaredesigns dar und von einigen Autoren wird auf die starke Verwandschaft zu Software-Entwurfsmustern hingewiesen [BM00]. Es existieren einige wenige *OO-Frameworks*, die speziell für Echtzeitanwendungen entwickelt wurden [Hsi98]. Im eingebetteten Fall entstehen jedoch wiederum statische Anwendungen mit geringer Vor-Ort-Flexibilität.

4.2.6 Softwarearchitektur

Die Forschungsfelder komponentenbasierte Softwareentwicklung und Softwarearchitektur sind eng miteinander verknüpft [CLL00] [LLLS00]. In der relativ neuen Disziplin der Softwarearchitektur versucht man Softwaresysteme formal auf einer hohen abstrakten Ebene zu beschreiben. Gegründet wurde dieser Forschungszweig maßgeblich von Mary Shaw und David Garlan [SG96]. Sie haben erkannt, dass die Architektur eines Softwaresystems häufig mit „Kästchen und Pfeilen" beschrieben werden. Diese informale Art der Beschreibung will die Softwarearchitekturforschung katalogisieren und formalisieren.

Wesentliche Elemente hierbei sind Komponenten, Konnektoren [SDZ96], die diese Komponenten verbinden, sowie Konfigurationen, die eine bestimmte Komposition von Komponenten und Konnektoren beschreiben.

Softwarearchitekturen, die bestimmte Gemeinsamkeiten aufweisen, stellen Architekturstile dar. Typische Architekturstile sind z.B. Datenflussarchitekturen, dienstorientierte Systeme (Client-Server), Schwarzes Brett (Blackboard), u.a.

In [Sha95] weist Mary Shaw ausdrücklich darauf hin, dass Steuerungs- und Regelungssysteme aufgrund ihrer Architektur besondere Beschreibungen erfordern und dass objektorientierte Methoden für die Realisierung solcher Systeme nicht optimal sind.

Relevante Arbeiten

Architekturbeschreibungssprachen

Um Softwarearchitekturen formal beschreiben zu können, entstanden eine Reihe von Architekturbeschreibungssprachen (*Architecture Description Language - ADL*). Die grundlegenden Anforderungen an eine solche Sprache, insbesondere die Unterstützung von Komposition, Abstraktion, Wiederverwendung, Konfiguration, Heterogenität und Analyse, werden in [SG94] ausführlich diskutiert.

Die Ursprünge moderner ADLs sind in den *Module Interconnection Languages (MIL)* zu finden. Schon in den 70er Jahren entdeckte man die Notwendigkeit, die Verknüpfung von Subsystemen mit Hilfe einer geeigneten Notation zu beschreiben [Tho76] [Tic79].

ACME [GMW00], *Aesop* [GAO94], *C2* [MORT96], *Darwin* [MDEK95], *MetaH* [VB93] [Hon98], *Rapide* [LKA+95], *UniCon* [SDK+95] und *Wright* [All97] sind einige der wichtigsten ADLs. Einen umfangreichen Überblick über ADLs gibt Medvidovic in [MT97]. Die meisten ADLs unterstützen die automatische Codegenerierung und lassen sich zu den Offline-Konfigurationsverfahren zählen.

Aber auch die Evolution von Software und somit die dynamische Rekonfiguration wird von einigen ADLs berücksichtigt. *Bedingte Dynamik*, bei der die Rekonfiguration zur Designzeit geplant wird, wird von *Darwin* und *Rapide*, echte *Dynamik* zur ungeplanten Rekonfiguration wird von *C2* unterstützt. MetaH definiert eine Kompositionssprache für eingebettete Systeme und generiert echtzeitfähigen Code für zyklische Prozesse.

R-RIO (Reflective-Reconfigurable Interconnectable Objects) [LLLS00] ist ein System, welches als Grundlage eine ADL nutzt und daraus eine ablaufende Anwendung in Java generiert. Interessant ist hierbei, dass ein Konfigurationsmanager Methoden zur Verfügung stellt, um eine Systemkonfiguration dynamisch durch eine andere zu ersetzen. Hierzu werden Konnektoren als Komponenten implementiert und dynamisch mit den funktionalen Komponenten verknüpft.

PICCOLA (Pi-Calulus-Based Configuration Language) ist eine auf dem π-Kalkül basierende Konfigurationsbeschreibungssprache [LSNA97] [Sch99]. Es vereinigt Konzepte der ADLs und der Komponententechnologie (insbesondere Komponentenframeworks) mit Skripting-Mechanismen.

4.2.7 Aspektorientierte Programmierung

ADLs stellen einen Sonderfall der Aspekttrennung dar, bei dem versucht wird, zwei entscheidende Aspekte eines Softwaresystems, Architektur und Funktionalität, zu trennen. Die *aspektorientierte Programmierung (AOP)* [KLM+97] [AOP04] versucht, weitere Belange (*concerns*) abzutrennen und getrennt von der eigentlichen Grundfunktionalität zu beschreiben.

Bei der AOP ist der funktionale Anwendungscode der Kern, alle weiteren Belange sind Aspekte. Durch diese Trennung werden Systeme übersichtlicher und flexibel konfigurierbar. Um eine ablauffähige Anwendung zu erhalten, müssen der Code des Kerns und der Aspekte zusammengefügt werden. Dies geschieht mit Hilfe eines Werkzeuges - dem so genannten Weber. Damit der Weber weiß, wie er den Code zusammenweben soll, werden Webepunkte definiert. Es existieren statische, aber auch dynamische Webepunkte. Aspekte können in aspektspezifischen Spra-

4.2 Verwandte Forschungsfelder

chen (Aspektsprachen) programmiert werden. Typische Aspekte sind Persistenz, Protokollierung u.ä. Bekanntestes Beispiel einer aspektorientierten Programmiersprache ist *AspectJ* [Asp04]. Weitere mit dem Forschungsfeld der AOP verwandte Gebiete sind *subjektorientierte Programmierung* [OHBS94], *invasive Komposition* [Ass03] und *Metaprogrammierung* [LH00]. Allen gemeinsam ist prinzipiell, dass der Sourcecode der Komponenten vorliegt und dieser ggf. automatisch verändert wird. Daher ist der Einsatz dieser Techniken für eingebettete Systeme mit Online-Konfiguration nur bedingt möglich. Dennoch spielt die Aspekttrennung in dieser Arbeit eine gewichtige Rolle.

4.2.8 Offene Systeme

Bei offenen Systemen wird versucht, Schnittstellen und Verhalten von Systemen so zu standardisieren, dass ein Austausch bzw. die Integration einzelner Subsysteme auch herstellerunabhängig erfolgen kann. Dadurch erhält insbesondere der Endnutzer wesentliche Vorteile, da er nicht mehr von einem Hersteller abhängig ist und u.U. eigenes Know-How in die Produkte integrieren kann [OMA99]. Offene Systeme werden meist in großen internationalen Konsortien von namhaften Herstellern spezifiziert. Es existieren entsprechende Spezifikationen für verschiedene Domänen. Beispielsweise gibt es für Steuerungen und Regelungen verschiedene akademische und industrielle Ansätze, wie z.B. *OSACA (Open System Architecture for Controls within Automation Systems)* [OSA96], *UMOAC (University of Michigan Open Architecture Controller)* [PPS+95], *OMAC (Open Modular Architecture Controls)* [OMA02]. Im Bereich der Automobilelektronik dient *OSEK (Offene Systeme und deren Schnittstellen für die Elektronik im Kraftfahrzeug)* [OSE00] als offener Standard.

4.2.9 Produktlinien

Bei dem Forschungsfeld Produktlinien werden Methoden untersucht, die es ermöglichen, ähnliche Anwendungen zu Systemfamilien zusammenzufassen und diese gemeinsam zu entwickeln und zu pflegen. Ziel ist die Entwicklung eines wiederverwendbaren invarianten Teils, der allen Produkten der Produktlinie gemeinsam ist. Zusätzlich soll es möglich sein, mit Hilfe einer vordefinierten Variabilität, Softwareprodukte kundenspezifisch auszudifferenzieren.

OO-Frameworks können als spezielle Ausprägung des Produktlinienansatzes angesehen werden. Wie diese sind Produktlinien typischerweise domänenspezifisch. Der in dieser Arbeit konzipierte Ansatz kann als Produktlinienentwicklung in der Domäne der Steuerungs- und Regelungssysteme betrachtet werden.

Domänenentwicklung

Czarnecky [CE00] teilt den Prozess der Domänenentwicklung in drei Phasen ein: Domänenanalyse, Domänendesign, Domänenimplementierung.

Domänenanalyse Während der Domänenanalyse werden die Gemeinsamkeiten und Variabilitäten der diversen Einzelprodukte ermittelt. Gleichzeitig werden domänenspezifische Merkmale und Konzepte herausgearbeitet, wie sie im Problemraum angesiedelt sind. Es existieren eine Vielzahl von Verfahren zur Domänenanalyse, von denen an dieser Stelle *FODA (Feature-Oriented Domain Analysis)* genannt werden soll [KCH+90]. *FODA* basiert maßgeblich auf der Analyse der Merkmale (*features*) einer Domäne und wird auch im Rahmen dieser Arbeit genutzt.

Domänendesign In dieser Phase wird eine geeignete Architektur entwickelt. Außerdem wird hier ein geeigneter Produktionsplan zur Erstellung von Einzelprodukten definiert.

Domänenimplementierung Abschließend werden die zur Produktlinie gehörigen Einzelteile implementiert. Dies sind z.b. die domänenspezifischen Komponenten, das Komponentenframework, Generatoren, domänenspezifische Sprachen usw.

Generatives Programmieren

Unter *generativem Programmieren* [CE00] versteht Czarnecki eine Domänenentwicklung mit dem Ziel einer Produktfamilie, bei der die Erstellung eines Einzelproduktes komplett automatisiert ist. Das Endprodukt wird nur mit Hilfe der im Problemraum angesiedelten Begriffe beschrieben. Mit Hilfe von Konfigurationswissen wird dieses anschließend automatisch erzeugt. Für diese Transformation werden idealerweise Generatoren eingesetzt (vgl. Abbildung 5.1, S. 58).

Da die in dieser Arbeit betrachteten Systeme einer speziellen Domäne angehören, muss eine entsprechende Domänenentwicklung durchgeführt werden. Zusätzlich zu der Anforderung, dass Produkte automatisch erzeugt werden, sollten diese online konfigurierbar sein. Daher ist die Generatorentechnik nicht einsetzbar. Aufgrund ähnlicher Ziele wurde die vorliegende Arbeit dennoch stark von Czarnecki beeinflusst.

4.2.10 Fazit

Eine ganze Reihe von Forschungsfeldern sind mit der komponentenbasierten Softwareentwicklung verwandt und haben starke Querbeziehungen untereinander. Allerdings gibt es vergleichsweise wenig Ansätze, die sich mit den besonderen Problemen bei eingebetteter Software für Steuerungs- und Regelungssystemen befassen. Die in den oben genannten Forschungsfeldern erarbeiteten Erkenntnisse lassen sich nur bedingt auf diese komplexe Anwendungsdomäne übertragen. Mit der Problematik einer erhöhten Vor-Ort-Flexibilität beschäftigen sich die angesprochenen Forschungsfelder kaum.

Dennoch dienten wesentliche Erkenntnisse aus diesen Bereichen als Grundlage für die vorliegende Arbeit. Insbesondere Datenfluss-Rechenmodelle, Portautomaten, ADLs, Aspekttrennung, offene Architekturen und Produktlinienansätze (Domänenentwicklung) hatten einen starken Einfluss bei der Konzeption der in dieser Arbeit vorgestellten Methoden.

4.3 Systeme mit Offline-Konfiguration

Die Mehrzahl der Komponentensysteme für eingebettete Steuerungs- und Regelungssysteme funktionieren nach dem Offline-Prinzip, d.h., die Anwendung wird komplett außerhalb des Zielsystems erstellt. An dieser Stelle sollen beispielhaft drei aktuelle Offline-Ansätze beschrieben werden.

4.3.1 Koala

Koala [vvKM00] ist ein Kompositionssystem, welches von den Architekturbeschreibungssprachen die Idee der expliziten Konfigurationsbeschreibung übernahm. Das *Koala*-Modell beruht auf einer Menge von Schnittstellen, die mit Hilfe einer IDL beschrieben und in einer Schnittstellenbibliothek verwaltet werden. Komponenten werden mit Hilfe einer Komponentenbeschreibungssprache (*CDL - Component Description Language*) durch benötigte und angebotene Schnittstellen aus der Schnittstellenbibliothek definiert. Über das Verknüpfen von Schnittstellen lassen sich Kompositionskomponenten bzw. Anwendungen erstellen. Die *Koala* CDL dient gleichzeitig als Konfigurationsbeschreibung. Mit Hilfe eines Werkzeuges werden diese Beschreibungen gelesen und für jede Komponente wird ein Headerfile erzeugt, welches Makros enthält. Mit Hilfe dieser Makros werden die innerhalb von einer Komponente aufgerufenen Funktionen textuell ersetzt. Durch diese Umbenennung der Funktionsnamen werden die benötigten Funktionen einer Komponente mit den zur Verfügung gestellten Funktionen anderer Komponenten verknüpft. Nach der Übersetzung der Komponenten werden während des Bindevorgangs die Funktionen statisch gebunden.

4.3.2 PECOS

PECOS (Pervasive Component Systems) [WGC+02] [GCS+02] ist ein gerade abgeschlossenes EU-Projekt, welches sich mit Komponententechnologie für eingebettete Systeme befasst. Hauptziele waren die Identifikation von nichtfunktionalen Eigenschaften von Komponenten, deren Beschreibung und Verwendung während des Konfigurationsprozesses sowie eine Kompositionssprache, die das flexible Zusammenstellen neuer Anwendungen erlaubt. Das zugrundeliegende Komponentenmodell ist datenflussorientiert mit zyklischer Abarbeitung.

Sowohl Komponenten als auch die Konfiguration werden mit Hilfe der Sprache *CoCo* beschrieben. Anschließend kann aus diesen Beschreibungen offline die Anwendung generiert werden.

Als interessantes Feature bietet *PECOS* die Möglichkeit, dass Kompositionskomponenten für die Prozesseinplanung (*Scheduling*) der Komponenten, aus denen sie bestehen, selbst verantwortlich sind. Dadurch entsteht eine hierarchische Prozesseinplanung.

4.3.3 VERTAF

VERTAF (Verifiable Embedded Real-Time Application Framework) [HLS+02] ist ein speziell für eingebettete Echtzeitsysteme entwickeltes Komponentensystem.

Das Komponentenmodell begründet sich auf *Autonomous Timed Objects (ATO)*, einer Kombination von *Port Based Objects (PBO)* (s. 4.4.5) und *Time-triggered Message-triggered Objects*. Im Gegensatz zu PBOs sind die einzelnen Komponenten jedoch nicht unabhängig voneinander, sondern kennen den Sender und Empfänger von Daten bzw. Ereignissen.

Komponenten werden als ATO Modelle beschrieben und die Anwendung in einem Offline-Konfigurationsprozess zusammengesetzt. Die Stärke des *VERTAF* Systems ist die modellbasierte Verifikation und Analyse mit Hilfe *Timed Automatas (TA)* und *Timed Computation Tree Logic (TCTL)*. Anschließend wird die ablauffähige Anwendung mit Hilfe von Codesynthese generiert. Dadurch erhält man eine statische Anwendung mit allen Nachteilen bezüglich Vor-Ort-Flexibilität.

4.4 Systeme mit Online-Konfiguration

Nun werden die maßgeblichen Arbeiten diskutiert, die eine Online-Konfiguration erlauben oder diese teilweise unterstützen. Hierbei werden zuerst spezielle Systeme präsentiert, die entweder nur herstellerspezifische Lösungen (*IEC 61132*) erlauben, die nur begrenzt für Low-Level-Anwendungen (*OSACA*) oder nur für eingeschränkte Anwendungsfälle (*Mobies, Corot*) geeignet sind. Anschließend werden die drei wichtigsten allgemeinen Ansätze mit Online-Konfiguration vorgestellt (*ControlShell, Port Based Objects, PÅLSJÖ*).

4.4.1 IEC 61131 und IEC 61499

Die am weitesten verbreiteten Systeme zum Entwurf von Steuerungs- und Regelungssystemen stützen sich auf die *IEC 61131* [NGLS00]. In dieser Spezifikation werden einige wesentliche Punkte für die Programmierung von speicherprogrammierbaren Steuerungen (SPS) normiert. Kernstück ist der Teil 3 (*IEC 61131-3*) [IEC03], in dem 5 alternative Programmiersprachen spezifiziert werden. Die *Anweisungsliste (AWL)* ist eine textuelle akkumulatorbasierte Beschreibung, bei der Werte aus Registern geladen, verknüpft und wieder gespeichert werden. Der *Kontaktplan (KOP)* stellt eine grafische Repräsentation dar, basierend auf der Darstellung elektrischer Schaltkreise. *Strukturierter Text (ST)* ist eine PASCAL-ähnliche Hochsprache. Die *Funktionsbausteinsprache (FBS)* ist eine grafische Beschreibung, bei der einzelne Funktionsblöcke miteinander verschaltet werden. Diese 4 Sprachen sind normalerweise alternativ zu benutzen (s. Abb. 4.3). Zusätzlich gibt es noch die *Ablaufsprache (AS)*, welche sich besonders für die Beschreibung der Ablaufreihenfolge eignet. Die Programmierung in AS erfolgt entweder grafisch oder textuell.

Hinsichtlich Komponententechnologie ist die Funktionsbausteinsprache von besonderer Bedeutung. Einzelne Funktionsbausteine (FB) haben eine in sich abgeschlossene Funktionalität und besitzen Eingänge und Ausgänge, über die sie verknüpft werden können. FBs können daher als Komponenten betrachtet werden.

Als Komponentenframework dieser Komponenten dient eine SPS. Dort werden die FBs zyklisch abgearbeitet. Im Regelfall werden bei einer SPS in einem Zyklus

4.4 Systeme mit Online-Konfiguration

```
Anweisungsliste (AWL)
  LD    A
  ANDN  B
  ST    C
```

```
Strukturierter Text (ST)
  C:= A AND NOT B
```

Funktionsbausteinsprache (FBS)

```
      AND
  A ┌─────┐ C
    │     │
  B ─┤o   │
    └─────┘
```

Kontaktplan (KOP)

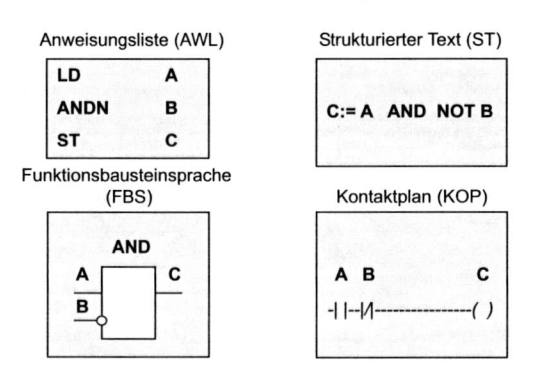

```
  A  B         C
─┤ ├─┤/├────────( )
```

Abbildung 4.3: Unterschiedliche Beschreibungsmöglichkeiten der Funktion C = A and not B in der IEC61131-3.

zuerst alle physikalischen Eingänge gelesen, danach alle Komponenten ausgeführt und anschließend alle physikalischen Ausgänge gesetzt.

SPSen basieren auf spezieller Hardware. Mit Hilfe eines Programmiersystems lassen sich Anwendungen und Komponenten mit Hilfe der oben genannten Sprachen entwerfen. Die Anwendung wird anschließend auf die SPS heruntergeladen. Allerdings wird in der *IEC 61131* das Format der heruntergeladenen Daten nicht definiert. Es existieren *IEC 61131*-basierte Systeme, die die gesamte Anwendung offline generieren und ablauffähigen Code herunterladen (Offline-Konfiguration), aber auch Systeme, bei denen Komponenten und Konfigurationsbeschreibungen getrennt heruntergeladen werden. Die eigentliche Anwendung wird erst auf der SPS generiert (Online-Konfiguration). Hier gibt es sowohl interpretative als auch kompilerbasierte Ansätze sowie Mischformen.

Ein wesentlicher Nachteil, der durch das Fehlen einer Formatspezifikation für den Zwischencode entsteht, ist, dass Programmiersystem und SPS streng miteinander verkoppelt sind. Das Umsteigen auf ein anderes vielleicht leistungsstärkeres Programmiersystem eines anderen Herstellers ist nicht möglich.

Da SPSen als spezielle Hardware realisiert sind, sind Erweiterungen (bessere CPU, mehr Speicher) nur herstellerspezifisch zu beziehen und entsprechend teuer. Um in den Genuss der günstigen Hardwarepreise und der schnellen Innovationszyklen des PC-Marktes zu kommen, ist eine deutliche Tendenz festzustellen, SPSen als reine Softwarelösung in Verbindung mit I/O-Karten in PCs zu integrieren. Diese werden als SoftSPS bezeichnet. Hierbei sind insbesondere sicherheitskritische und echtzeitabhängige Anforderungen zu beachten.

Auch im Bereich der eingebetteten Systeme spielen SPS-Technologien eine immer wichtigere Rolle [Ste02]. Hierbei zeichnen sich zwei Ansätze ab:

Zum einen die Integration einer SoftSPS in das eingebettete System. Dies erfordert jedoch sehr viele Ressourcen bezüglich Speicher und Prozessorleistung.

Zum anderen werden mit Hilfe eines *IEC 61131* kompatiblen Programmiersystems Anwendungen entworfen. Anschließend lässt sich daraus optimierter C-

Relevante Arbeiten

Code für den entsprechenden Mikroprozessor generieren. Beispiel für eine solche eingebettete SPS-Technologie ist das Programmiersystem *Codesys* der Firma 3S Smart Software Solution.

Wesentlicher Nachteil der SPS Technologie ist neben der fehlenden Spezifikation des Zwischcodedatenformats, dass grundsätzlich die Implementierung der Komponenten offen gelegt ist (*whitebox reuse*). Dadurch ist es möglich, dass durch Änderungen schwerwiegende Fehler vom Endanwender in die Anwendung eingebaut werden. Durch die Verwendung von *Blackboxes* wird die Sicherheit wesentlich erhöht und auch der Schutz von Know-How ist gegeben. Dadurch können auch Endanwender relativ sicher Anwendungen modifizieren.

Eine klare Trennung in Komponentennutzer, -entwickler und -frameworkentwickler existiert in diesem Sinne nicht. Obwohl die Abstraktionsgrenze 2 durch die *IEC 61131-3* klar spezifiziert ist, gibt es keinen Standard für die Abstraktionsgrenze 1 (s. Abb. 3.1).

Um verteilte Automatisierungssysteme entwickeln zu können, wurde der neue Standard *IEC 61499* eingeführt [Fel03]. Hier werden bei den Funktionsblöcken neben den Daten zusätzlich Ereignisse definiert. Diese aktivieren diverse Aktionen. Daher können dezentrale Anwendungen durchgängiger entworfen werden.

4.4.2 OSACA

OSACA (Open System Architecture for Controls within Automation Systems) [OSA96] [LS97] ist ein EU-Projekt, dessen Hauptziel die Definition eines herstellerneutralen, offenen Systems für Steuerungen war. OSACA war eines der ersten großen Projekte, bei denen der Konfigurationsprozess klar in Beschreibungs- und Kompositionsprozess eingeteilt wurde[3]. Der Kompositionsprozess findet auf der Zielplattform statt und ermöglicht die dynamische Konfiguration. Diese findet vor dem Start des Systems statt. *OSACA* lässt sich somit zu den Systemen mit Online-Konfiguration einordnen. Die in dieser Arbeit vorgestellte Vorgehensweise für die Online-Konfiguration orientiert sich stark an der *OSACA*-Methode.

Komponenten der *OSACA*-Architektur sind Architekturobjekte (AO), die mit Hilfe eines Client-Server-Mechanismuses über Kommunikationsobjekte (CO) miteinander kommunizieren. Welche AOs in einer Konfiguration instanziiert werden und wie diese miteinander kommunizieren, wird in einer Konfigurationsbeschreibung festgelegt. Die Schnittstellen bestimmter AOs sind in einer hierarchischen Referenzarchitektur fest vorgegeben. So sind beispielsweise die Schnittstellen einer Achsen-Steuerung fest spezifiziert.

OSACA liegt ein dienstorientiertes Komponentenmodell (s. 2.4) zugrunde, welches insbesondere verteilte Systeme unterstützt. Dies eignet sich nur begrenzt für den Einsatz in eingebetteten Steuerungs- und Regelungssystemen mit Komponenten im Low-Level-Bereich, wie z.B. der digitalen Antriebstechnik. Zudem ist die Kommunikation nachrichtenbasiert und nutzt eine mehrstufige Layerarchitektur. Sie ist daher nur begrenzt echtzeitfähig. Aus diesen Gründen ist die

---
[3]OSACA nutzt hierbei eine andere Terminologie als die vorliegende Arbeit. Der Beschreibungsprozess wird als Offline-Konfiguration bezeichnet und der Kompositionsprozess als Online-Konfiguration.

4.4 Systeme mit Online-Konfiguration

Granularität der Komponenten sehr grobkörnig (Mensch-Maschine-Schnittstelle, Achsensteuerung, Diagnose usw.). Die Definition von Komponenten auf Ebene von Reglern und Filtern ist nicht vorgesehen. Aufgrund seiner Eigenschaften lässt sich *OSACA* in den Bereich der Middleware bzw. Komponentenrahmensysteme einordnen.

4.4.3 MoBIES

MoBIES (Model Based Integration of Embedded Systems) ist ein aktuelles im Juni 2000 gestartetes Forschungverbundprojekt des US Verteidigungsministeriums mit dem Ziel, Methoden und CASE (*Computer Aided Software Engineering*)-Werkzeuge für die modellbasierte Entwicklung eingebetteter Systeme zu entwickeln. Insbesondere der Entwurf unter der Berücksichtigung mehrerer Aspekte bzw. Sichten steht hierbei im Mittelpunkt. Zieldomänen sind die Avionik, insbesondere moderne taktische Flugzeuge und Waffensysteme, die Automobilelektronik sowie softwarebasierte Funktechnik.

Innerhalb des *MoBIES* Projekts existieren mehrere Teilprojekte. Diese beschäftigen sich mit unterschiedlichen Themenbereichen der Komponententechnologie, z.B. Produktlinien und Softwarearchitektur, Modellierung, Analyse und Generierung, formale Methoden und Generatoren, Rechenmodelle sowie Validierung und Test. Hierbei wird nahezu durchgehend von einer Offline-Konfiguration ausgegangen.

Eine Ausnahme bildet das Teilprojekt *AIRES (Automatic Integration of Reusable Embedded Software)* [WS00] [WG02]. Komponenten haben neben Datenschnittstellen auch Ereignisschnittstellen. Das Verhalten einzelner Komponenten wird über endliche Automaten spezifiziert. Das Gesamtverhalten der Anwendung wird über verschachtelte endliche Automaten (*NFSM - Nested Finite State Machines*) definiert [SWW+98]. Dieses Verhalten kann in einem Kontrollplan (*control plan*) beschrieben werden, welcher in das zuvor offline erzeugte Anwendungsprogramm heruntergeladen wird. Die einzelnen Komponenten können diesen Kontrollplan interpretieren. Dadurch kann das Verhalten (Kontrollfluss) der Anwendung dynamisch rekonfiguriert werden. Im Kontrollplan wird nur das Ablaufverhalten beschrieben, d.h., welcher Zustand durch welches Ereignis erreicht wird, welche Aktion ausgeführt und welches Ereignis ausgesendet werden soll. Die Aktionen und somit die auszuführenden Algorithmen sind nicht konfigurierbar, sondern durch die Komponentenimplementierung festgelegt.

Will man den Algorithmus verändern, so muss die Komponente ersetzt werden. Solche strukturelle Rekonfigurationen sind im *AIRES*-Ansatz ebenfalls eingeschränkt möglich, indem Schnittstellen bzw. Ereignisse neu zugeordnet werden. Dies geschieht durch Parameteranpassung. Eine laufzeiteffiziente Reorganisation von Komponenten ist nur durch statische Neuübersetzung möglich. Der in *AIRES* vorgeschlagene Ansatz ist stark ereignisgesteuert und eignet sich weniger für zeitgesteuerte Anwendungen. Maßgeblich können Ablaufsteuerungen konfiguriert werden. Die Konfiguration von Reglerstrukturen wird nicht unterstützt.

Relevante Arbeiten

4.4.4 COROT Software

Die *COROT* Software [CB99] ist Teil eines Satelliten Weltraum Projekts, welches als Zielsetzung die Softwarekonfiguration eines eingebetteten Echtzeitsystems hat. Hierzu wurde ein so genannter proxybasierter Ansatz konzipiert. Dies bedeutet, dass sämtliche Daten eines Prozesses über Proxies referenziert werden. Diese Proxies sind hauptsächlich Zeigerfelder und es gibt einen Proxy für die Einsprungsfunktion, einen für die aus dieser Einsprungsfunktion aufgerufenen Funktionen und einen für die Kommunikationskanäle. Die Ausgangskonfiguration ist fest als Firmware im EEPROM implementiert. Ein Codelader transferiert zur Ausführung Programmteile ins RAM.

Rekonfiguration geschieht dadurch, dass die Inhalte der Proxies überladen werden. Dies geschieht semi-dynamisch. Unter semi-dynamisch verstehen die Autoren, dass nur das von der Rekonfiguration betroffene Teilsystem gestoppt wird. Da es sich bei der Zielanwendung um ein System mit sequentiellen Prozessen handelt, wird hierfür der Eingangsprozess einer solchen Kette gestoppt und es wird gewartet, bis alle folgenden Prozesse ihre Abarbeitung beendet haben. Aus diesem Grund kann man hier ebenfalls von Online-Konfiguration sprechen.

Die Konfigurationsbeschreibung besteht dabei aus einer Liste von Tasks, den Werten aller Proxies sowie den Einsprungstellen der Funktionen im EEPROM und RAM. Hierzu muss das RAM festgelegte Bereiche für die Proxies, für die Tasks, für den aus dem EEPROM geladenen Funktionscodes und für den Speicherstapel haben.

Schwerpunkt der *COROT* Software ist die Sicherheit. Daher gibt es spezielle Überwachungsfunktionen, welche darauf achten, dass es zu keinen Speicherüberlagerungen und Inkonsistenzen bezüglich Datentypen und Funktionssignaturen kommt.

Obwohl dieser Ansatz viele Gemeinsamkeiten mit den in dieser Arbeit präsentierten Konzepten hat, ergeben sich durch diese Vorgehensweise einige Nachteile. Die Zielplattform muss das Erzeugen und Zerstören von Prozessen während der Laufzeit unterstützen. Der rekonfigurierbare Code muss relozierbar sein. Prinzipiell gibt es kein Komponentenmodell und keine Komponententechnologie. Dies wird damit begründet, dass die Allgemeinheit des Verfahrens durch ein spezielles Komponentenmodell eingeschränkt würde. Dadurch lässt sich allerdings nur der Programmteil rekonfigurieren, der speziell für die Rekonfiguration geschrieben wurde. Durch das Fehlen eines Komponentenmodells lässt sich der Beschreibungsprozess nicht formalisieren und die Verifikation und Korrektheitsüberprüfung gestaltet sich offline sehr schwierig, insbesondere, da es keine klare Beschreibung der auf dem System befindlichen Funktionen, Tasks und Proxies gibt. Zudem kann es zu Passfehlern kommen.

Aus diesem Grund wurde dieser Ansatz erweitert und es wurde eine einheitliche Middleware für die Prozesse sowie eine Kompositionssprache (bestehend aus einer Architekturbeschreibungssprache und einer Rekonfigurationssprache basierend auf Bytecode für virtuelle Maschinen) definiert [CLMF01]. Dadurch lassen sich Konfigurationen als Kombination von Ausgangskonfiguration und Rekonfigurationsbefehlen beschreiben. Eine Verifikation und Simulation ist dadurch auch offline möglich. Dennoch fehlt weiterhin ein durchgängiges Komponentenmodell.

4.4 Systeme mit Online-Konfiguration

4.4.5 Port Based Objects

Port Based Objects (PBO) wurden 1994 von David B. Stewart [Ste94] [Ste99] vorgestellt. Sie basieren prinzipiell auf Portautomaten (s. 4.2.3), verbinden diese jedoch mit dem Rechenmodell der zyklischen Abarbeitung. PBOs haben Eingangs- und Ausgangsports. Sie werden zyklisch aufgerufen und lesen dann die zum Zeitpunkt ihres Aufrufs an den Eingangsports anliegenden Eingangswerte. Anschließend führen sie ihre Funktionalität aus und schreiben die berechneten Ausgangswerte in die Ausgangsports. PBOs werden über ungepufferte Kanäle verbunden. Zur Gewährleistung der Datenkonsistenz werden sowohl lokale als auch eine globale Variablentabellen genutzt. Jede Komponente kopiert Daten zwischen ihrer lokalen und der globalen Tabelle. Dadurch ergibt sich jedoch ein relativ großer Overhead (vgl. 8.3.5).

PBOs werden nicht formal beschrieben. Obwohl PBOs laut Stewart für eine dynamische Rekonfiguration geeignet sind, wird hierbei implizit angenommen, dass auszutauschende PBOs keine inneren Zustände besitzen. Auch über den sicheren Zeitpunkt einer dynamischen Rekonfiguration wird keine Angabe gemacht. PBOs bieten zwar die theoretische Möglichkeit der dynamischen Rekonfiguration, allerdings dürfte dies in der Praxis an einigen Problemen scheitern.

Stewart konzentriert sich bei seinem PBO-Konzept maßgeblich auf die Umsetzung im Lösungsraum. So sind Beschreibungen von Komponenten sehr primitiv und bestehen im Wesentlichen aus einer Namensgebung für die Ports und einer Tabelle aller benutzten Variablen (globale Variablentabelle). Die Verknüpfung zweier PBOs erfolgt über Namensreferenzen auf eine gemeinsame globale Variable. Jede Komponenteninstanz besitzt eine ihr zugeordnete Instanzbeschreibung, in welcher jedem Port der Name einer globalen Variable zugeordnet wird. Konfiguration geschieht im Wesentlichen nicht über eine Konfigurationsbeschreibung, sondern über interaktives Starten und Stoppen von Komponenten. Eine Systemkonfiguration hängt nur davon ab, welche Komponenten gerade ablaufen. Eine flexible Änderung der Verknüpfungen ist nicht möglich.

Das von Stewart vorgestellte PBO Prinzip wurde in das Chimera Betriebssystem integriert. Dieses ist jedoch nur für VME-Bus Systeme realisiert. Entsprechend orientiert sich Stewarts Umsetzung an einigen VME-Bus spezifischen Eigenschaften. Um speziell eingebettete Systeme zu unterstützen, werden die interaktiven Befehle zum Starten von Komponenten in C implementiert. Dies entspricht eigentlich einer reinen Offline-Konfiguration. Eine neuere Version, welche auch für Low-End-Systeme geeignet ist, funktioniert nur mit nichtunterbrechbaren Prozessen.

Des Weiteren wird im Regelfall jedes PBO als eigener Prozess realisiert. Dadurch ist die Modellierung des Datenflusses stark mit der zyklischen Abarbeitung und der Priorisierung der Prozesse gekoppelt und lässt sich nur schwer entwerfen (vgl. 7.3.2).

In [Jin99] werden PBOs für das „Intelligente Haus" eingesetzt. Auch in weiteren Ansätzen werden PBOs für die Anwendungserstellung in echtzeitfähiger eingebetteter Software als Ausgangspunkt genutzt.

4.4.6 PÅLSJÖ

PÅLSJÖ [Eke99] ist ein Komponentenframework, welches ebenfalls die dynamische Rekonfiguration von zeitgesteuerten Datenflusskomponenten erlaubt. Die Schnittstellen und die Funktionalität einer Komponente werden in PAL (*PÅLSJÖ Algorithm Language*) beschrieben. Es existiert keine Trennung von Komponentenbeschreibung und Komponentenfunktionalität. PAL bietet keine expliziten Konstrukte für die Anbindung an Hardwareressourcen. Dies ist jedoch für eingebettete Systeme ein wesentlicher Faktor.

Konfigurationen werden mit der Skriptsprache PCL (*PÅLSJÖ Configuration Language*) beschrieben. Diese kann dazu benutzt werden, um Systemkonfigurationen dynamisch zu rekonfigurieren. Hierzu existieren zwei Applikationen parallel zueinanander. Während die eine für die aktuelle Anwendungsabarbeitung zuständig ist, kann die andere rekonfiguriert werden. Anschließend wird zwischen beiden Anwendungen umgeschaltet. Dies hat zwar den Vorteil, dass Rekonfigurationszeiten keine Rolle spielen, jedoch werden dadurch die sowieso schon begrenzten Ressourcen eines eingebetteten Systems stark belastet.

4.4.7 ControlShell

ControlShell [SCSP95] [SCSP94] ist ein Projekt der Universität Stanford, das inzwischen als kommerzielles Produkt angeboten wird. *ControlShell* bietet Online-Konfiguration bezüglich Datenfluss und Ablaufsteuerung. Datenflusskomponenten werden zyklisch abgearbeitet und besitzen Eingangs- und Ausgangsports, deren Verbindungen in einer Konfigurationsbeschreibung definiert werden. Diese wird vom Komponentenframework eingelesen und interpretiert. Zusätzlich lassen sich Aktionskomponenten implementieren, die als Transitionen eines Zustandsautomaten ausgeführt werden. Zustandsautomaten werden ebenfalls durch eine Konfigurationsbeschreibung definiert. Mit Hilfe einer durch Zustandsautomaten beschriebenen Ablaufsteuerung werden vom Komponentenframework verschiedene Datenfluss-Konfigurationen dynamisch erzeugt und gegeneinander ausgetauscht.

ControlShell ist eines der flexibelsten Online-Systeme für eingebettete Steuerungs- und Regelungssysteme mit harten Echtzeitbedingungen. Nachteile sind maßgeblich darin zu sehen, dass *ControlShell* ausschließlich auf dem Echtzeitbetriebssystem VxWorks aufsetzt und aufgrund seiner Größe nicht für Low-End Systeme, wie z.B. Feldgeräte und digitale Antriebe, geeignet ist. Die Zielanwendungen von *ControlShell* sind High-End Steuerungssysteme, wie z.B. Robotersteuerungen.

Ebenfalls als negativ anzusehen ist, dass Ablaufsteuerungen und Reglerstrukturen stark voneinander entkoppelt sind. Maßgeblich lassen sich durch die Ablaufsteuerungen diverse vordefinierte Datenfluss-Konfigurationen starten und stoppen sowie Parameter von Datenflusskomponenten ändern. Eine Integration beider Entwurfsprozesse über ein gemeinsames Komponentenmodell existiert nicht.

Eine explizite Unterteilung in Problemraum und Lösungsraum sowie in die drei am Entwicklungsprozess beteiligten Rollen, wird nicht vorgenommen. Ebenso wird die Integration diverser Interaktionsmuster nicht unterstützt.

4.5 Zusammenfassung

Konfiguration (4.1) stellt die zentrale Methode bei der komponentenbasierten Softwareentwicklung dar. Die meisten derzeit eingesetzten Verfahren benutzen die Offline-Konfiguration (4.1.1). Dies führt jedoch zu einer geringen Vor-Ort-Flexibilität. Beispielhaft wurden *Koala* (4.3.1), *PECOS* (4.3.2) und *VERTAF* (4.3.3) als Vertreter dieser Kategorie vorgestellt.

Wie aus den vorangegangenen Abschnitten zu entnehmen ist, existieren eine Reihe von akademischen Arbeiten, die sich mit dynamischer Rekonfiguration beschäftigen (4.1.3). Allerdings ist beinahe allen gemein, dass sie zwar eine Architektur zur Verfügung stellen, die dynamische Rekonfiguration ermöglicht, allerdings ohne konkret auf die Probleme, die sich bei dynamischer Änderung ergeben, einzugehen. Daher bieten diese Methoden nur die prinzipielle Möglichkeit der dynamischen Rekonfiguration. Die praktischen Probleme, wie z.B. das Übertragen eines internen Zustands von einer ersetzten in eine neue Komponente oder der Zeitpunkt und die Dauer des Rekonfigurationsprozesses, sind nicht gelöst und erfordern weitere intensive Forschungsarbeit in den nächsten Jahren. Aus diesem Grund bietet sich die Online-Konfiguration als grundlegendes und praktikables Prinzip zur Erhöhung der Vor-Ort-Flexibilität an (4.1.2, 4.1.4).

In diesem Kapitel wurde dargestellt, dass eine ganze Reihe von Forschungsfeldern eng mit dem Thema der komponentenbasierten Softwareentwicklung verbunden sind. Eine entsprechende Rolle spielen Komponentenrahmensysteme (4.2.1), wie *DCOM*, *JavaBeans* oder *CORBA*, Modellierungswerkzeuge (4.2.2), wie *UML* und *ROOM*, Rechenmodelle (4.2.3), wie *Kahn-Prozesse* und *Portautomaten*, Modellbasierte Softwareentwicklung (4.2.4), Objektorientierte Frameworks (4.2.5), Softwarearchitektur (4.2.6), Aspektorientiertes Programmieren (4.2.7) sowie Forschungen in Bezug auf offene Systeme (4.2.8) und Produktlinien (4.2.9). Insbesondere Letztere bietet wichtige Aspekte bezüglich domänenspezifischer Konfiguration speziell angepasster Einzelprodukte. Keines dieser Felder beschäftigt sich in erster Linie mit der Erhöhung der Vor-Ort-Flexibilität eingebetteter Systeme. Dennoch liefern sie wichtige Erkenntnisse bezüglich einer geeigneten Methode.

Anschließend wurden die wichtigsten konkreten Ansätze mit Online-Konfiguration vorgestellt (4.4). Besonders hervorzuheben sind dabei die *Port-Based Objects* von Stewart (4.4.5) und die beiden Programmiersysteme *ControlShell* (4.4.7) und *PÅLSJÖ* (4.4.6). Diese drei haben grundsätzlich ähnliche Konzepte und erfüllen viele der Anforderungen, wie sie in Kapitel 3 definiert wurden.

Sie sind allerdings für Zielplattformen mit speziellen Betriebssystemen ausgelegt und nicht für einfache Low-Level-Systeme, wie sie häufig in der Automatisierungsindustrie vorkommen, geeignet. Keine der genannten Arbeiten betrachten zeitgesteuerte Datenflusskomponenten formal. Somit ist es auch nicht möglich, eine eindeutige Konfigurationsbeschreibung zu bilden. Alle Ansätze benutzen ähnliche Komponentenmodelle sowie eine meist nicht näher beschriebene Form der Interaktion zwischen Komponenten. Die Konfiguration des Interaktionsaspekts und somit die Möglichkeit, verschiedene Interaktionsmuster einzusetzen, wird nicht berücksichtigt.

Die vorliegende Arbeit verallgemeinert die in diesen Ansätzen eingesetzten

Komponentenmodelle und Methoden. Zusätzlich werden diese erweitert, um in mehreren Kontexten einsetzbar zu sein. Die Modelle werden formalisiert, um eine für Komponentennutzer und Komponentenframeworkentwickler eindeutige Beschreibung von Konfigurationen zu ermöglichen. Es wird eine allgemeine Vorgehensmethode für die Online-Konfiguration definiert. Hierbei wird die Trennung zwischen Problem- und Lösungsraum berücksichtigt. Diese wichtige Einteilung sowie die Berücksichtigung der drei Rollen werden in den drei genannten Arbeiten nicht explizit einbezogen. Die bisher nicht vorhandene Konfigurationsmöglichkeit verschiedener Interaktionsmuster wird in der vorliegenden Arbeit ebenso behandelt, wie die Definition eines offenen Komponentenframeworks, welches auf beliebige Zielplattformen umgesetzt werden kann.

In Tabelle 4.1 werden in einer tabellarischen Form die drei beschriebenen Systeme sowie der in dieser Arbeit präsentierte Ansatz gegenübergestellt. Bei diesem Vergleich wird zum Teil auf einige Konzepte vorgegriffen, die erst in den folgenden Kapiteln erläutert werden. Ein entsprechender Hinweis auf diese Abschnitte ist der Tabelle ebenfalls zu entnehmen.

4.5 Zusammenfassung

Komponentenmodell	s. Abs.	PBO	ControlShell	PÅLSJÖ	Eigener Ansatz
	5	informal	teilw. formal	informal	formal
zyklische Ports	5.8	ja	ja	ja	ja
statische Ports	5.8	ja	Parameter	Parameter	ja
generische Ports	5.5	nein	nein	nein	ja
Verknüpfung	6.1.1	nur Ports	nur Ports	nur Ports	Ports, Konstanten, DB
Zykluszeit	6.1.3	ja	ja	ja	ja
seq. Priorität	6.1.3	nein[a]	ja	ja	ja
bed. Aufruf	6.1.3	nein	nein	nein	ja
Typbeschreibung	6.2.1	ja	ja	ja[b]	ja
Instanzbeschreibung	6.2.1	ja	ja	nein	ja
Anzahl Komp.-funktionen	6.4	9	9	7	4
Transformation	6.5	ja	ja	nein[c]	ja
Konfig.-beschreibung	6.3	ja	ja	ja	ja
Systeminstanzen	5.6	nein	nein	nein	ja
Gerätebeschreibung	6.3.2	nein	nein	nein	ja
Basisinteraktion	7.1.1	globale Variablentabelle	mit Matrizenobjekten	Zeiger	Portinstanzen
div. Interaktionsmuster	7.4	nein	nein	nein	ja
Frameworkschnittstelle	7.2	nein	nein	nein	ja
Zielplattformen		VME-Bus	VxWorks[d]	??	keine Einschränkung
Ablaufsteuerungen	8.2	keine	gesondertes Modell	gesondertes Modell	integriert

Tabelle 4.1: Gegenüberstellung existierender Systeme und dem in dieser Arbeit präsentiertem Ansatz.

[a] Jede Komponente ist eigener Prozess.
[b] inklusive programmierter Funktion
[c] werden direkt kompiliert
[d] Version für low-end nur mit nichtunterbrechbaren Prozessen

Relevante Arbeiten

Kapitel 5

Übergreifendes Komponentenmodell

In diesem Kapitel wird das in dieser Arbeit entwickelte Komponentenmodell für zeitgesteuerte Datenflusskomponenten dargestellt. Da Steuerungs- und Regelungssysteme viele gemeinsame Konzepte besitzen, bietet sich ein Produktlinienansatz für diese Domäne an (vgl. 4.2.9). Hierzu werden zuerst anhand einer Domänenanalyse die grundlegenden Gemeinsamkeiten dieser Systeme analysiert. Ausgehend von dieser Analyse wird ein allgemeines Interaktionsmodell für ein komponentenbasiertes Datenflusssystem motiviert, welches für diese Domäne besonders geeignet ist.

Anschließend wird formal ein entsprechendes Komponentenmodell für allgemeine Datenflusskomponenten (ADK) definiert, ebenso wie die Portverknüpfung solcher Komponenten und die daraus entstehenden zusammengesetzten Kompositionskomponenten. Aus diesem allgemeinen Datenfluss-Komponentenmodell wird dann der Spezialfall der zeitgesteuerten Datenflusskomponente (ZDK) hergeleitet. Wiederum wird das Zusammensetzen von Komponenten mit Hilfe der Portverknüpfung formal betrachtet. Die daran anschließenden Abschnitte dieses Kapitels beschäftigen sich mit dem neuen Konzept der generischen Ports und mit den Ressourcenports. Den Abschluss bildet eine Betrachtung zur Verknüpfbarkeit von Komponenten.

5.1 Domänenanalyse

Um ein geeignetes Komponentenmodell für eine bestimmte Gruppe von Anwendungen (Domäne) zu entwickeln, müssen zuerst charakteristische Eigenschaften dieser Domäne analysiert werden. Hierzu gehören insbesondere, welche Gemeinsamkeiten und welche Variabilitäten die einzelnen Anwendungen der Domäne besitzen. Erst anschließend kann der Entwurf und die Implementierung stattfinden. Wie in Kapitel 4.2.9 erläutert, ist dies eine Domänenentwicklung.

Czarnecki beschreibt Domänenentwicklung in [CE00] anhand der schematischen Grafik in Abbildung 5.1. Aufgrund der Domänenanalyse ergeben sich Merkmale und Begriffe, die im Problemraum angesiedelt sind. Anwendungsentwickler können nun komplett problemorientiert neue Anwendungen mit den ihnen ver-

Übergreifendes Komponentenmodell

trauten domänenspezifischen Konzepten entwickeln. Die Domänenanalyse hilft außerdem, eine geeignete Systemarchitektur und einen gemeinsamen Produktentwicklungsprozess zu entwerfen. Mit Hilfe des Konfigurationswissens ist es möglich, semi-automatisch bzw. vollautomatisch die entwickelten Lösungen aus dem Problemraum in den Lösungsraum zu übertragen. Da die Realisierung im Lösungsraum stark abhängig ist von den Konzepten des Problemraums, ist es unbedingt notwendig, diese Konzepte zu identifizieren und zu definieren.

Problemraum
domänen-
spezifische
• Begriffe
• Merkmale

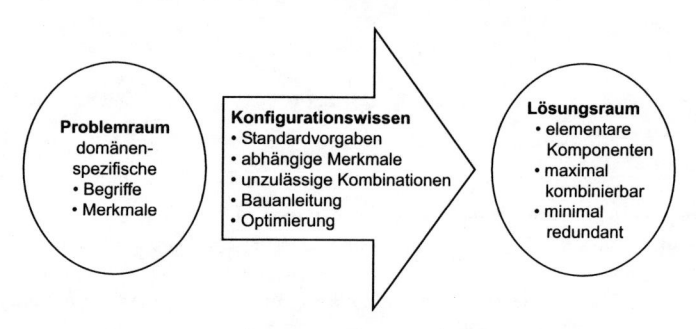

Konfigurationswissen
• Standardvorgaben
• abhängige Merkmale
• unzulässige Kombinationen
• Bauanleitung
• Optimierung

Lösungsraum
• elementare Komponenten
• maximal kombinierbar
• minimal redundant

Abbildung 5.1: Generatives Domänenmodell nach Czarnecki (aus [CE00]).

Bei der Domänenanalyse des Bereiches der Steuerungs- und Regelungstechnik lässt sich erkennen, dass Anwendungen meist aus Funktionsbausteinen (Komponenten), wie Regler, Filter, Rampen usw., bestehen. Diese Funktionsbausteine besitzen Ein- und Ausgänge, die miteinander verknüpft werden. Über diese Verknüpfungen erfolgt der Datenaustausch. Die beiden Abbildungen 5.2 und 5.3 zeigen typische Regelungsschaltungen, wie sie im Problemraum von Regelungstechnikern beschrieben werden.

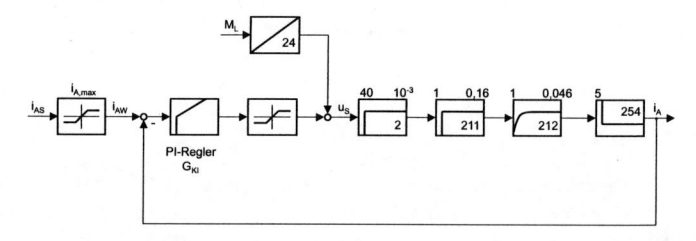

Abbildung 5.2: Ankerstrom-Regelkreis mit Begrenzung der Führungsgröße (aus [Föl92]).

Ein immenser Vorteil dieser Domäne ist, dass die Komponentenorientierung ein grundlegendes Konzept des Problemraums ist. Aus diesem Grund ist die Übertragung aus dem Problemraum in den ebenfalls komponentenorientierten

5.1 Domänenanalyse

Lastkran-Regelung

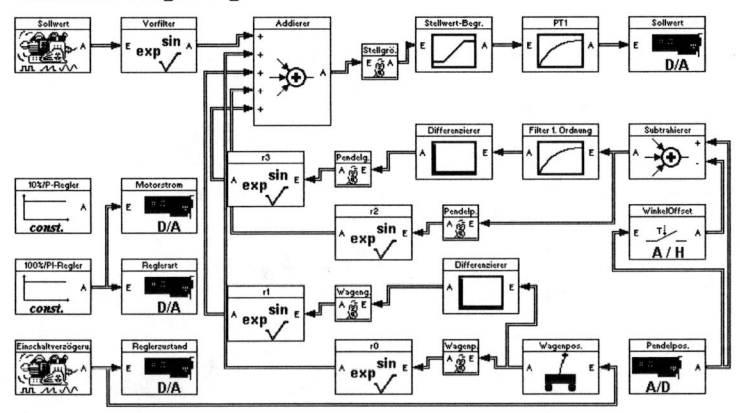

Abbildung 5.3: Lastkran-Regelung eines inversen Pendels(aus [Mig96]).

Lösungsraum wesentlich geradliniger als bei Domänen, deren Problemraumbeschreibung deutlich unformaler und abstrakter ist.

Bei der Analyse sowohl dieser beiden Beispiele als auch anderer Steuerungs- und Regelungsanwendungen lässt sich eine Vielzahl domänenspezifischer Merkmale und Konzepte herausarbeiten.

Die Beschreibung der Anwendung besteht im Wesentlichen aus Komponenten und deren Verknüpfungen. Diese Komponenten können mehrere Eingänge und Ausgänge besitzen. Es werden Komponenten benötigt, die eine beliebige Anzahl gleichartiger Schnittstellen besitzen. Beispielsweise ein Addierer, der eine flexible Anzahl von Daten addieren kann. Zusätzlich können Komponenten mit spezifischen Parametern parametrisiert werden. Ein weiterer wichtiger Aspekt ist, dass von einer Komponente häufig mehrere Instanzen benötigt werden.

Komponenten unterscheiden sich auch bezüglich ihres Verhaltens. So existieren Komponenten, die ihre Daten extern beziehen und gegenüber anderen Komponenten als Datenquellen (z.B. Sensoren) fungieren. Analog hierzu gibt es Datensenken (z.B. Aktoren). Während bestimmte Komponenten einen rein transformativen Charakter besitzen (d.h., ihre Ausgabewerte hängen nur von den aktuellen Eingabewerten ab), gibt es auch Komponenten, deren Ausgabe von der Vorgeschichte abhängt. Letztere können prinzipiell als Automat mit internen Zuständen angesehen werden. Darüberhinaus gibt es in typischen Steuerungs- und Regelungssystemen häufig die Anforderung, Abläufe steuern zu können (vgl. Anforderung A4.3). Dies bedeutet, dass mit Hilfe eines Automaten bestimmte Aktionen ausgelöst werden oder bestimmte Teile der Regelung aktiviert bzw. deaktiviert werden.

Betrachtet man nun das dynamische Verhalten, so kann festgehalten werden,

Übergreifendes Komponentenmodell

dass man im Wesentlichen davon ausgeht, dass die Komponenten kontinuierlich und parallel zueinander arbeiten. Dies lässt sich nicht direkt auf ein Prozessorsystem, welches zeitdiskret und sequentiell arbeitet, umsetzen. In der digitalen Steuerungs- und Regelungstechnik werden Anwendungen daher meist folgendermaßen beschrieben: Jede Komponenteninstanz wird periodisch mit einer für diese Instanz fest vorgegebenen Taktrate (Zykluszeit) ausgeführt. Komponenteninstanzen mit gleicher Zykluszeit werden sequentiell in einer klar definierten Reihenfolge ausgeführt. Diese Reihenfolge ergibt sich meist aus dem Datenfluss. Die Daten an den Eingängen werden zum Startzeitpunkt einer Komponente übernommen.

Dies führt zu folgenden Definitionen:

Definition 5.1 *Wird eine Komponente periodisch mit einer vorgegebenen Taktrate ausgeführt, so ist die* **Zykluszeit** *der zeitliche Abstand zweier Aufrufe.*

Definition 5.2 *Der* **Startzeitpunkt** *ist der Zeitpunkt, an dem eine Komponente aufgerufen wird. Der Abstand zweier aufeinander folgender Startzeitpunkte ist genau die Zykluszeit.*

5.2 Datenfluss-Interaktionsmodell

Basierend auf diesen grundlegenden Eigenschaften wurde ein Interaktionsmodell (Rechenmodell) konzipiert, welches sich im Wesentlichen am Rechenmodell der zyklischen Abarbeitung orientiert (vgl. 4.2.3).

Hierbei wird von Komponenten ausgegangen, welche völlig unabhängig von anderen Komponenten ihre Berechnung durchführen. Zu Beginn ihrer zyklischen Abarbeitung lesen sie die aktuellen an ihren Eingängen anliegenden Daten ein. Nach der Ausführung der funktionalen Berechnung werden die Ausgangsdaten geschrieben. Diese Ausgangsdaten stehen nun anderen Komponenten als Eingabewerte zur Verfügung.

Bei vielen informationstechnischen Anwendungen besteht die Anforderung, dass *alle* von einer Komponente (Produzent bzw. Schreiber) erzeugten Daten von der nachfolgenden Komponente (Konsument bzw. Leser) erhalten werden. In diesem Fall muss durch entsprechende Maßnahmen, wie z.B. asynchrone und synchrone Kommunikation, dieses Verhalten garantiert werden. Bei den in dieser Arbeit betrachteten Systemen gilt diese Anforderung nicht.

Vielmehr wird davon ausgegangen, dass der Leser nur die aktuellsten, zuletzt berechneten Daten des Schreibers für seine Ausführung benötigt. Dadurch wird die Übertragung der Daten unabhängig von den Taktraten der beteiligten Komponenten und eine Unterscheidung in *asynchronen* und *synchronen* Datenaustausch wird irrelevant. Diese Betrachtungsweise führt zu folgenden Eigenschaften des Interaktionsmodells:

Die Kommunikation zwischen zwei Komponenten erfolgt ungepuffert. Dies bedeutet, dass ein Schreiber nach jedem Aufruf seine Ausgangsdaten überschreibt, und zwar unabhängig davon, ob diese zwischenzeitlich von einem Leser gelesen wurden. Der Leser wiederum liest mit seiner zyklischen Taktrate die an seinen

5.2 Datenfluss-Interaktionsmodell

Eingängen anliegenden Werte unabhängig davon, ob diese zwischenzeitlich von einem Schreiber aktualisiert wurden. Damit dies möglich ist, darf der Leser die Daten nur nichtkonsumierend lesen, das heißt, nach dem Lesen müssen dieselben Daten weiterhin zur Verfügung stehen.

Dadurch kann es sowohl zu einer *Überabtastung* als auch zu einer *Unterabtastung* kommen. Unter Überabtastung versteht man, dass ein Leser, dadurch dass er häufiger als der Schreiber aufgerufen wird, die gleichen Daten mehrfach liest. Unterabtastung bedeutet analog, dass ein Leser, wenn er seltener als der Schreiber aufgerufen wird, nicht alle erzeugten Daten liest (siehe Beispiel Abb. 5.5, S. 65).

Als weitere Konsequenz aus diesem Rechenmodell ergibt sich, dass gewisse Eingangsdaten mit einem Startwert belegt werden müssen. Ansonsten kann beim Start des Systems der Fall auftreten, dass die Eingabedaten eines Lesers undefiniert sind, da der entsprechende Schreiber noch nicht ausgeführt wurde. Aus Gründen der Vereinfachung wird im Folgenden davon ausgegangen, dass alle Eingangsports aller Komponenten einen solchen Startwert besitzen.

Weiterhin gilt für Komponenten mit Rückkopplung (Rückführung eines Ausgabewertes auf einen Eingangsport), dass durch diese Rekursion der zurückgeführte Ausgabewert erst beim nächsten Aufruf der Komponente berücksichtigt wird. Dies bedeutet zum einen, dass beim ersten Aufruf der Komponente an diesem Eingang der Startwert eingelesen wird. Zum anderen befindet sich die Komponente trotz dieser Rückführung stets in einem stabilen Zustand, d.h., ein Einschwingen auf einem Wert findet nicht statt.[1]

Für ein deterministisches Verhalten des Gesamtsystems muss die Abarbeitungsreihenfolge aller Komponenten festgelegt sein. Durch die Zykluszeit der einzelnen Komponenten ist diese Reihenfolge im Wesentlichen gegeben. Dennoch werden einige Regeln benötigt, um eventuelle Mehrdeutigkeiten auszuschließen:

1. Zum Systemstart werden alle Komponenten gleichzeitig gestartet.

2. Ist der Startzeitpunkt zweier Komponenten gleich, so wird, an Anlehnung an den *Rate Monotonic Algorithm* (s. 7.3.2), der Prozess mit der kleineren Zykluszeit zuerst ausgeführt.

3. Haben Komponenten die gleiche Zykluszeit, so wird eine explizite Angabe der Reihenfolge für diese Komponenten benötigt (sequentielle Priorität).

Durch diese drei Regeln, ist die Ausführungsreihenfolge deterministisch.

Das Verhalten der Komponenten selbst, kann mit Hilfe eines Automaten modelliert werden. Ausgehend von einem bestimmten internen Zustand und den anliegenden Eingabewerten werden mit Hilfe einer Ausgabefunktion die neuen Ausgabewerte berechnet. Der neue Zustand ergibt sich aus einer Übergangsfunktion. Da ein solch detailliertes Komponentenmodell nur benötigt wird, wenn die

---

[1]Die Problematik des Einschwingens auf einen stabilen Zustand tritt nur ein, wenn die Komponente datengesteuert arbeitet, d.h., dass sie sofort wieder gestartet wird, sobald ein neuer Eingabewert vorliegt. Das Problem, das Verhalten einer solchen Komponente zu bestimmen, kann im Allgemeinen mit der Theorie der Fixpunkte gelöst werden [Kah74].

Anwendung simuliert werden soll oder wenn zustandsbehaftete Komponenten dynamisch ersetzt werden sollen, wird im Folgenden auf die Darstellung der Komponenten als Automaten verzichtet. Komponenten werden im Wesentlichen als *Blackbox* betrachtet, bei der die Ausgabe von den aktuellen Eingabewerten und eventuell von der Vorgeschichte abhängt. Im Anhang A ist eine mögliche Modellierung der Komponenten als Automaten aufgeführt.

Des Weiteren gilt für die Modellierung der Komponenten in diesem Kapitel, dass von einer Ausführungszeit von Null ausgegangen wird und dass alle Modelle prinzipiell auch für den dynamischen Fall geeignet sind. Eine Einschränkung auf Online-Konfiguration erfolgt erst später.

5.3 Allgemeine Datenflusskomponente

Wie in Abschnitt 2.4 dargelegt, können Datenflusskomponenten in datengesteuert, ereignisgesteuert und zeitgesteuert unterteilt werden. Bei datengesteuerten Datenflusskomponenten wird die Komponente aktiviert, wenn neue Daten zur Verfügung stehen. Die Existenz neuer Daten kann als Ereignis betrachtet werden. Da periodische Zeitpunkte ebenfalls als Zeitereignisse (Timer-Events) betrachtet werden können, stellen prinzipiell datengesteuerte und zeitgesteuerte Komponenten einen Spezialfall der ereignisgesteuerten Komponenten dar. Aus diesem Grund wird an dieser Stelle zuerst ein allgemeines Modell von Datenflusskomponenten dargestellt. Die im Rahmen dieser Arbeit entwickelten Komponentenmodelle wurden stark von der Arbeit „Port Automata and the Algebra of Concurrent Processes" von Steenstrup und Arbib [SAM83] inspiriert. Dort werden Portautomaten formal vorgestellt, die in erster Linie zur Modellierung von konkurrierenden Prozessen dienen. Das für die vorliegende Arbeit entwickelte Komponentenmodell erweitert die Port Automaten um die Konzepte der Portgruppen, generischen Ports und Ressourcenports.

Bevor das Modell einer allgemeinen Datenflusskomponente (ADK) formal definiert wird, erfolgt zum besseren Verständnis eine nicht formale Erläuterung. ADKs besitzen Eingangs- und Ausgangsports (s. Abb. 5.4). Eingangsports werden immer links von der Komponente dargestellt, Ausgangsports rechts. Diese Ports werden in Gruppen zusammengefasst, so dass jeder Port genau einer Portgruppe zugeordnet ist. Jeder Portgruppe wird ebenfalls genau ein Ereignis zugeordnet. Tritt dieses Ereignis ein, so werden die in diesem Augenblick gültigen Daten an den Eingängen in einen internen Speicher eingelesen. Als Eingabe dienen diese aufgrund des Ereignisses aktualisierten Eingaben sowie ggf. die nicht aktualisierten Daten von Eingängen anderer Portgruppen. Entsprechend dieses internen Eingabevektors werden nun die Ausgaben berechnet. Das Ergebnis dieser Berechnung kann hierbei auch von vorhergegangenen Eingabevektoren und somit von der Vorgeschichte abhängen. Es werden nur neue Ausgaben für die Ausgangsports erzeugt, die der entsprechenden Portgruppe zugeordnet sind.

Definition 5.3 *Sei $\mathbb{I} = \{I_i | i = 1..n\}$ die Menge der n Eingangsports mit der Eingabealphabetsmenge $\mathbb{D}_x = \{D_{xi} | i : I_i \in \mathbb{I}\}$ mit D_{xi} als Eingabealphabet des*

5.3 Allgemeine Datenflusskomponente

i-ten Eingangsports I_i und $x_{Ai} \in D_{xi}$ als das aktuell anliegende Zeichen am i-ten Eingangsport, so ist $\overrightarrow{X_A} = \begin{pmatrix} x_{A1} \\ x_{A2} \\ \vdots \\ x_{An} \end{pmatrix}$ der aktuell **anliegende Eingabevektor**.

Definition 5.4 *Sei* $\mathbb{I} = \{I_i | i = 1..n\}$ *die Menge der n Eingangsports mit der Eingabealphabetsmenge* $\mathbb{D}_x = \{D_{xi} | i : I_i \in \mathbb{I}\}$ *mit* D_{xi} *als Eingabealphabet des i-ten Eingangsports I_i und $x_i \in D_{xi}$ als das zuletzt gelesene Zeichen des i-ten Eingangsport, so ist* $\overrightarrow{X} = \begin{pmatrix} x_1 \\ x_2 \\ \vdots \\ x_n \end{pmatrix}$ *der aktuell* **wirksame Eingabevektor**.

An dieser Stelle sei ausdrücklich darauf hingewiesen, das der anliegende Eingabevektor $\overrightarrow{X_A}$ und der wirksame Eingabevektor $\overrightarrow{X}$ nicht identisch sein müssen.

Definition 5.5 *Eine Sequenz von wirksamen Eingabevektoren* $[\overrightarrow{X}_1, \overrightarrow{X}_2, ..., \overrightarrow{X}_t]$ *ist die* **wirksame Eingabesequenz** $\tilde{X}$.

Definition 5.6 *Sei* $\mathbb{O} = \{O_i | i = 1..m\}$ *die Menge der m Ausgangsports mit der Ausgabealphabetsmenge* $\mathbb{D}_y = \{D_{yi} | i : O_i \in \mathbb{O}\}$ *mit* D_{yi} *als Ausgabealphabet des i-ten Ausgangsports O_i und $y_i \in D_{yi}$ als Ausgabewert des i-ten Ausgangsport, so ist* $\overrightarrow{Y} = \begin{pmatrix} y_1 \\ y_2 \\ \vdots \\ y_m \end{pmatrix}$ *der* **Ausgabevektor**.

Formal kann eine ADK nun folgendermaßen definiert werden:

Definition 5.7 *Eine* **allgemeine Datenflusskomponente (ADK)** *besteht aus k_{ges} Portgruppen. Diese Portgruppen werden jeweils durch ein 6-Tupel*

$$ADK := (\mathbb{I}_k, \mathbb{O}_k, \mathbb{D}_{xk}, \mathbb{D}_{yk}, E_k, \beta_k), k = 1..k_{ges},$$

dargestellt. Hierbei gilt:

$\mathbb{I} := \{I_i | i = 1..n\}$ *ist die Menge der n Eingangsports,*
$\mathbb{O} := \{O_i | i = 1..m\}$ *ist die Menge der m Ausgangsports,*
k_{ges} *ist die Anzahl der Portgruppen, mit* $k_{ges} \geq 1$,
$\mathbb{I}_k \subseteq \mathbb{I}$ *sind Teilmengen von* $\mathbb{I}$*, die jeweils paarweise disjunkt sind,*
$\quad \mathbb{I}_i \cap \mathbb{I}_j = \emptyset, \forall i, \forall j, i \neq j,$
$\mathbb{O}_k \subseteq \mathbb{O}$ *sind Teilmengen von* $\mathbb{O}$*, die jeweils paarweise disjunkt sind,*
$\quad \mathbb{O}_i \cap \mathbb{O}_j = \emptyset, \forall i, \forall j, i \neq j,$
$\mathbb{D}_{xk} := \{D_{xi} | I_i \in \mathbb{I}_k\}$ *mit* D_{xi} *als Eingabealphabet des i-ten Eingangsports,*
$\mathbb{D}_{yk} := \{D_{yi} | O_i \in \mathbb{O}_k\}$ *mit* D_{yi} *als Ausgabealphabet des i-ten Ausgangsports,*
E_k *ist das der Portgruppe k zugeordnete Ausführungsereignis,*
$\beta_k : \overrightarrow{Y_k} = \beta_k(\tilde{X})$ *ist die Ausgabefunktion der Portgruppe k.*
$\overrightarrow{Y_k} := (y_i \in D_{yi} | i : O_i \in \mathbb{O}_k)$ *ist der Ausgabevektor der Portgruppe k.*

Übergreifendes Komponentenmodell

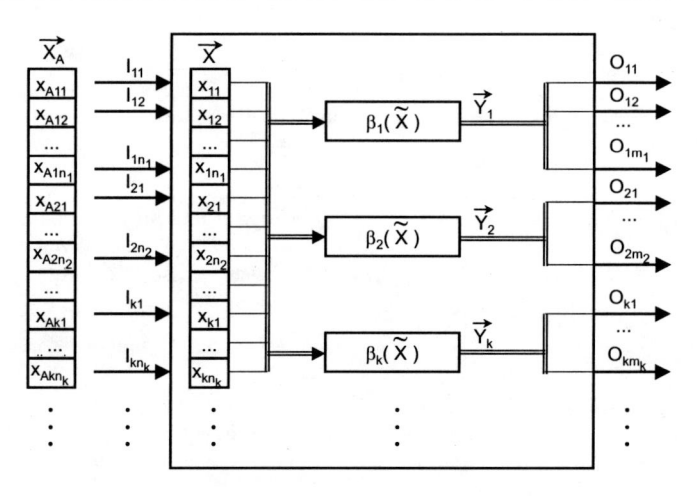

Abbildung 5.4: Allgemeine Datenflusskomponente.

Damit eine ADK ein deterministisches Verhalten zeigt, müssen Ausführungsereignisse sequentiell abgearbeitet werden. Das zeitgleiche Auftreten von Ereignissen würde zu nichtdeterministischem Verhalten führen.
Bei Eintreten des Ausführungsereignisses E_k finden folgende Aktionen statt:

1. Es werden die anliegenden Eingaben der zur Portgruppe k gehörigen Eingangsports (und nur diese) in den wirksamen Eingabevektor übernommen und es gilt:
$$E_k \Rightarrow \forall i(I_i \in \mathbb{I}_k \rightarrow x_i = x_{Ai}) \tag{5.1}$$

2. Die Eingabesequenz $\tilde{X}$ der entsprechenden Portgruppe wird mit dem aktuell wirksamen Eingabevektor erweitert. Dies führt zur folgenden Rekursion:
$$E_k \Rightarrow \tilde{X} = [\tilde{X}, \vec{X}]. \tag{5.2}$$

3. Die zur entsprechenden Portgruppe gehörige Ausgabefunktion β_k wird ausgeführt. β_k kann nur die zur Portgruppe gehörigen Ausgangsports ändern und es gilt:
$$E_k \Rightarrow \forall i : (O_i \in \mathbb{O}_k \rightarrow y_i = D_{yi} = \beta_k(\tilde{X})). \tag{5.3}$$

Das Beispiel in Abbildung 5.5 soll dieses Verhalten verdeutlichen. Gegeben sei folgende (unvollständige) ADK mit zwei Portgruppen:

$$\begin{aligned}ADK = &(\mathbb{I}_1 = \{I_1, I_2\}, E_1 = \alpha), \\ &(\mathbb{I}_2 = \{I_3, I_4\}, E_2 = \beta)\end{aligned} \tag{5.4}$$

5.3 Allgemeine Datenflusskomponente

Geht man nun von der in Abbildung 5.5 gegebenen Sequenz von anliegenden Eingabevektoren aus und betrachtet die ebenfalls aus der Abbildung ersichtlichen Ereigniszeitpunkte, so ergeben sich folgende wirksamen Eingabevektoren und Eingabesequenzen (- entspricht Defaultwerten):

	α_1	β_1	α_2	α_3			β_2
x_1	1	2	3	4	5	6	7
x_2	1	1	2	2	2	3	3
x_3	10	1	20	1	30	1	40
x_4	1	2	3	4	5	6	7

Abbildung 5.5: Ereigniszeitpunkte bezüglich einer Eingabesequenz.

$$\alpha_1 : \vec{X} = \begin{pmatrix} 1 \\ 1 \\ - \\ - \end{pmatrix}, \tilde{X} = \left[\begin{pmatrix} 1 \\ 1 \\ - \\ - \end{pmatrix} \right]; \tag{5.5}$$

$$\beta_1 : \vec{X} = \begin{pmatrix} 1 \\ 1 \\ 20 \\ 3 \end{pmatrix}, \tilde{X} = \left[\begin{pmatrix} 1 \\ 1 \\ - \\ - \end{pmatrix}, \begin{pmatrix} 1 \\ 1 \\ 20 \\ 3 \end{pmatrix} \right]; \tag{5.6}$$

$$\alpha_2 : \vec{X} = \begin{pmatrix} 4 \\ 2 \\ 20 \\ 3 \end{pmatrix}, \tilde{X} = \left[\begin{pmatrix} 1 \\ 1 \\ - \\ - \end{pmatrix}, \begin{pmatrix} 1 \\ 1 \\ 20 \\ 3 \end{pmatrix}, \begin{pmatrix} 4 \\ 2 \\ 20 \\ 3 \end{pmatrix} \right]; \tag{5.7}$$

$$\alpha_3 : \vec{X} = \begin{pmatrix} 4 \\ 2 \\ 20 \\ 3 \end{pmatrix}, \tilde{X} = \left[\begin{pmatrix} 1 \\ 1 \\ - \\ - \end{pmatrix}, \begin{pmatrix} 1 \\ 1 \\ 20 \\ 3 \end{pmatrix}, \begin{pmatrix} 4 \\ 2 \\ 20 \\ 3 \end{pmatrix}, \begin{pmatrix} 4 \\ 2 \\ 20 \\ 3 \end{pmatrix} \right]; \tag{5.8}$$

$$\beta_2 : \vec{X} = \begin{pmatrix} 4 \\ 2 \\ 40 \\ 7 \end{pmatrix}, \tilde{X} = \left[\begin{pmatrix} 1 \\ 1 \\ - \\ - \end{pmatrix}, \begin{pmatrix} 1 \\ 1 \\ 20 \\ 3 \end{pmatrix}, \begin{pmatrix} 4 \\ 2 \\ 20 \\ 3 \end{pmatrix}, \begin{pmatrix} 4 \\ 2 \\ 20 \\ 3 \end{pmatrix}, \begin{pmatrix} 4 \\ 2 \\ 40 \\ 7 \end{pmatrix} \right]. \tag{5.9}$$

Deutlich sind die Effekte der Überabtastung und Unterabtastung zu erkennen. Da Portgruppen auch die Vorgeschichte anderer Portgruppen kennen, kann dies so interpretiert werden, dass die internen Zustände aller Gruppen innerhalb der Komponente bekannt sind, auch wenn diese internen Zustände nicht extern beobachtbar sind. Im Anhang A.1 wird die alternative Automatendarstellung einer ADK präsentiert.

Übergreifendes Komponentenmodell

Ein typisches Beispiel für eine Komponente, die sämtliche vergangenen Eingabewerte bei der Ausgabe berücksichtigt, ist ein Integrator. Dieser addiert die aktuelle Eingabe zur Summe der bisherigen Eingaben. Ein Beispiel für eine Komponente, die nur den aktuellen und den vorangegangene Wert berücksichtigt, ist beispielsweise ein Differenzierer. Dessen Ausgabe ist die Differenz zwischen aktueller und vorangegangener Eingabe. Durchaus können Komponenten auch nur den aktuellen Wert berücksichtigen. Ein Beispiel für eine solche Komponente ist ein Proportional-Glied, welches die Eingabe mit einem Proportionalfaktor multipliziert. In Tabelle 5.1 wird das Verhalten bezüglich der Vorgeschichte dieser drei typischen Beispiele aufgezeigt.

Wirksamer Eingabewert x_n	5	7	-2	1	3
Integrator $\sum x_n$	5	12	10	11	14
Differenzierer $x_n - x_{n-1}$	5	2	-9	3	2
Proportional-Glied $2 \cdot x_n$	10	14	-4	2	6

Tabelle 5.1: Berücksichtigung unterschiedlicher Tiefe der Vorgeschichte anhand von Integrator, Differenzierer und Proportional-Glied.

Dies führt zu folgender Definition:

Definition 5.8 *Ist die Ausgabe einer Portgruppe nur von der aktuellen Eingabe abhängig, d.h., die Vorgeschichte wird nicht berücksichtigt, so ist diese Portgruppe eine* **transformative Portgruppe** *und die Ausgabefunktion vereinfacht sich zu*
$\beta_k : \overrightarrow{Y_k} = \beta_k(\overrightarrow{X})$

Da die Ausgabefunktion die Eingabesequenzen sämtlicher Eingangsports berücksichtigen, sind die einzelnen Portgruppen stark miteinander verkoppelt.

Definition 5.9 *Ist die Ausgabefunktion einer Portgruppe nur von der Eingabesequenz der zugehörigen Portgruppe abhängig, so ist diese Portgruppe eine* **entkoppelte Portgruppe**. *Es gilt:*
$\overrightarrow{Y_k} = \beta_k(\tilde{X}_k)$ *mit* $\tilde{X}_k$ *als wirksame Eingabesequenz des wirksamen Teilvektors* $\overrightarrow{X_k} = (x_i), i : I_i \in \mathbb{I}_k$.

5.3.1 Portverknüpfung und Kompositionskomponenten

Werden ADKs über ihre Ports verknüpft, kann die so entstandene Struktur wiederum als eine ADK gesehen werden. Eine solche ADK, die aus mehreren untergeordneten ADKs besteht, ist eine Kompositionskomponente. Elementarkomponenten sind ADKs, die nicht weiter zerlegt werden können. Zunächst soll gezeigt werden, dass die Verknüpfung zweier ADKs in der Tat wieder eine ADK ist.

Für die folgende Diskussion wird von zwei ADKs K^A und K^B ausgegangen, mit
$K^j = (\mathbb{I}_k^j, \mathbb{O}_k^j, \mathbb{D}_{xk}^j, \mathbb{D}_{yk}^j, E_k^j, \beta_k^j)$ mit $j = A, B$.

5.3 Allgemeine Datenflusskomponente

Um zwei Komponenten zu verknüpfen, müssen ein oder mehrere Ports der einen Komponente mit den Ports der anderen Komponente verknüpft werden. Dies ist nur möglich unter den Bedingungen, dass Eingangsports nur mit Ausgangsports verknüpft werden und dass die entsprechenden Eingabe- und Ausgabealphabete identisch sind. $\mathbb{I}_V \subseteq \mathbb{I}$ ist die Menge der verknüpften Eingangsports. $\mathbb{O}_V \subseteq \mathbb{O}$ ist die Menge der verknüpften Ausgangsports.
Eine Portverknüpfung lässt sich folgendermaßen definieren:

Definition 5.10 $\mathbb{I}_V^j$ *sei die Menge der verknüpften Eingangsports der Komponente* K^j *und* $\mathbb{O}_V^j$ *die Menge der verknüpften Ausgangsports. Die Korrespondenz* $c_{A \to B} : \mathbb{O}_V^A \to \mathbb{I}_V^B$ *ist eine* **Portverknüpfung**, *wenn* c^{-1} *eine Abbildung ist, d.h.* $\forall O_1 \forall O_2 \forall I ((O_1, I) \in c \wedge (O_2, I) \in c \to O_1 = O_2)$ *und wenn* $\forall i : (I_i \in \mathbb{I}_V^A \Rightarrow D_{xi}^A = D_{yc(i)}^B)$ *gilt. Dabei ist* $c(i)$ *das Komplement von* i *und* I_i *und* $O_{c(i)}$ *sind komplementäre Ports.*

Dies bedeutet, dass ein Ausgangsport mit mehreren Eingangsports verknüpft werden kann, es jedoch verboten ist, einen Eingangsport mit mehreren Ausgangsports zu verknüpfen. Der Wert an einem Eingangsport kann nur eine Definition haben; oder anders ausgedrückt sind 1:n Verbindungen erlaubt, aber n:1 Verbindungen verboten. Weiterhin sei an dieser Stelle darauf hingewiesen, dass auch das direkte Verknüpfen eines Ausgangsports mit einem Eingangsport derselben Komponente eine gültige Portverknüpfung darstellt:

$$c_{j \to j} : \mathbb{O}_V^j \to \mathbb{I}_V^j. \tag{5.10}$$

Die Vereinigung aller möglichen Portverknüpfungen zwischen zwei Komponenten $c_{A \to B}, c_{B \to A}, c_{A \to A}, c_{B \to B}$ wird folgendermaßen ausgedrückt: $c_{A \leftrightarrow B}$.
In Abbildung 5.6 sind die Portverknüpfungen

$$c_{A \to B} = \begin{pmatrix} O_2 \to I_2 \\ O_4 \to I_3 \\ O_4 \to I_5 \end{pmatrix} \tag{5.11}$$

$$c_{A \to A} = \begin{pmatrix} O_5 \to I_3 \end{pmatrix} \tag{5.12}$$

$$c_{B \to A} = \begin{pmatrix} O_1 \to I_2 \end{pmatrix} \tag{5.13}$$

dargestellt. Daraus ergeben sich folgende Mengen der verknüpften Ports:

$$\mathbb{I}_V^A = \{I_2, I_3\}, \tag{5.14}$$

$$\mathbb{O}_V^A = \{O_2, O_4, O_5\}, \tag{5.15}$$

$$\mathbb{I}_V^B = \{I_2, I_3, I_5\}, \tag{5.16}$$

$$\mathbb{O}_V^B = \{O_1\}. \tag{5.17}$$

Hierbei wurde aus Gründen der Übersichtlichkeit auf die Darstellung unterschiedlicher Portgruppen verzichtet.

Eine Portverknüpfung zwischen zwei ADKs K^A und K^B ergibt wieder einen ADK, wobei die nun verknüpften Eingangsports nach außen hin nicht mehr sichtbar sind, da diese nur einmal verknüpft werden dürfen. Ob alle Ausgangsports

Übergreifendes Komponentenmodell

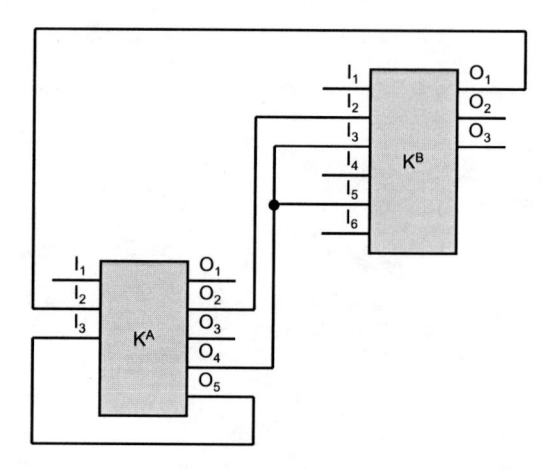

Abbildung 5.6: Portverknüpfung zweier ADKs K^A und K^B.

sichtbar sind oder nur die nicht verknüpften, hängt von dem gewünschten Verhalten der Kompositionskomponente ab. Im Folgenden wird davon ausgegangen, dass alle Ausgangsports sichtbar sind.

Definition 5.11 *Sei* $\mathbb{E}^j = \{E_k^j\}$ *die Menge der Ausführungsereignisse der Komponente* K^j, *so ist* $\mathbb{E} = \mathbb{E}^A \cup \mathbb{E}^B$ *die* **Menge der Ausführungsereignisse** *der Kompositionskomponente* $K = K^A \| K^B$.

Satz 5.1 *Die Verknüpfung zweier ADKs* K^A *und* K^B *aufgrund einer Portverknüpfung* $c_{A \leftrightarrow B} : K^A \| K^B$, *ergibt eine ADK*

$$K = (\mathbb{I}_k, \mathbb{O}_k, \mathbb{D}_{xk}, \mathbb{D}_{yk}, E_k, \beta_k) \text{ mit } k = 1..k_{ges}; k_{ges} = |\mathbb{E}| \leq |\mathbb{E}^A| + |\mathbb{E}^B|.$$

Dabei gilt:

$\mathbb{I}_k = (\mathbb{I}_k^A \setminus \mathbb{I}_V^A) \cup (\mathbb{I}_k^B \setminus \mathbb{I}_V^B)$
$\mathbb{O}_k = \mathbb{O}_k^A \cup \mathbb{O}_k^B$
$\mathbb{D}_{xk} := (D_{xi} | i : I_i \in \mathbb{I}_k)$
$\mathbb{D}_{yk} := (D_{yi} | i : O_i \in \mathbb{O}_k)$
$E_k \in \mathbb{E}$.

Bei der Bestimmung der neuen Ausgabefunktionen ergeben sich zwei Fallunterscheidungen:

1. Das Ausführungsereignis E_k existiert nur in einer der beiden Ausgangskomponenten, d.h.

$$E_k \notin (\mathbb{E}^A \cap \mathbb{E}^B). \tag{5.18}$$

5.3 Allgemeine Datenflusskomponente

In diesem Fall ergeben sich die neuen Eingangsports $\mathbb{I}_k$ aus den nicht verknüpften Ports der entsprechenden Ausgangskomponente. Die neue Ausgabefunktion ergibt sich direkt aus der alten Ausgabefunktion β_k.

2. Das Ausführungsereignis E_k existiert in beiden Ausgangskomponenten, d.h.

$$E_k \in (\mathbb{E}^A \cap \mathbb{E}^B). \tag{5.19}$$

Die Ports der neuen Portgruppe werden nun aus der Vereinigung der nicht verknüpften Eingangsports der entsprechenden Portgruppen der Komponenten K^A und K^B gebildet. Entsprechend ergibt sich die neue Ausgabefunktion als Verkettung der beiden ursprünglichen Ausgabefunktionen:

$$\beta_k = \beta_k^A \circ \beta_k^B \tag{5.20}$$

oder

$$\beta_k = \beta_k^B \circ \beta_k^A. \tag{5.21}$$

Damit beim Eintreten des Ereignisses ein deterministisches Verhalten der Kompositionskomponente entsteht, muss die Reihenfolge der beiden Elementarkomponenten festgelegt werden.

Der wirksame Eingabevektor für die Ausgabefunktionen ergibt sich bei nicht verknüpften Eingangsports aus den anliegenden Eingabewerten und bei verknüpften Eingangsports aus den zuletzt berechneten Ausgabewerten der entsprechenden komplementären Ports:

$$x_i = \begin{cases} x_{Ai}, & i \notin \mathbb{I}_V; \\ y_{c(i)}, & i \in \mathbb{I}_V. \end{cases} \tag{5.22}$$

Beispiel

Folgendes Beispiel soll die Zusammensetzung zweier Komponenten erläutern. Ausgegangen wird von den beiden Komponenten aus Abbildung 5.6. Allerdings werden nun auch Portgruppen berücksichtigt. Hierbei wird auf die Definition der Alphabete und Ausgabefunktionen verzichtet.

$$\begin{aligned} K^A = &(\mathbb{I}_1^A = \{I_1\}, \mathbb{O}_1^A = \{O_1, O_2\}, E_1^A = \alpha), \\ &(\mathbb{I}_2^A = \{I_2\}, \mathbb{O}_2^A = \{O_3, O_4, O_5\}, E_2^A = \beta), \\ &(\mathbb{I}_3^A = \{I_3\}, \mathbb{O}_3^A = \emptyset, E_3^A = \gamma); \\ K^B = &(\mathbb{I}_1^B = \{I_1, I_2, I_3, I_4\}, \mathbb{O}_1^B = \{O_1, O_2\}, E_1^B = \alpha), \\ &(\mathbb{I}_2^B = \{I_5, I_6\}, \mathbb{O}_2^B = \{O_3\}, E_2^B = \delta). \end{aligned}$$
(5.23)
(5.24)

Ereignisse werden mit kleinen griechischen Buchstaben bezeichnet. Aus den Gleichungen 5.23 und 5.24 geht hervor, dass das Ereignis α in beiden Komponenten existiert und es gilt:

$$E_1^A = E_1^B = \alpha. \tag{5.25}$$

Übergreifendes Komponentenmodell

Die Menge der Ausführungsereignisse für die Kompositionskomponente $K = K^A \| K^B$ ist nun gemäß Definition 5.11

$$\mathbb{E} = \mathbb{E}^A \cup \mathbb{E}^B = \{\alpha, \beta, \gamma\} \cup \{\alpha, \delta\} = \{\alpha, \beta, \gamma, \delta\}. \tag{5.26}$$

Aus der Abbildung

$$e = \begin{pmatrix} E_1 := E_1^A = E_1^B = \alpha \\ E_2 := E_2^A = \beta \\ E_3 := E_3^A = \gamma \\ E_4 := E_2^B = \delta \end{pmatrix}, \tag{5.27}$$

welche die Ereignisse der Ausgangskomponenten den neuen Ereignissen der Kompositionskomponente zuordnet, lassen sich die Ports der zugehörigen Portgruppen bestimmen.

Da sich E_1 aus zwei identischen Ausführungsereignissen ergibt, gilt Fall 2 der Portverknüpfung:

$$\mathbb{I}_1 = (\mathbb{I}_1^A \setminus \mathbb{I}_V^A) \cup (\mathbb{I}_1^B \setminus \mathbb{I}_V^B) = \{I_1^A, I_1^B, I_4^B\}, \tag{5.28}$$

$$\mathbb{O}_1 = \mathbb{O}_1^A \cup \mathbb{O}_1^B = \{O_1^A, O_2^A, O_1^B, O_2^B\}. \tag{5.29}$$

Da sich die restlichen Ereignisse von $\mathbb{E}$ nur aus einem Ausführungsereignis zusammensetzen, gilt für deren Portverknüpfung der Fall 1:

$$\mathbb{I}_2 = \mathbb{I}_2^A \setminus \mathbb{I}_V^A = \emptyset, \tag{5.30}$$

$$\mathbb{O}_2 = \mathbb{O}_2^A = \{O_3^A, O_4^A, O_5^A\}, \tag{5.31}$$

$$\mathbb{I}_3 = \mathbb{I}_3^A \setminus \mathbb{I}_V^A = \emptyset, \tag{5.32}$$

$$\mathbb{O}_3 = \mathbb{O}_3^A = \emptyset, \tag{5.33}$$

$$\mathbb{I}_4 = \mathbb{I}_2^B \setminus \mathbb{I}_V^B = \{I_6^B\}, \tag{5.34}$$

$$\mathbb{O}_4 = \mathbb{O}_1^B = \{O_3^B\}. \tag{5.35}$$

Abschließend müssen die nicht verknüpften Eingangsports der Einzelkomponenten sowie deren Ausgangsports auf eindeutige Ports der Kompositionskomponente mit der Abbildung

$$p = \begin{pmatrix} I_1 := I_1^B \\ I_2 := I_4^B \\ I_3 := I_6^B \\ I_4 := I_1^A \\ O_1 := O_1^B \\ O_2 := O_2^B \\ O_3 := O_3^B \\ O_4 := O_1^A \\ O_5 := O_2^A \\ O_6 := O_3^A \\ O_7 := O_4^A \\ O_8 := O_5^A \end{pmatrix} \tag{5.36}$$

5.3 Allgemeine Datenflusskomponente

zugeordnet werden. Die Ports der Kompositionskomponente sind nun vollständig definiert und es ergibt sich:

$$K = (\mathbb{I}_1 = \{I_1, I_2, I_3\}, \mathbb{O}_1 = \{O_1, O_2, O_4, O_5\}, E_1 = \alpha),$$
$$(\mathbb{I}_2 = \emptyset, \mathbb{O}_2 = \{O_6, O_7, O_8\}, E_2 = \beta),$$
$$(\mathbb{I}_3 = \emptyset, \mathbb{O}_3 = \emptyset, E_3 = \gamma),$$
$$(\mathbb{I}_4 = \{I_4\}, \mathbb{O}_4 = \{O_3\}, E_4 = \delta).$$
(5.37)

Abbildung 5.7 zeigt, wie die neue Komponente K aussieht. Das Beispiel verdeutlicht anhand der Portgruppe 3 mit $E_3 = \gamma$, dass Portgruppen existieren können, deren zugeordnete Eingangs- und Ausgangsportmengen jeweils leer sind. Ein solches Ereignis führt nur zu einem internen Zustandswechsel aufgrund des aktuell wirksamen Eingabevektors. Der aktuell anliegende Eingabevektor spielt keine Rolle.

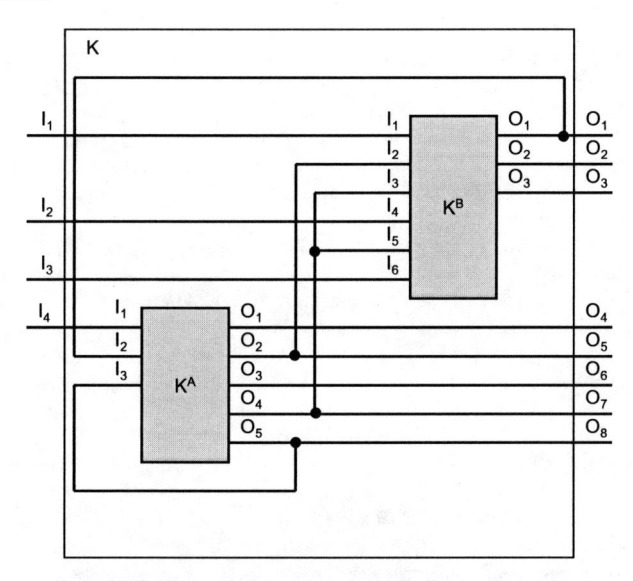

Abbildung 5.7: Bildung einer Kompositionskomponenten K aus zwei ADKs K^A und K^B.

Die Verknüpfung von ADKs zu einer Kompositionskomponente ergibt eine neue ADK. Hierbei müssen jedoch einige Einschränkungen beachtet werden. Geht man davon aus, dass Komponenten gemäß des Geheimnisprinzipes entwickelt werden, so lässt sich der Zustand einer Komponente im Regelfall von außen nicht bestimmen. Bei einer Elementarkomponente ist jeder Portgruppe der interne Zustand anderer Portgruppen bekannt (folgt also nicht dem Geheimnisprinzip). Bei Kompositionskomponenten kann eine Portgruppe, die ursprünglich zu K^A gehört,

Übergreifendes Komponentenmodell

nicht mehr auf den internen Zustand einer Portgruppe, die zu K^B gehört, zugreifen. Es ist nur möglich, die über die Ausgangswerte beobachtbaren Zustände zu berücksichtigen.

Die Bestimmung der neuen Ausgabefunktionen ist nicht trivial. Da diese maßgeblich bei der formalen Verifikation und bei der Simulation Verwendung findet und dies kein Schwerpunkt dieser Arbeit ist, soll an dieser Stelle diese Problematik nicht weiter vertieft werden. In [DAC00] und [SAM83] wird detaillierter auf die Verknüpfung zweier Automaten eingegangen. Da Komponenten, die Eingabesequenzen berücksichtigen, auch als Automaten dargestellt werden können, lassen sich wesentliche Ergebnisse dieser Arbeiten aufgrund der ähnliche Eigenschaften auf ADKs übertragen.

5.4 Zeitgesteuerte Datenflusskomponente

ADKs stellen ein sehr mächtiges Modellierungsverfahren für datenflussorientierte Anwendungen dar. Jedoch sind sie aufgrund ihrer Komplexität und aufgrund der Kopplung der Portgruppen nur sehr aufwändig zu handhaben. Sie eignen sich als Grundlage zur Modellierung einer Vielzahl von Rechenmodellen. Ein besonders interessanter Aspekt an ADKs ist, dass man ihnen mehrere Zeitereignisse mit unterschiedlichen Zykluszeiten zuordnen kann. Dadurch lassen sich auch komplexe (Kompositions-)Komponenten bzw. ganze Anwendungen beschreiben - insbesondere im Problemraum.

Im Lösungsraum werden jedoch nur Elementarkomponenten realisiert. Diese Realisierung lässt sich wesentlich vereinfachen, wenn man die Anzahl und die Art der Portgruppen beschränkt und standardisiert. Analysiert man Steuerungs- und Regelungssysteme und untersucht man bestehende Ansätze, wie z.B. *PBOs*, *ControlShell* oder *PÅLSJÖ*, so lassen sich Ports in zwei Gruppen einteilen. Eine Gruppe behandelt Daten, welche zur Parametrisierung der Komponenten genutzt werden, und eine Gruppe ist für die Bearbeitung der kontinuierlichen Prozessdaten verantwortlich. Diese Prozessdatenbearbeitung wird durch die Parametergruppe beeinflusst. Wie am Anfang des Kapitels erwähnt, wird der kontinuierliche Prozess durch zyklische Abarbeitung dargestellt. Diese Eigenschaften lassen sich durch eine zeitgesteuerte Datenflusskomponente beschreiben.

Eine zeitgesteuerte Datenflusskomponente (ZDK) ist ein Sonderfall der ADK (s. Abb. 5.8). Sie besitzt genau zwei Portgruppen S und Z, wobei die statische Portgruppe S eine entkoppelte, transformative Portgruppe ist und den nichtzyklischen (statischen) Anteil beschreibt. Die zyklische Portgruppe Z repräsentiert den zyklischen Anteil.

Definition 5.12 *Eine zeitgesteuerte Datenflusskomponente (ZDK) besteht aus zwei 6-Tupeln* $(\mathbb{I}_S, \mathbb{O}_S, \mathbb{D}_{xS}, \mathbb{D}_{xS}, E_S, \beta_S)$, $(\mathbb{I}_Z, \mathbb{O}_Z, \mathbb{D}_{xZ}, \mathbb{D}_{yZ}, E_Z, \beta_Z)$, *wobei gilt:*

$\mathbb{I} := \{I_i | i = 1..n\}$ *ist die Menge der n Eingangsports.*
$\mathbb{O} := \{O_i | i = 1..m\}$ *ist die Menge der m Ausgangsports.*
$\mathbb{I}_S \subseteq \mathbb{I}$ *ist die Menge der statischen Eingangsports und*
$\mathbb{I}_Z \subseteq \mathbb{I}$ *ist die Menge der zyklischen Eingangsports,*

5.4 Zeitgesteuerte Datenflusskomponente

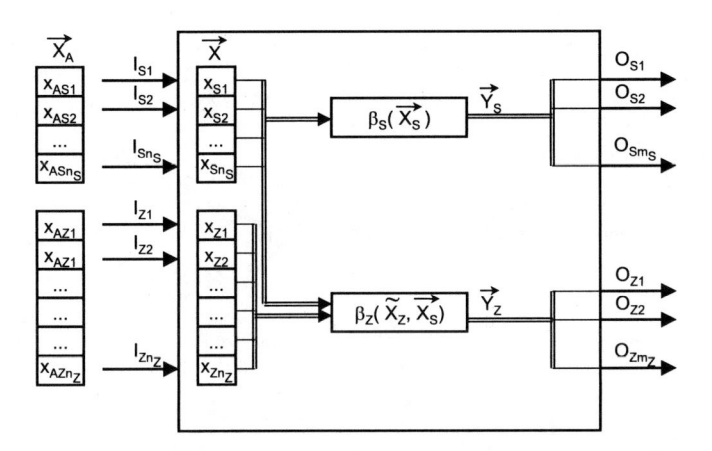

Abbildung 5.8: Zeitgesteuerte Datenflusskomponente.

mit $\mathbb{I}_S \cap \mathbb{I}_Z = \emptyset, \mathbb{I}_S \cup \mathbb{I}_Z = \mathbb{I}$.
$\mathbb{O}_S \subseteq \mathbb{O}$ *ist die Menge der statischen Ausgangsports und*
$\mathbb{O}_Z \subseteq \mathbb{O}$ *ist die Menge der zyklischen Ausgangsports,*
mit $\mathbb{O}_S \cap O_Z = \emptyset, \mathbb{O}_S \cup O_Z = \mathbb{O}$,
$\mathbb{D}_{xS} := (D_{xi}|i : I_i \in \mathbb{I}_S)$ *und* $\mathbb{D}_{xZ} := (D_{xi}, i : I_i \in \mathbb{I}_Z)$ *mit* D_{xi} *als Eingabealphabet des i-ten Eingangsports sind die Eingabealphabetsmengen.*
$\mathbb{D}_{yS} := (D_{yi}|i : O_i \in \mathbb{O}_S)$ *und* $\mathbb{D}_{yS} := (D_{yi}|i : O_i \in \mathbb{O}_S)$ *mit* D_{yi} *als Ausgabealphabet des i-ten Ausgangsports sind die Ausgabealphabetsmengen.*
E_S *ist ein Aktualisierungsereignis, welches dazu dient, statische Ports zu lesen und zu schreiben.*
E_Z *ist ein (bedingtes) zyklisches Zeitereignis.*
β_S *ist die statische Ausgabefunktion, mit* $\beta_S : \vec{Y_S} = \beta_S(\vec{X_S})$.
β_Z *ist die zyklische Ausgabefunktion, mit* $\beta_Z : \vec{Y_Z} = \beta_Z(\tilde{X}_Z, \vec{X_S})$.

Generell gilt, dass die zyklische Ausgabefunktion von Eingabesequenzen $\tilde{X}_Z$ der zyklischen Eingabeports abhängen kann und die Komponente die Vorgeschichte der Prozessdaten berücksichtigt. Analog zu den Aktionen gemäß Gl. 5.1, Gl. 5.2 und Gl. 5.3 werden bei Eintreten des Aktualisierungsereignisses E_S die statischen Eingangsports eingelesen und die Ausgabewerte der statischen Ausgangsports bestimmt. Da es sich hierbei laut Definition 5.9 um eine entkoppelte Portgruppe handelt, sind die Ausgabewerte nur von den Eingaben der statischen Portgruppe abhängig. Die statische Portgruppe dient maßgeblich zum Setzen von Parameterwerten und ist definitionsgemäß zustandslos und berücksichtigt nicht die Vorgeschichte.

Tritt das zyklische Zeitereignis E_Z ein, werden die zyklischen Eingangsports gelesen und die entsprechenden zyklischen Ausgabewerte der zyklischen Ausgangsports bestimmt. Hierbei werden auch die statischen Werte des wirksamen Eingabevektors der statischen Portgruppe mit berücksichtigt.

Im Regelfall wird davon ausgegangen, dass das Aktualisierungsereignis wesentlich seltener eintritt als das zyklische Zeitereignis. Dennoch lässt das abstrakte Modell einer ZDK auch den Fall zu, dass das Aktualisierungsereignis häufiger und sogar ebenfalls zyklisch auftritt. Tritt das Aktualisierungsereignis häufiger auf, so wirkt sich - aufgrund der entkoppelten, transformativen Eigenschaft der statischen Portgruppe - nur die zuletzt gemachte Änderung des wirksamen Eingabevektors auf die zyklische Portgruppe aus.

Wie schon am Anfang dieses Kapitels erwähnt, haben Komponenten häufig rein transformativen Charakter und sind zustandslos. Damit vereinfacht sich das Verhalten einer ZDK wesentlich.

Definition 5.13 *Ist die zyklische Portgruppe eine transformative Portgruppe, so ist die Komponente eine* **transformative ZDK** *und es gilt:*
$$\beta_S : \vec{Y_S} = \beta_S(\vec{X_S}).$$
$$\beta_Z : \vec{Y_Z} = \beta_Z(\vec{X}) = \beta_S(\vec{X_S}, \vec{X_Z}).$$

Definition 5.14 *Eine ZDK, die gemäß Definition 5.12 Eingabesequenzen der zyklischen Eingabewerte berücksichtigt, ist eine* **nichttransformative ZDK**.

Auch eine ZDK kann als Automat modelliert werden (s. Anhang A.2).

5.4.1 Portverknüpfung und Kompositionskomponenten

Die Verknüpfung zweier ZDK wird gemäß der Definition 5.10 mit Hilfe der Portverknüpfungen c durchgeführt. Analog zum Satz 5.1 können zwei ZDKs zu einer ZDK zusammengefasst werden, allerdings nur unter der Bedingung, dass die Zykluszeit beider Ursprungs-ZDKs identisch ist ($E_Z^A = E_Z^B$). Dann können jeweils die beiden statischen und die beiden zyklischen Portgruppen zusammengefasst werden. Dies entspricht Fall 2 der Portverknüpfung.

Satz 5.2 *Die Verknüpfung zweier ZDKs K^A und K^B mit gleichem statischen und gleichem zyklischen Ausführungsereignis $E_S^A = E_S^B$ und $E_Z^A = E_Z^B$ aufgrund einer Portverknüpfung $c_{A \leftrightarrow B} : K^A \| K^B$, ergibt eine ZDK*
$(\mathbb{I}_S, \mathbb{O}_S, \mathbb{D}_{xS}, \mathbb{D}_{rS}, E_S, \beta_S)$, $(\mathbb{I}_Z, \mathbb{O}_Z, \mathbb{D}_{xZ}, \mathbb{D}_{yZ}, E_Z, \beta_Z)$, *wobei*

$\mathbb{I}_S = (\mathbb{I}_S^A \setminus \mathbb{I}_V^A) \cup (\mathbb{I}_S^B \setminus \mathbb{I}_V^B)$
$\mathbb{O}_S = \mathbb{O}_S^A \cup \mathbb{O}_S^B$,
$\mathbb{I}_Z = (\mathbb{I}_Z^A \setminus \mathbb{I}_V^A) \cup (\mathbb{I}_Z^B \setminus \mathbb{O}_V^B)$,
$\mathbb{O}_Z = \mathbb{O}_Z^A \cup \mathbb{O}_Z^B$,
$E_S = E_S^A = E_S^B$,
$E_Z = E_Z^A = E_Z^B$.

Dadurch, dass jede ZDK genau zwei definierte Portgruppen besitzt, ist die Verknüpfung nicht so komplex wie bei ADKs. Das Ergebnis der Verknüpfung führt wieder zu einer Komponente mit genau zwei Portgruppen.

Zu beachten gilt wieder, dass die Ausführungsreihenfolge der beiden Komponenten K^A und K^B festgelegt sein muss, damit sich K deterministisch verhält.

Verknüpft man zwei ZDKs mit unterschiedlicher Zykluszeit und somit mit unterschiedlichen Zeitereignissen ($E_Z^A \neq E_Z^B$), entsteht dadurch eine ADK mit drei (bzw. bei unterschiedlichen Aktualisierungsereignissen vier) Portgruppen[2].

5.5 Generische Ports

Ein zentrales Konzept, welches als die wesentliche Erweiterung der ZDKs gegenüber anderen Komponentenmodellen, wie z.b. *Port Based Objects*, anzusehen ist, ist das Konzept der generischen Ports. Häufig gibt es Komponenten, bei denen die tatsächliche Anzahl der benötigten Ports nicht fest steht. Als Beispiel wäre hier ein Addierer zu nennen, der die Werte von n Eingängen aufaddiert. Bei bisherigen Ansätzen werden entweder Komponenten mit zwei Eingängen kaskadiert. Dies ist jedoch nicht für jede Funktionalität möglich. Die zweite Alternative besteht darin, dass es jeweils entsprechende Komponenten gibt, die so implementiert sind, dass sie zwei, drei, vier usw. Eingangsports besitzen. Dies führt jedoch zu einer hohen Anzahl sehr ähnlicher Komponenten und zu einer entsprechend hohen Code-Redundanz.

Daher wird das Modell einer ZDK dahingehend erweitert, dass Ports mehrfach instanziiert werden können und so genannte Subports bilden können.

Definition 5.15 *Ein **generischer Eingangsport** $I_i \in \mathbb{I}$ kann mehrfach instanziiert werden, so dass j_{max} Subports $I_i[j], j = 1..j_{max}$ entstehen. j_{max} kann eine nach oben begrenzte Maximalanzahl von Subports sein. Für die Alphabete der Subports gilt: $D_{xi}[j] = D_{xi}; j = 1..j_{max}$.*

Definition 5.16 *Ein **generischer Ausgangsport** $O_i \in \mathbb{O}$ kann mehrfach instanziiert werden, so dass j_{max} Subports $O_i[j], j = 1..j_{max}$ entstehen. j_{max} kann eine nach oben begrenzte Maximalanzahl von Subports sein. Für die Alphabete der Subports gilt: $D_{yi}[j] = D_{yi}; j = 1..j_{max}$.*

Dies entspricht im Prinzip der Bildung eines Arrays, bei dem jeder einzelne Arraywert explizit verknüpft wird.

Nicht generische Ports können als generische Ports mit $j_{max} = 1$ angesehen werden.

5.6 Ressourcenports

Da bei mechatronischen Systemen die Software eng mit elektronischen bzw. mechanischen Elementen verknüpft ist, muss es eine Möglichkeit geben, die Kommunikation zwischen Softwarekomponenten mit diesen externen Datenquellen, wie z.B. Sensoren, Aktoren, serielle Schnittstelle usw., zu ermöglichen. Daher kann eine Komponente neben den Eingangs- und Ausgangsports noch Ressourcenports

---

[2]Da Kompositionskomponenten nicht im Lösungsraum existieren (vgl. 6.6.2), beeinflusst dies die Realisierung von ZDKs nicht.

besitzen. Diese dienen zur Kommunikation mit der Hardware bzw. mit externen Datenquellen. Ressourcenports sind normalerweise nicht frei verknüpfbar; vielmehr ist die Anbindung direkt in der Komponente implementiert. Da Ressourcenports fest an eine Hardwareeinheit gebunden sind, lassen sich Komponenten mit Ressourcenports nicht beliebig instanziieren (s. 6.3.2).

Definition 5.17 *Systeminstanzen sind Komponenteninstanzen von Komponententypen, die einen oder mehrere Ressourcenports besitzen. Sie lassen sich nicht beliebig instanziieren und die Anzahl der Instanzen ist festgelegt. Systeminstanzen besitzen jeweils eine feste lokale Instanznummer und sind eindeutig über ihre Ressourcenports der entsprechenden Hardware zugeordnet.*

Es existieren drei Arten von Ressourcenports: Eingabe-, Ausgabe- und gemischte Ressourcenports. In der Regel werden Ressourcenports innerhalb der zyklischen Portgruppe abgearbeitet. Prinzipiell ist es auch möglich, Ressourcenports der statischen Portgruppe zuzuordnen. Geht man jedoch vom Normalfall aus, so lässt sich formal folgendes formulieren:

Definition 5.18 *Gegeben sei eine ZDK mit Ressourcenports.*

$\mathbb{R}_I = \{R_{Ii}\}$ *sei die Menge der Eingabe-Ressourcenports,*
$\mathbb{R}_O = \{R_{Oi}\}$ *sei die Menge der Ausgabe-Ressourcenports,*
$\mathbb{R}_{IO} = \{R_{IOi}\}$ *sei die Menge der gemischten Ressourcenports.*

So ergibt sich die zyklische Ausgabefunktion

$$\beta_Z : (\overrightarrow{Y_Z}, \overrightarrow{Y_{R_O}}, \overrightarrow{Y_{R_{IO}}}) = \beta_Z(\tilde{X}, \tilde{X}_{R_I}, \tilde{X}_{R_{IO}}).$$

Hierbei ist $\tilde{X}_{R_I}$ die Eingabesequenz der Eingabe-Ressourcenports und $\overrightarrow{Y_{R_O}}$ der Ausgabevektor der Ausgabe-Ressourcenports. Analog ist $\tilde{X}_{R_{IO}}$ die Eingabesequenz und $\overrightarrow{Y_{R_{IO}}}$ der Ausgabevektor der gemischten Ressourcenports.

Systeminstanzen dienen häufig als reine Datenquelle bzw. Datensenke. Sie wandeln externe Signale in für ZDKs geeignete Daten um. Abbildung 5.9 zeigt jeweils ein Beispiel für eine Datenquelle, die Eingabe-Ressourcenports und ansonsten nur Ausgangsports hat, und eine Datensenke mit Ausgabe-Ressourcenports und entsprechenden Eingangsports. Ressourcenports werden durch entsprechend gerichtete Pfeile unterhalb der Komponente dargestellt.

5.7 Verknüpfbarkeit von Komponenten

Gemäß Anforderung A1.2 soll die Verknüpfbarkeit von Komponenten maximal sein. Da Komponenten direkt über ihre Ports verbunden werden, hängt diese Verknüpfbarkeit davon ab, mit wie vielen Ports ein bestimmter Port verbunden werden kann. Da laut Definition 5.10 eine Portverknüpfung nur dann gültig ist, wenn jeweils das Eingabealphabet D_{xi} und das Ausgabealphabet $D_{yc(i)}$ identisch sind, muss die Menge der möglichen Alphabete eingeschränkt werden. Diese Beobachtung kann folgendermaßen formuliert werden:

5.8 Zusammenfassung

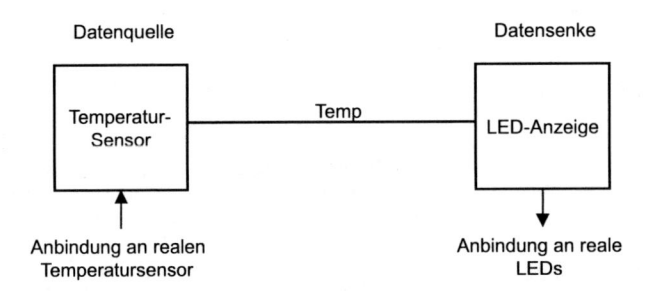

```
  Datenquelle                    Datensenke

┌──────────────┐    Temp     ┌──────────────┐
│ Temperatur-  ├─────────────┤  LED-Anzeige │
│   Sensor     │             │              │
└──────┬───────┘             └──────┬───────┘
       ▲                            ▼
  Anbindung an realen          Anbindung an reale
  Temperatursensor                  LEDs
```

Abbildung 5.9: ZDKs mit Ressourcenports.

Je geringer die Anzahl unterschiedlicher Datenalphabete D, desto höher ist die Verknüpfbarkeit.

Die Verknüpfbarkeit wäre maximal, wenn alle Ports das gleiche Datenalphabet besäßen. Dies ist jedoch nicht praktikabel. In der dieser Arbeit zugrundeliegenden Realisierung wurden 11 Datentypen als gültige Datenalphabete definiert. Diese wurden aus der IEC 61131 Spezifikation [IEC03] übernommen und sind in Anhang B.1 aufgeführt.

Des Weiteren schränkt die Verwendung von Datenstrukturen als Alphabet die Verknüpfbarkeit ein. Dies soll folgendes Beispiel erläutern: Komponente A definiert als Struktur `Adresse = (Name, Straße, Stadt)`, während Komponente B folgende Struktur verwendet: `Adresse = (Name, Stadt, Straße)`. Eine fehlerfreie Kommunikation zwischen beiden Komponenten ohne eine zusätzliche Abbildung bzw. Transformation der Daten ist nicht möglich. Außerdem werden durch Datenstrukturen neue Alphabete (in obigen Beispiel 2 neue Alphabete) definiert. Dies widerspricht obiger Beobachtung.

5.8 Zusammenfassung

In diesem Kapitel wurde zuerst die Domäne der Steuerungs- und Regelungstechnik analysiert (5.1). Darauf aufbauend wurde das zentrale Konzept eines geeigneten Interaktionsmodells aufgezeigt (5.2), bei dem der Datenaustausch und die Datenrate unabhängig sind vom Verarbeitungstakt der Komponenten. Anschließend wurde ein neues Komponentenmodell einer allgemeinen Datenflusskomponente (ADK) formal vorgestellt (5.3). Insbesondere wurde der Sachverhalt betrachtet, dass das Verhalten von ADKs von der Vorgeschichte abhängen kann. Dann wurde dargestellt, wie Komponenten, die auf diesem Modell beruhen, mit Hilfe einer Portverknüpfung c miteinander verknüpft werden können. Die dadurch entstehenden Kompositionskomponenten besitzen alle Eigenschaften einer ADK (5.3.1). Anhand eines Beispiels wurde die Verknüpfung zweier Komponente ausführlich erläutert.

Übergreifendes Komponentenmodell

Durch Spezialisierung wurde aus dem Modell einer ADK das für die Realisierung von Komponenten besser geeignete Modell der zeitgesteuerten Datenflusskomponente (ZDK) entwickelt (5.4). Analog wurde die Verknüpfung zweier ZDKs beschrieben (5.4.1).

Die hier dargestellten Komponentenmodelle sind nur als abstrakte Konzepte zu verstehen. Sie stellen das grundlegende Modell für die Konfigurationsbeschreibung dar. Mit Hilfe eines formalen Modells lassen sich Konfigurationen weitestgehend eindeutig und in sich abgeschlossen beschreiben. Darüberhinaus dienen sie auch als Grundlage zur Beschreibung von Komponenten im Problemraum und für deren Implementierung im Lösungsraum. Die ebenfalls zu einem Komponentenmodell gehörigen implementierungsabhängigen Vorschriften (vgl. Def. 2.3) werden anschließend in Kapitel 7 behandelt.

Zum Abschluss wurde das neu entwickelte Konzept der generischen Ports (5.5) dargestellt und Ressourcenports als Anbindung zu der externen und internen Hardware beschrieben (5.6) sowie eine kurze Betrachtung der Verknüpfbarkeit von Komponenten durchgeführt (5.7).

Kapitel 6

Vorgehensweise für die Online-Konfiguration

Um die vielfältigen Anforderungen, wie sie im Kapitel 3.3 aufgeführt wurden, zu erfüllen, werden als grundlegender Ansatz die beiden herausgearbeiteten Verfahren der Online-Konfiguration (vgl. Abb. 4.2) und das 3-Rollen-Modell (vgl. Abb. 3.1) kombiniert. Zusätzlich wird die Unterteilung in Problem- und Lösungsraum in diesen Ansatz integriert. Dadurch ergibt sich die in Abbildung 6.1 dargestellte grundlegende Vorgehensweise für die Online-Konfiguration. Das im vorangegangenen Kapitel hergeleitete Komponentenmodell einer ZDK dient als Ausgangspunkt. Aus dieser Vorgehensweise ergibt sich anschließend der übergeordnete Entwicklungsprozess.

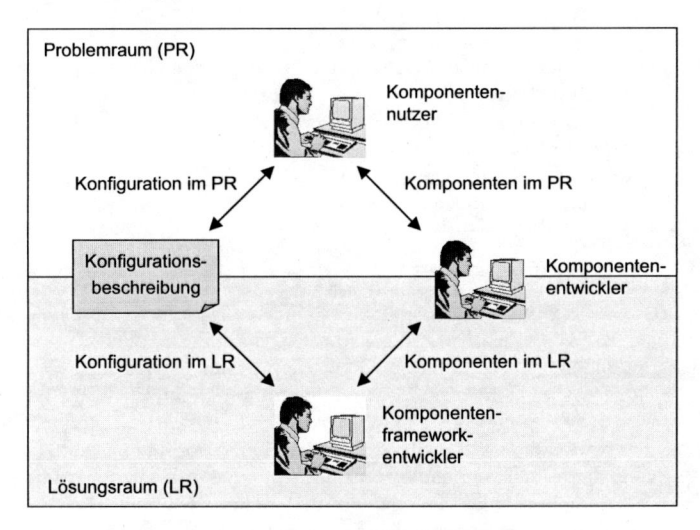

Abbildung 6.1: Grundlegende Vorgehensweise für die Online-Konfiguration.

Vorgehensweise für die Online-Konfiguration

Durch die Konfigurationsbeschreibung wird prinzipiell eine weitere Abstraktionsgrenze in das Gesamtkonzept eingeführt. Diese dient als Austauschschnittstelle zwischen Komponentennutzer und Komponentenframeworkentwickler. Die Beschreibung sollte möglichst eindeutig sein, damit die beiden an der Konfiguration beteiligten Rollen weitestgehend entkoppelt sind. Dies bedeutet, dass nicht nur die Struktur, sondern auch das Verhalten der beschriebenen Anwendung definiert sein sollte. Aus diesem Grund wird das formale ZDK-Modell eingesetzt.

Dieses Kapitel erläutert diese Vorgehensweise für die Online-Konfiguration. Hierbei liegt der Schwerpunkt auf der Umsetzung im Problemraum. Die Umsetzung des Konzepts im Lösungsraum findet sich im anschließenden Kapitel 7. Dieses Kapitel ist folgendermaßen aufgebaut. Zuerst werden Komponenten und deren Eigenschaften ganz allgemein betrachtet. Danach wird aufgezeigt wie Komponenten im Problemraum mit Hilfe von Komponentenbeschreibungen definiert werden und wie diese Beschreibungen während des Beschreibungsprozesses genutzt werden. Insbesondere wird hierbei die Konfigurationsbeschreibung und deren Rolle beim Übergang vom Problemraum in den Lösungsraum diskutiert. Anschließend werden die Komponenten im Lösungsraum sowie deren Transformation aus dem Problemraum im Rahmen der Komponentenentwicklung betrachtet. Aus dieser Vorgehensweise ergibt sich der übergeordnete Entwicklungsprozess. Dieser kann durch geeignete Werkzeuge unterstützt werden. Abschließend erfolgt eine Spezifikation des Datenformats und der Struktur der einzelnen Beschreibungen, wie sie für das *SOFIA*-Projekt erstellt wurde.

6.1 Komponenteneigenschaften

Komponenten haben aus Sicht des Komponentennutzers mehrere Eigenschaften. Diese lassen sich in Porteigenschaften und in Aufrufeigenschaften einteilen. Zur Verknüpfung von Komponenten wird das neue Konzept der Portinstanzen vorgestellt. Außerdem wird in diesem Abschnitt aufgezeigt, dass Komponenten sich durch eine dreistufige Komponentenhierarchie darstellen und in Komponentenskelett, -typ und -instanz einteilen lassen.

6.1.1 Porteigenschaften

Die Ports einer Komponente haben mehrere ihnen zugeordnete Merkmale. Diese bestimmen im Wesentlichen die Eigenschaften eines Ports, aber auch die Verbindung zu anderen Ports. Zur Darstellung der Merkmale wird ein *FODA (Feature Oriented Domain Analysis)* Merkmalsdiagramm benutzt [KCH+90] [Sof03]. Hierbei wird zwischen notwendigen, optionalen und alternativen Merkmalen unterschieden. Notwendige Merkmale werden durch eine Verbindung mit einem gefüllten Kreis dargestellt, optionale Merkmale durch eine Verbindung mit einem leeren Kreis und alternative Merkmale werden dadurch gekennzeichnet, dass die zur Verfügung stehenden Alternativen durch einen Kreisbogen verbunden werden und somit eine Alternativmenge bilden. Bei alternativen Merkmalen muss genau ein Merkmal der Alternativmenge ausgewählt werden. Abbildung 6.2 zeigt das Merkmalsdiagramm für Ports.

6.1 Komponenteneigenschaften

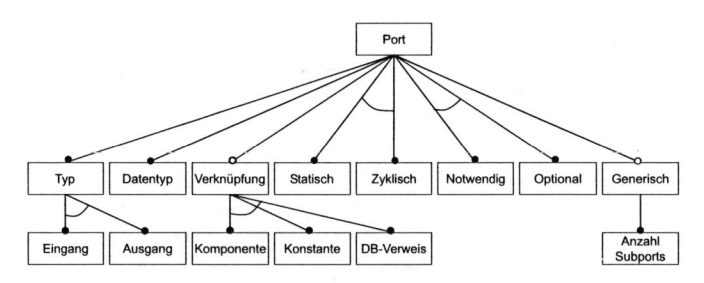

Abbildung 6.2: Merkmalsdiagramm der Porteigenschaften.

Gemäß dem *FODA*-Vorgehensmuster werden nachfolgend zusätzlich die Merkmale, deren zusätzlichen Abhängigkeiten sowie gegebenenfalls Gründe zu deren Auswahl beschrieben.

Typ (T) Ein Port kann entweder Ausgangs- oder Eingangsport sein. Hierbei entsprechen die Ausgangsports den angebotenen (provided) und die notwendigen (Merkmal N) Eingangsports den benötigten (required) Schnittstellen.

Datentyp (D) Der Datentyp eines Ports legt das gültige Alphabet für diesen Port fest. Siehe Anhang B.1

Verknüpfung(V) Eine Verknüpfung kann mit einer anderen Komponente mit Hilfe einer Portverknüpfung c erfolgen. Des Weiteren gibt es die Möglichkeit, eine Konstante $C \in D_{xi}$ mit einem Port zu verknüpfen. Dann liegt immer der gleiche Wert an diesem Port an. Als dritte Möglichkeit kann eine Verknüpfung ein Datenbankverweis sein. In diesem Fall werden Daten von bzw. zu einer Datenbank übertragen. Das Merkmal V muss immer vorhanden sein, wenn der Port das Merkmal N (Notwendig) besitzt.

Statisch (S) / Zyklisch (Z) Ports werden entweder der statischen oder zyklischen Portgruppe zugeordnet. Statische Ports werden in der Regel nur während der Initialisierung der Komponenten gelesen bzw. geschrieben. Parameter sind daher typische statische Ports. Zyklische Ports werden bei jedem Aufruf gelesen und geschrieben. Prozessgrößen, z.B. Sensordaten, sind daher typische zyklische Ports.

Notwendig (N) / Optional (O) Ports mit dem Merkmal N müssen auf jeden Fall verknüpft werden. Entsprechend haben solche Ports immer eine Verknüpfung mit einer Komponente, einem konstanten Wert oder einem Datenbankverweis. Ports mit dem Merkmal O müssen nicht verknüpft werden. Das Verhalten einer Komponente, bei der ein optionaler Eingangsport nicht verknüpft ist, hängt von deren Implementierung ab. Ausgangsports sind immer optional. Notwendige Eingangsports stellen die benötigten (required) Schnittstellen dar.

Generisch (G) Ein Port kann generisch sein. Dies bedeutet, dass es möglich ist, mehrere Subports (SP) zu definieren. Dies wird dann benötigt, wenn die Anzahl der Ports variabel sein soll. Als Beispiel diene ein Addierer, der 1 bis n Eingangswerte addieren kann. Hierbei ist zu beachten, dass die grundsätzliche Möglichkeit, einen Ausgangsport auf mehrere Eingänge zu verschalten, immer möglich ist. Allerdings erhalten dann alle so verknüpften Eingänge dasselbe Datum. Bei generischen Ausgängen ist es möglich, mehrere Eingänge mit unterschiedlichen Daten zu versorgen.

6.1.2 Portinstanzen

An dieser Stelle wird das neu entwickelte Konzept der Portinstanzen vorgestellt, welche als Basis-Konnektoren zwischen den Komponenten dienen. Um eine stärkere Entkopplung zwischen verknüpften Komponenten zu erzielen, werden Ports nicht direkt miteinander verknüpft. Vielmehr werden diese über die so genannten Portinstanzen verbunden.

Definition 6.1 *Eine Portinstanz PI hat folgende zwei Eigenschaften:*

1. Sie besitzt eine eindeutige Identität.

2. Sie kann genau ein Datum $d \in D_{PI}$ mit D_{PI} als Alphabet der Portinstanz zwischenspeichern.

Durch die eindeutige Identität einer PI werden wesentlich weniger Querverweise zwischen verknüpften Komponenten notwendig. Anstelle eines Verweises auf einen bestimmten Port und einer anderen Komponenteninstanz sowie umgekehrt, wird jeweils nur noch ein Verweis auf die entsprechende Portinstanz benötigt. Diese Vorgehensweise hat den Vorteil, dass redundante Informationen vermieden werden. Die Möglichkeit inkonsistenter Daten ist reduziert.

Folgende Abbildung 6.3 soll dies verdeutlichen. Hierbei wird von folgender Portverknüpfung ausgegangen:

$$c_{2 \to 5} = (O_3 \to I_2), \tag{6.1}$$

wobei beide Datentypen INT sind.

Im linken Bild a) der Abbildung 6.3 ist eine Portverknüpfung ohne Portinstanz dargestellt. Deutlich erkennbar ist die redundante Information bezüglich des Datentyps, sowie die gegenseitige Referenzierung. Im rechten Bild b) wird dieselbe Verknüpfung mit Hilfe einer eindeutigen PI dargestellt. Die zuvor redundanten Informationen sind hier nicht mehr vorhanden.

Da Eingangsports nur mit Ausgangsports verbunden werden dürfen, wenn beide Alphabete identisch sind, ergibt sich für das Alphabet der verbindenden Portinstanz:

$$D_{PI} = D_{xi} = D_{yc(i)}. \tag{6.2}$$

Folgende Abstraktion kann für PIs herangezogen werden: Ein Ausgangsport schreibt seine Ausgabewerte in die PI und ein Eingangsport liest seine Eingabewerte aus der PI. PIs stellen die Verbindungslinie zwischen Komponenten dar. PIs sind Konnektoren und realisieren im Lösungsraum die Basisinteraktion (s. 2.4.2 und 7.1). Durch die Verwendung von ungepufferten PIs kann es zu den im vorangegangenen Kapitel beschriebenen Effekten der Über- und Unterabtastung kommen.

6.1 Komponenteneigenschaften

a)

Instanz 2	Instanz 5
Ausgangsport	Eingangsport
Nr: 3 Datentyp: INT	Nr: 2 Datentyp: INT
verknüpft mit Eingangsport: 2 von Instanz: 5	verknüpft mit Ausgangsport: 3 von Instanz: 2

b)

Instanz 2		Instanz 5
Ausgangsport		Eingangsport
Nr: 3		Nr: 2
verknüpft mit Portinstanz: 10	PI 10 Datentyp: INT	verknüpft mit Portinstanz: 10

Abbildung 6.3: a) Verknüpfung zweier Ports ohne PI b) Verknüpfung zweier Ports mit PI.

6.1.3 Aufrufeigenschaften

Komponenten werden im Regelfall bei Eintritt eines zyklischen Zeitereignisses mit einer bestimmten Zykluszeit aufgerufen. Um eine größere Flexibilität zu erzielen, kann der Aufruf noch an Bedingungen geknüpft werden, so dass der zyklische Aufruf unterdrückt werden kann. Durch diesen Mechanismus lassen sich Ablaufsteuerungen effektiver integrieren. Dies wird ausführlich in Abschnitt 8.2.3 beschrieben. Darüberhinaus lassen sich mit Hilfe der Bedingungen azyklische Komponentenaufrufe beschreiben.

Wie in Abschnitt 5.2 erläutert, reicht die Angabe einer Zykluszeit alleine nicht aus, um ein definiertes Verhalten einer Anwendung zu erreichen. Es muss zusätzlich die sequentielle Reihenfolge von Komponenten festgelegt werden (s.a. 7.3.2). Diese sequentielle Priorität gibt bei Komponenten mit gleicher Zykluszeit an, welche Komponente zuerst ausgeführt werden soll. Diejenige Komponente mit höherer sequentieller Priorität wird vor einer Komponente mit niedriger sequentieller Priorität ausgeführt.

Nachfolgende Abbildung 6.4 zeigt das *FODA*-Merkmalsdiagramm der Aufrufeigenschaften.

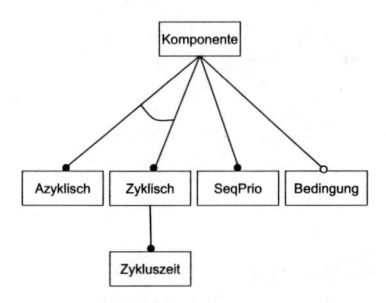

Abbildung 6.4: Merkmalsdiagramm der Aufrufeigenschaften einer Komponente.

Azyklisch (A) Eine Komponente kann azyklisch aufgerufen werden. Ist dies an eine Bedingung (B) geknüpft, so wird die Komponente nur aufgerufen, wenn die Bedingung erfüllt ist. Existiert keine Bedingung, dann wird die Komponente im Hintergrund ständig ausgeführt. Azyklische Komponenten sind ein Ausnahmefall. Sie erlauben nur bedingt eine zeitliche Analyse und sind im Regelfall schwer einzuplanen. Im Rahmen dieser Arbeit wird zwar die Integration von azyklischen Komponenten vorgesehen, jedoch werden diese nicht näher betrachtet[1].

Zyklisch (Z) Zyklische Komponenten sind der Regelfall. Sie besitzen eine Zykluszeit. Existiert zusätzlich eine Bedingung (B), wird die Komponente nur dann zum Startzeitpunkt aufgerufen, wenn diese Bedingung erfüllt ist. Zyklische Komponenten ohne Bedingungen werden entsprechend der Zykluszeit periodisch aufgerufen.

Zykluszeit (ZZ) Die Zykluszeit einer zyklischen Komponente gibt an, zu welchen zyklischen Startzeitpunkten eine Komponente gestartet wird.

seqPrio (P) Die sequentiellen Priorität einer Komponente legt fest, wann und in welcher Reihenfolge Komponenten mit gleicher Zykluszeit innerhalb ihrer Zeitebene aufgerufen werden.

Bedingung (B) Eine Bedingung ist eine logische Aussage. Ist diese *wahr*, so wird die Komponente aktiviert und kann beim nächsten Startzeitpunkt ausgeführt werden. Ansonsten ist die Komponente deaktiviert und wird nicht ausgeführt. Zur Beschreibung der logischen Aussage werden die Werte von Portinstanzen und somit die Ausgangsdaten anderer Komponenten genutzt.

6.1.4 Komponentenhierarchie

Grundlage für das in dieser Arbeit konzipierte Vorgehensmodell bildet die dreistufige Komponentenhierarchie, welche in Anlehnung an die objektorientierte Entwicklung für die Online-Konfiguration definiert wurde. Komponenten können prinzipiell in drei Ebenen eingeteilt werden: Komponentenskelett, Komponententyp und Komponenteninstanz. Diese werden folgendermaßen definiert:

Definition 6.2 *Ein **Komponentenskelett** definiert Eingangs- und Ausgangsports einer Komponente und realisiert die allgemeine Funktionalität, die allen Komponenten gemeinsam ist. Komponentenskelette sind unvollständig und daher nicht instanziierbar.*

Definition 6.3 *Ein **Komponententyp** vervollständigt ein Komponentenskelett durch die komponentenspezifische Funktionalität und ist instanziierbar. Ein Komponententyp besitzt keinen beobachtbaren Zustand.*

Definition 6.4 *Eine **Komponenteninstanz** ist ein vollständig konfigurierter, instanziierter Komponententyp mit einer abstrakten Identität und kann einen Zustand besitzen.*

---

[1]Es gibt mehrere Möglichkeiten, azyklische Komponenten in einem zyklischen System zu integrieren: [BB99]

6.1 Komponenteneigenschaften

Im Vergleich mit der objektorientierter Entwicklung können folgende Analogien gezogen werden: Ein Komponentenskelett entspricht einer abstrakten Klasse, ein Komponententyp entspricht einer Klasse und Komponenteninstanzen entsprechen den Objekten.

Wesentliche Merkmale sind, dass einem Komponententyp genau ein Komponentenskelett zugeordnet ist, während aus einem Komponentenskelett durchaus mehrere Komponententypen entstehen können. Zwischen Komponentenskeletten und -typen besteht also eine 1:n-Beziehung. Gleiches gilt für Komponententyp und Komponenteninstanz, da Komponententypen mehrfach instanziierbar sind. Jeder Komponenteninstanz ist genau ein Komponententyp zugeordnet. Komponenteninstanzen werden während des Beschreibungsprozesses beschrieben und während des Kompositionsprozesses erzeugt.

Rein theoretisch können die diversen Port- und Aufrufeigenschaften in jeder der drei Komponentenebenen festgelegt werden. Erst in der untersten Ebene, bei der Komponenten endgültig instanziiert werden, müssen alle Eigenschaften definiert sein. Je mehr Eigenschaften erst bei der Instanziierung festgelegt werden, desto flexibler ist die Komponente verwendbar. Der Grad der Online-Konfigurationsmöglichkeit ist entsprechend hoch. Jedoch geht diese Flexibilität häufig auf Kosten der Laufzeiteffizienz. Daher ist es praktikabel, gewisse Eigenschaften schon im Komponententyp bzw. im Komponentenskelett festzulegen. Dies stellt eine Kompromisslösung zur Erfüllung der konträren Anforderungen Laufzeiteffizienz (A1.4, A3.3) und Flexibilität (A1.6, A3.1) dar.

Deshalb wurde in dieser Arbeit in enger Zusammenarbeit mit Anwendern aus der Industrie eine Lösung erarbeitet, die eine hohe Laufzeiteffizienz mit möglichst hoher Flexibilität hinsichtlich der Online-Konfiguration gewährt. In Tabelle 6.1 ist dargestellt, welche Port- und Aufrufeigenschaften in welcher Ebene festgelegt werden.

	Komponenten- skelett	Komponenten- typ	Komponenten instanz
Typ	+	+	+
Datentyp	+	+	+
Verknüpfung	-	-	+
Statisch/Zyklisch	+	+	+
Notwendig/Optional	+	+	+
Generisch	+	+	+
Anzahl Subports	-	-	+
Azyklisch/Zyklisch	-	-	+
Zykluszeit	-	-	+
Seq. Priorität	-	-	+
Bedingung	-	-	+
- : variabel + : festgelegt			

Tabelle 6.1: Variable und festgelegte Eigenschaften bezüglich den drei Ebenen.

Die Portverknüpfungen, die Anzahl der Subports bei generischen Ports und das Ablaufverhalten und somit alle Aufrufeigenschaften sind konfigurierbar, während die Eigenschaften Typ, Datentyp, statisch, zyklisch, notwendig, optional und generisch schon im Komponententyp und somit zur Übersetzungszeit festgelegt sind.

Wie weiterhin aus Tabelle 6.1 ersichtlich wird, besitzen Komponentenskelett und Komponententyp die gleichen variablen und festgelegten Eigenschaften. Sie unterscheiden sich nur dadurch, dass beim Komponententyp die komponentenspezifische Funktion implementiert ist.

6.2 Komponenten im Problemraum

Komponenten werden mit Hilfe ihrer Eigenschaften beschrieben. Komponentenbeschreibungen spezifizieren die Eigenschaften einer Komponente, insbesondere deren Porteigenschaften. Da Komponenteninstanzen und Komponententypen bzw. -skelette durch unterschiedliche Eigenschaften festgelegt werden, wird zwischen Typbeschreibung und Instanzbeschreibung unterschieden. Typ- und Instanzbeschreibungen stellen die Umsetzung von ZDKs im Problemraum dar (vgl. [ZWLW02]).

6.2.1 Typ- und Instanzbeschreibung

Komponententypen werden mit Hilfe der **Typbeschreibung** definiert. Diese beschreibt die nicht konfigurierbaren Eigenschaften eines Komponententyps. Sie entspricht hauptsächlich einer Schnittstellenspezifikation der Komponente. Um Komponenten im Problemraum gezielt nutzen zu können, sollte in der Typbeschreibung zusätzlich die Funktion des Komponententyps angegeben sein. Anhand dieser Informationen kann ein Komponentennutzer eine geeignete Komponente auswählen. Weitere sinnvolle Informationen einer Typbeschreibung sind eine eindeutige Kennung, der Komponentenname, der Hersteller, eine Versionsnummer und das Erstelldatum.

Typbeschreibungen stellen die Abstraktionsgrenze 2 dar (vgl. Abb. 3.1, S. 20) und erfüllen die Anforderung, dass diese Grenze standardisiert ist.

Komponenteninstanzen werden mit Hilfe der **Instanzbeschreibung** definiert. Mit Hilfe einer Instanzbeschreibung werden die variablen Eigenschaften einer Komponente festgelegt, insbesondere die Verknüpfung und das Ablaufverhalten. In der Instanzbeschreibung wird eine eindeutige Instanznummer definiert und welcher Komponententyp dieser Instanz zugrunde liegt. Neben der systemweit eindeutigen globalen Instanznummer gibt es eine lokale Instanznummer, welche unterschiedliche Instanzen eines Komponententyps kennzeichnet. Instanzbeschreibungen entstehen während des Beschreibungsprozesses.

Der Aufbau der Typ- und Instanzbeschreibungen, wie er im Rahmen des *SOFIA*-Projektes spezifiziert wurde, wird in Abschnitt 6.7.1 und Abschnitt 6.7.2 dargestellt.

6.2.2 Musterbeschreibung

Zusätzlich zu der Typ- und Instanzbeschreibung können Komponenten noch sehr allgemein beschrieben werden. Eine Musterbeschreibung legt nur fest, wie viele Eingangs- bzw. Ausgangsports eine Komponente besitzt und welcher Datentyp den Ports zugeordnet ist. Weitere Eigenschaften sind noch nicht festgelegt. Musterbeschreibungen können zu Standardisierungszwecken genutzt werden. Hiermit kann das Aussehen bestimmter Komponenten festgelegt und eine gewisse Austauschbarkeit erreicht werden. Da eine solche Spezifikation von Standardkomponenten nicht Thema der vorliegenden Arbeit ist, soll auf diese Möglichkeit nur hingewiesen werden, ohne jedoch Musterbeschreibungen näher zu betrachten.

6.3 Beschreibungsprozess

Nachdem aufgezeigt wurde, wie Komponenten im Problemraum abgebildet werden, wird im Folgenden die Nutzung der Komponentenbeschreibungen während des Beschreibungsprozesses diskutiert.

Zuerst wählt der Komponentennutzer anhand der Typbeschreibungen diejenigen Komponenten aus, welche zur Lösung des Anwendungsproblems geeignet sind. Dann erzeugt er eine Konfigurationsbeschreibung (KB), gemäß der gewünschten Anwendung. Hier stellt sich die Frage, ob die KB die Konzepte des Lösungsraums oder die Konzepte des Problemraums beschreibt. Beide Alternativen haben ihre Vor- und Nachteile. Ist die KB Teil des Problemraums, so ist der Aufwand zum Erzeugen relativ gering und die KB ist vom Komponentennutzer einfach zu verstehen und zu interpretieren. Dies ist insbesondere wichtig, wenn KBs von der Zielplattform zurückgelesen werden sollen. Allerdings wird hierdurch der Kompositionsprozess komplexer. Dies kann aufgrund fehlender Ressourcen problematisch sein, auch wenn die Transformation in den Lösungsraum vor dem Start der eigentlichen Anwendung stattfindet. Ist die KB komplett im Lösungsraum beschrieben, findet die eigentliche Transformation schon beim Erzeugen der KB statt. Solche KBs sind jedoch kaum ohne geeignete Werkzeuge zu erstellen. Auch die „Lesbarkeit" einer solchen KB ist nicht mehr gegeben, da sie die Anwendung nicht auf der Abstraktionsebene der Problemstellung definiert.

6.3.1 ZDK-Modell als Konfigurationsbeschreibung

In der Praxis werden KBs daher häufig eine Mischform darstellen. Im vorliegenden Ansatz bietet sich eine ganz besondere Form der Konfigurationsbeschreibung an. Anwendungen werden mit Hilfe des vorgestellten ZDK-Modells beschrieben. Dieses ist stark an den Problemraum orientiert. Dennoch bietet sich zusätzlich die Möglichkeit, spezifische Probleme (z.B. Interaktionsmuster) sehr abstrakt im Problemraum zu beschreiben und dann automatisiert in ein ZDK-Modell zu transferieren. Die Umwandlung des ZDK-Format in den Lösungsraum findet dann auf der Zielplattform während des Kompositionsprozesses statt (vgl. Abb. 6.5).

Wesentlicher Vorteil dieser Vorgehensweise ist, dass der Konfigurationsbeschreibung ein formales Modell zugrunde liegt. Daher können Komponentennut-

Vorgehensweise für die Online-Konfiguration

```
                 Transformation          Transformation
                 im Beschreibungs-       im Kompositions-
                     prozess                  prozess
  ┌───────────┐  ┌─────────┐  ┌───────────┐  ┌─────────┐  ┌───────────┐
  │Problemraum│═▶│         │═▶│ ZDK-Modell│═▶│         │═▶│Lösungsraum│
  └───────────┘  └─────────┘  └───────────┘  └─────────┘  └───────────┘
                              Konfigurations-
                              beschreibung
```

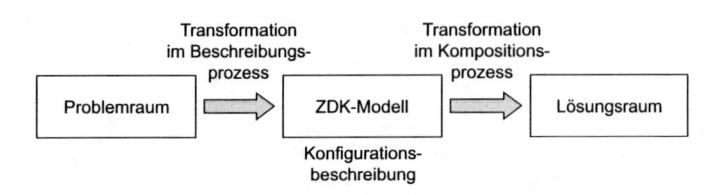

Abbildung 6.5: Zusammenhang zwischen Anwendungsbeschreibung im Problemraum, als Konfigurationsbeschreibung (ZDK-Modell) und im Lösungsraum

zer Anwendungen weitestgehend vollständig beschreiben. Es wird nicht nur die Struktur, sondern auch das gewünschte Verhalten spezifiziert. Benutzen sowohl Komponentennutzer als auch Komponentenframeworkentwickler das ZDK-Modell als Grundlage, so können beide unabhängig voneinander Konfigurationsbeschreibungen erstellen bzw. interpretieren.

Wie schon dargestellt, entstehen Konfigurationsbeschreibungen als Ergebnis des Beschreibungsprozesses und dienen direkt als Eingabe für den Kompositionsprozess. Das ZDK-Modell, welches als Grundlage für die Konfigurationsbeschreibung dient, besteht aus Komponenteninstanzen und deren Verknüpfungen.

Da während des Beschreibungsprozesses definiert wird, welche Komponenten verwendet werden, wie diese verknüpft sind, wann diese aufgerufen werden und wie sie Daten austauschen, müssen diese Aspekte auch in der Konfigurationsbeschreibung dargestellt werden. Dies bedeutet, dass die zuvor genannten Aspekte in das ZDK-Modell transferiert werden müssen. Die folgende Tabelle 6.2 zeigt, mit welchen Konzepten die Darstellung in der Konfigurationsbeschreibung erfolgt.

Aspekt	Realisiert durch	Beschrieben durch
funktionaler Aspekt	Komponenteninstanz	Instanzbeschreibung
Datenflussaspekt	Portinstanz	PI-Beschreibung
Kontrollfluss-/Zeitaspekt	(bedingtes) Zeitereignis	Instanzbeschreibung
Interaktionsaspekt	Komm.-komponente	Instanzbeschreibung

Tabelle 6.2: Umsetzung der konfigurierbaren Aspekte in eine Konfigurationsbeschreibung.

Der Typ der verwendeten Komponenten und die Aufrufeigenschaften werden durch Instanzbeschreibungen angegeben und Verknüpfungen mit Hilfe von Portinstanzen. Hierzu wird eine Portinstanz beschrieben und die jeweils verknüpften Ports erhalten einen Verweis auf diese PI.

Zusätzlich gibt es noch die Möglichkeit Eingangsports mit einer Konstanten $C \in D_{PI} = D_{xi}$ zu belegen. Hierzu wird dieser konstante Wert direkt der zugehörigen PI zugeordnet. Die PI wird sozusagen mit einem konstanten Wert gefüllt. Des Weiteren kann der PI ein Datenbankzugriff zugeordnet werden. Dies geschieht, indem der PI eine Kennung mitgeteilt wird, über die der Datenbankaustausch koordiniert wird.

6.3 Beschreibungsprozess

Komplexer ist die Beschreibung diverser Interaktionsmuster. Hierfür wurden Kommunikationskomponenten als eine Art Konnektor konzipiert (s. 7.1.2). Kommunikationskomponenten können wie andere Komponenten mit Instanzbeschreibungen beschrieben und in das ZDK-Modell integriert werden. Wie sie genutzt werden können, wird ausführlich in Abschnitt 8.3 diskutiert.

Zusammenfassend lässt sich der Beschreibungsprozess folgendermaßen formulieren: Der Komponentennutzer wählt geeignete Komponenten anhand der Typbeschreibung aus. Die Bildung von einzelnen Instanzen erfolgt durch das Erzeugen entsprechender Instanzbeschreibungen. Hierdurch werden die variablen Eigenschaften einer Komponenten festgelegt. Verknüpfungen werden durch die Beschreibung einer Portinstanz und entsprechende Referenzierung abgebildet. Eventuelle Interaktionsmuster können durch das „Dazwischenschalten" geeigneter Kommunikationskomponenten hinzugefügt werden. Ergebnis dieser Prozesses ist eine Konfigurationsbeschreibung, welche aus einer Liste von Komponenten (Instanzbeschreibungen) und einer Liste von Konnektoren (PI-Beschreibungen) besteht.

Die Struktur der Konfigurationsbeschreibung, wie sie im Rahmen des *SOFIA*-Projektes spezifiziert wurde, wird in Abschnitt 6.7.4 dargestellt.

6.3.2 Gerätebeschreibung

Da eingebettete Systeme hinsichtlich Hardware und auch Software stark variieren, werden Informationen über das Zielsystem benötigt, um Anwendungen ordnungsgemäß zu konfigurieren. Diese Informationen werden in der so genannten Gerätebeschreibung (GB) zur Verfügung gestellt. Hier werden allgemeine Systemeigenschaften, wie z.B. Prozessorleistung und -typ, Speicherplatz, Taskwechselzeiten, usw. beschrieben.

Das zentrale Element der Gerätebeschreibung hinsichtlich der Online-Konfiguration ist jedoch die Angabe, welche Komponententypen im System zur Verfügung stehen. Da die Komponententypen als ausführbare Einheiten in der Komponentenbibliothek abgelegt sind und im Regelfall ein Nachladen von Komponenten nicht möglich ist, müssen dem Anwendungsentwickler die nutzbaren Komponententypen bekannt sein. Hierzu besitzt die Gerätebeschreibung eine Liste mit Verweisen auf die entsprechenden Typbeschreibungen.

Zusätzlich kann die Gerätebeschreibung noch Informationen beinhalten, die für Plausibilitätstest und zur Verifikation der vom Anwendungsentwickler beschriebenen Systemkonfiguration dienen. Dies können zum Beispiel Angaben zur maximalen Laufzeit (*worst case execution time*), zum Speicherplatzbedarf und zu weiteren Rahmenbedingungen einzelner Instanzen eines Komponententyps sein.

Die Gerätebeschreibung besteht neben der Liste frei instanziierbarer Komponententypen zusätzlich aus einer Liste der zur Verfügung stehenden Systeminstanzen (s. 5.6). Hat ein Gerät zum Beispiel acht analoge Eingänge, so könnte es entsprechende acht Systeminstanzen (`ANALOG1` bis `ANALOG8`) des Komponententyps `ANALOG` besitzen. Jede Systeminstanz ist eindeutig einem Analogeingang zugeordnet. Es ist nicht möglich, weitere Instanzen des Komponententyps `ANALOG` zu bilden.

Vorgehensweise für die Online-Konfiguration

Des Weiteren beinhaltet die GB eine Liste der verfügbaren Kommunikationskomponenten (s. 7.1.2).

Gerätebeschreibungen stellen ein wichtiges Element zur Unterstützung des Beschreibungsprozesses dar. Insbesondere, wenn dieser mit Hilfe eines Werkzeuges durchgeführt wird. Sollen Werkzeuge herstellerübergreifend austauschbar sein, erleichtert eine standardisierte Gerätebeschreibung einen Umstieg auf ein anderes Produkt. Im Rahmen des *SOFIA*-Projektes wurde daher die Gerätebeschreibung standardisiert [Zim04].

6.4 Komponenten im Lösungsraum

Nachdem Komponenten im Problemraum ausführlich behandelt wurden, wird nachfolgend auf die Realisierung von Komponenten im Lösungsraum eingegangen. Die in Abbildung 4.2 (Online-Konfiguration, S. 32) dargestellten Komponenten der Komponentenbibliothek stellen ausführbare Komponententypen dar.

Das in Kapitel 5 erarbeitete abstrakte Komponentenmodell einer ZDK lässt sich auf verschiedene Arten im Lösungsraum implementieren. Ein Komponentenmodell ist jedoch nur dann vollständig, wenn Vorschriften spezifiziert werden, die regeln, wie Komponenten implementiert werden müssen. Solche Vorschriften gewährleisten, dass Komponenten austauschbar und kompatibel zueinander sind. Des Weiteren erleichtern sie die Portierbarkeit auf andere Hardwareplattformen. Ein Komponentenentwickler, der sich an diese Vorschriften hält, kann davon ausgehen, dass die entwickelte Komponente korrekt mit dem Komponentenframework kommunizieren kann.

Eine ZDK besteht gemäß Definition 5.12 aus zwei Portgruppen. Eine, welche für die Bearbeitung der statischen Ports zuständig ist, und eine für die zyklischen Ports. Beiden Portgruppen kann nun jeweils genau ein Funktionsaufruf zugeordnet werden. Diese Funktion wird dann vom Komponentenframework aufgerufen, wenn das entsprechende Ereignis eintritt. Neben diesen beiden Funktionen werden jeweils noch Funktionen zum Bilden und Zerstören von Komponenteninstanzen benötigt. Jeder Komponententyp deklariert folgende vier Komponentenfunktionen, die er dem Komponentenframework zur Verfügung stellt:

- Instanziierung- und Initialisierungsfunktion,

- Aktualisierungsfunktion,

- Zyklische Hauptfunktion und

- Zerstörungs- und Freigabefunktion.

Bei den bestehenden Ansätzen, wie *Port Based Objects* oder *ControlShell*, existieren zusätzliche Funktionen. So gibt es Funktionen für die dynamische Rekonfiguration (z.B. `timingChanged` bei *ControlShell*), für zusätzliches Verhalten (z.B. `disable` bei *ControlShell*) und für das Verhalten bezüglich bestimmter Zustände (z.B. `sampleOff` bei PBOs). Aus Gründen der Allgemeinheit, werden in dieser Arbeit nur die vier oben beschriebenen Funktionen definiert. Zusätzliches

6.4 Komponenten im Lösungsraum

Verhalten ist im Regelfall anwendungsabhängig und sollte daher nicht innerhalb der Komponente definiert werden, sondern vom Komponentenframework realisiert sein.

6.4.1 Instanzdatenbereich

Da Komponententypen mehrfach instanziierbar sind, müssen alle Funktionen eines Komponententyps reentrant sein. Reentrant bedeutet, dass es möglich ist, die Funktionen von mehreren Prozessen aus gleichzeitig zu verwenden. Damit ein Prozess nun nicht die Daten des anderen Prozesses verändert, dürfen keine globalen Variablen verwendet werden. Vielmehr muss jede Instanz ihren eigenen Datenbereich besitzen. Gleichzeitig dient eine Referenz auf diesen Instanzdatenbereich als eindeutige Identität einer Komponenteninstanz. Im Vergleich zu objektorientierter Programmierung entspricht dies den Objektdaten und der Objektreferenz[2].

Im Instanzdatenbereich werden die instanzspezifischen Daten abgespeichert. Dies sind im Wesentlichen Informationen, wie Instanznummer, Zykluszeit und Verweise auf Portinstanzen, die mit den Ports verbunden sind. Darüberhinaus können statische Daten, die ihre Gültigkeit auch zwischen den einzelnen Komponentenaufrufen beibehalten müssen, dort abgelegt werden. Den eigentlichen Aufbau des Instanzdatenbereichs wird vom Komponententyp festgelegt. In Anhang B.3 ist ein beispielhafter Aufbau des Instanzdatenbereichs, wie er im Rahmen der Beispielimplementierung definiert wurde, dargestellt.

Da Komponenten nicht direkt mit anderen Komponenten kommunizieren, sondern ausschließlich mit dem Komponentenframework als Vermittler, werden die Portverknüpfungen nur indirekt der Komponenteninstanz mitgeteilt. Es existiert eine Struktur, im Folgenden als `PORTINFO` oder Portdatenbereich bezeichnet, die alle wichtigen Daten einer Portinstanz (vgl. 6.1.2) beinhaltet. Jedem Port lässt sich ein Verweis auf einen Portdatenbereich zuordnen und somit eine eindeutige Zuordnung von einem Port zu einer Portinstanz. Der Aufbau der Struktur `PORTINFO` wird im Komponentenframework festgelegt und ist den Komponenten nicht bekannt. Im Anhang B.4 ist die Struktur `PORTINFO`, wie sie in der Beispielimplementierung realisiert wurde, dargestellt. Die Zugriffsrechte des Komponentenframeworks und der Komponententypen auf die Elemente der beiden Strukturen `INSTANCE_DATA` und `PORTINFO` sind in Tabelle 6.3 dargestellt.

Diese Zugriffsrechte dienen der Kapselung von Daten. Dadurch sind Komponenten und Komponentenframework weniger stark gekoppelt. Ändert sich die Implementierung einer der beiden Strukturen, so betrifft dies jeweils nur den Teil, der auf die Elemente der Strukturen zugreift.

---

[2]Entsprechend einfach ist ein solches Konzept in objektorientierten Programmiersprachen umsetzbar. Aber auch in anderen Programmiersprachen, wie z.B. C, sind diese Konzepte realisierbar. So wurde die Beispielimplementierung im Rahmen des *SOFIA*-Projekts in C implementiert.

Vorgehensweise für die Online-Konfiguration

	Komponententyp	Komponentenframework
Zugriff auf Elemente von INSTANCE_DATA	ja	-
Zugriff auf Elemente von PORTINFO	-	ja

Tabelle 6.3: Zugriffsrechte auf die Elemente der Strukturen INSTANCE_DATA und PORTINFO.

6.5 Komponentenentwicklung

Nachdem bekannt ist, wie Komponenten im Problemraum und im Lösungsraum definiert sind, wird nachfolgend die Transformation der Komponenten zwischen diesen beiden Räumen betrachtet. Der Komponentenentwickler ist die zentrale Schnittstelle bei dieser Transformation. Hierbei lassen sich prinzipiell zwei Vorgehensweisen identifizieren:

1. Der Komponentenentwickler implementiert eine Komponente im Lösungsraum. Anschließend wird eine äquivalente Typbeschreibung im Problemraum erstellt.

2. Der Komponentenentwickler (oder der Komponentennutzer) beschreibt die Komponente abstrakt als Typbeschreibung im Problemraum. Anschließend wird daraus eine Implementierung im Lösungsraum erstellt.

Die zweite Vorgehensweise hat einige wesentliche Vorteile. Zum einen können Komponenten abstrakter spezifiziert werden. Zum anderen lässt sich die Transformation vom Problemraum in den Lösungsraum einfacher automatisieren als umgekehrt, da die maschinelle Interpretation von Typbeschreibungen weniger komplex ist als die des Programmcodes.

Während der Transformation findet auch der Übergang der Schnittstellen des Problemraums in die Schnittstellen des Lösungsraum statt.

Die Ports einer Komponente stellen die Schnittstellen im Problemraum dar und sind die für den Komponentennutzer sichtbaren Schnittstellen. Die im Lösungsraum existierenden Schnittstellen (Funktionsaufrufe) sind die für den Komponentenentwickler sichtbaren Schnittstellen. Durch die Verwendung dieser Funktionsschnittstellen „verschwinden" die Problemraum-Schnittstellen einer Komponenten.

Im Folgenden wird auf die einzelnen Bestandteile eines Komponententyps im Lösungsraum detailliert eingegangen und aufgezeigt, wie diese aus den Informationen der Typbeschreibung konstruiert werden können. Durch diese Transformation entsteht ein Komponentenskelett. Als Beispiel wird im Anhang B.3 eine solche Transformation dargestellt. Das Komponentenskelett muss vom Komponentenentwickler noch mit der komponentenspezifischen Funktion vervollständigt werden.

6.5.1 Instanzdatenbereich

Die Struktur für den Instanzdatenbereich eines Komponententyps kann gemäß des Listings 6.1 konstruiert werden. Konstrukte, die nicht aus den Daten der Typbeschreibung erzeugt werden können, sondern vom Komponentenentwickler explizit hinzugefügt werden müssen, sind durch eckige Klammern gekennzeichnet.

Listing 6.1: Konstruktion des Instanzdatenbereichs.

```
1  Füge hinzu: Element globale Instanznummer;
2  Für alle: Ports {
3    Füge hinzu: Zeigerelement auf Portdatenbereich;
4  }
5  Für alle: generischen Ports {
6    Füge hinzu: Element für Anzahl Subports;
7    Füge hinzu: Zeigerelement auf Array mit Zeigern
8                auf Portdatenbereiche;
9  }
10 Für alle: statischen Ports {
11   Füge hinzu: Element Portdatenwert;
12 }
13 Wenn (lokale Instanznummer wird benötigt) {
14   Füge hinzu: Element lokale Instanznummer;
15 }
16 Wenn (Zykluszeit wird benötigt) {
17   Füge hinzu: Element Zykluszeit;
18 }
19 <Füge hinzu: komponentenspezifische statische Daten>
```

Die Elemente des Instanzdatenbereichs stellen Platzhalter für die variablen Eigenschaften einer Komponente dar. Die entsprechenden Informationen werden während der Instanziierung eingetragen.

6.5.2 Instanziierungs- und Initialisierungsfunktion

Aufgabe der Instanziierungs- und Initialisierungsfunktion, im Folgenden kurz *Init-Funktion* genannt, ist es, den Speicherplatz für den Instanzdatenbereich zu reservieren und die entsprechenden Daten der zu bildenden Komponenteninstanz in diese Struktur einzutragen. Die globale Instanznummer wird hierbei beim Aufruf der Init-Funktion als Parameter mitgeliefert. Mit Hilfe dieser Instanznummer kann die Init-Funktion alle instanzrelevanten Daten vom Komponentenframework abfragen und den Instanzdatenbereich mit den erhaltenen Daten initialisieren. Als Rückgabewert der Init-Funktion wird die Referenz auf den Instanzdatenbereich zurückgegeben. Diese Referenz wird als Instanzreferenz bezeichnet und wird vom Komponentenframework benutzt, um bei Aufruf anderer Komponentenfunktionen auf die entsprechende Instanz zu verweisen.

Die Init-Routine des zugrundeliegenden Komponentenskeletts ergibt sich gemäß Listing 6.2 aus den Informationen der Typbeschreibung.

Listing 6.2: Konstruktion der Init-Funktion.

```
1  Reserviere: Speicher für den Instanzdatenbereich
2             INSTANCE_DATA;
3  Setze: globale Instanznummer in INSTANCE_DATA;
4  Für alle: Ports {
5    Hole: Referenz auf Portdatenbereich;
6    Setze: Referenz in INSTANCE_DATA;
7  }
8  Für alle: generischen Ports {
9    Hole: Anzahl Subports;
10   Reserviere: Speicher für Zeigerarray auf
11               Portdatenbereiche der Subports;
12   Für alle: Subports dieses Ports {
13     Hole: Referenz auf Portdatenbereich;
14     Setze: Referenz in Zeigerarray;
15   }
16 Wenn (lokale Instanznummer wird benötigt) {
17   Hole: lokale Instanznummer;
18   Setze: lokale Instanznummer in INSTANCE_DATA;
19 }
20 Wenn (Zykluszeit wird benötigt) {
21   Hole: Zykluszeit;
22   Setze: Zykluszeit in INSTANCE_DATA;
23 }
24 <Komponentenspezifische Initialisierung>
25 Aufruf: Aktualisierungsfunktion;
26 Rückgabe: Instanzreferenz auf INSTANCE_DATA;
```

Ports mit dem Merkmal *generisch* müssen gesondert behandelt werden. So muss zuerst in Schritt 9 die Anzahl der Subports festgestellt werden. Anschließend kann in Schritt 10 entsprechend der Subportanzahl Speicher für die Verweise auf die Portdatenbereiche reserviert werden. Diese Verweise werden in Schritt 13 geholt und im Schritt 14 in die zuvor reservierte Datenstruktur eingetragen. In Schritt 25 wird automatisch die Aktualisierungsfunktion aufgerufen.

Die Init-Funktion entspricht einem Konstruktor, wie man ihn von objektorientierten Sprachen kennt.

6.5.3 Aktualisierungsfunktion

Da die statischen Ports maßgeblich zum Setzen von Parameterwerten benutzt werden, wird die entsprechende Funktion nur aufgerufen, wenn diese Werte aktualisiert werden müssen. Entsprechend wird diese Funktion als *Aktualisierungsfunktion* bezeichnet. Sie wird automatisch von der Init-Funktion aufgerufen. Zur Identifikation der entsprechenden Komponenteninstanz dient die Instanzreferenz.

Die Aktualisierungsfunktion lässt sich durch die Informationen aus der Typbeschreibung folgendermaßen konstruieren (s. Listing 6.3):

6.5 Komponentenentwicklung

Listing 6.3: Konstruktion der Aktualisierungsfunktion.

```
1  Für alle: statischen Eingangsports {
2    Lese: aktuell anliegender Datenwert;
3    Setze: Datenwert in INSTANCE_DATA;
4  }
5  <Führe aus: statische Ausgabefunktion>
6  Für alle: statischen Ausgangsports {
7    Schreibe: berechneter Datenwert;
8    Setze: Datenwert in INSTANCE_DATA;
9  }
```

Das Lesen und Schreiben von statischen Ports schließt eventuelle Subports generischer Ports mit ein.

Prinzipiell kann das Komponentenframework jederzeit die Aktualisierungsfunktion aufrufen, wenn sich Parameter der Komponenteninstanz geändert haben. Hierbei ist allerdings darauf zu achten, dass dies zu instabilem Verhalten führen kann. Das Komponentenframework muss in diesem Fall dafür sorgen, dass bei Auftreten eines Aktualisierungsereignisses die Komponente in einem sicheren Zustand ist. Im Rahmen dieser Arbeit wird im Folgenden davon ausgegangen, dass die Aktualisierungsfunktion nur während der Instanziierungs- und Initialisierungsphase aufgerufen wird, d.h., dass sich die statischen Eingabewerte, wie der Name besagt, nicht während der Laufzeit ändern.

6.5.4 Zyklische Hauptfunktion

Die eigentliche Hauptfunktion wird im Regelfall zyklisch mit einer durch die Konfigurationsbeschreibung festgelegten Zykluszeit vom Komponentenframework aufgerufen. Als Identifikation der Komponenteninstanz dient wiederum die Instanzreferenz.

Die zyklische Hauptfunktion lässt sich folgendermaßen durch die Informationen aus der Typbeschreibung konstruieren (s. Listing 6.4):

Listing 6.4: Konstruktion der zykl. Hauptfunktion.

```
1  Für alle: zyklischen Eingangsports {
2    Lese: aktuell anliegender Datenwert;
3  }
4  <Führe aus: zyklische Ausgabefunktion>
5  Für alle: zyklischen Ausgangsports {
6    Schreibe: berechneter Datenwert;
7  }
```

Das Lesen und Schreiben von zyklischen Ports schließt eventuelle Subports generischer Ports mit ein.

6.5.5 Zerstörungs- und Freigabefunktion

Als letzte Funktion wird noch eine Zerstörungs- und Freigabefunktion benötigt, welche den Speicher, den eine Instanz reserviert hat, freigibt.

Die Zerstörungs- und Freigabefunktion lässt sich folgendermaßen durch die Informationen aus der Typbeschreibung konstruieren (s. Listing 6.5):

Listing 6.5: Konstruktion der Freigabefunktion.

```
1  <Freigabe: komponentenspezifischer Speicher>
2  Für alle: generischen Ports {
3      Freigabe: Speicher für Zeigerarray;
4  }
5  Freigabe: Speicher für Instanzdatenbereich INSTANCE_DATA;
```

Sie entspricht einem Destruktor, wie er bei objektorientierten Sprachen Verwendung findet.

6.6 Entwicklungsprozess

Aus der in den vorangegangen Kapiteln dargestellten Vorgehensweise für die Online-Konfiguration ergibt sich ein übergeordneter Entwicklungsprozess. Dieser lässt sich in folgende drei Phasen einteilen: Komponentenentwicklung, Beschreibungsprozess und Kompositionsprozess. Die Komponentenentwicklung und der Beschreibungsprozess finden außerhalb der Zielplattform auf einem Entwicklungsrechner statt. Entsprechende Werkzeuge können diese Entwicklungsschritte unterstützen.

6.6.1 Komponentenentwurfswerkzeug

Während der Komponentenentwicklung muss darauf geachtet werden, dass die Komponente gemäß dem Komponentenmodell entwickelt wird. Der Entwickler kann mit Hilfe von entsprechenden Werkzeugen dahingehend unterstützt werden. Dadurch wird die Entwicklung einfacher und sicherer. Die Vollständigkeit und Korrektheit von Beschreibungen lassen sich überprüfen. Zusätzlich kann die Konstruktion eines Komponentenskeletts gemäß der im vorangegangen Kapitel beschriebenen Methoden automatisiert werden. Dadurch lassen sich korrekte und vollständige Komponentenskelette erzeugen. Ein solches Komponentenentwurfswerkzeug wurde im Rahmen dieser Arbeit prototypisch entwickelt. Hierbei wurden insbesondere drei Funktionalitäten implementiert.

- Grafisches Design der Komponenten zur Definition der Anzahl der Ports und deren Eigenschaften gemäß Tabelle 6.1 (Typ, Datentyp, statisch/zyklisch, notwendig/optional, generisch). Zusätzliche Dialoge zur Angabe allgemeiner Komponentendaten (Name, Version, etc.).

- Lesen und Schreiben (Generierung) von Typbeschreibungen mit Test auf Vollständigkeit und Korrektheit.

- Automatische Transformation der Typbeschreibung in ein Komponentenskelett mit Hilfe automatischer Codegenerierung.

6.6 Entwicklungsprozess

Der Prozess der Komponentenentwicklung mit Hilfe des Komponentenentwurfswerkzeuges ist in Abbildung 6.6 dargestellt. Der Entwickler kann auf einfache Art und Weise eine Komponente intuitiv mit Hilfe einfacher Dialoge entwerfen (1). Existiert zusätzlich eine Musterbeschreibung, so kann diese als Vorlage genutzt werden (2). Gemäß des grafisch entworfenen Komponentendesigns wird automatisch die Typbeschreibung (3) generiert. Es können auch existierende Typbeschreibungen eingelesen werden. Daraufhin lässt sich das Komponentenskelett (4) gemäß der Typbeschreibung automatisch generieren. Das Komponentenskelett erfüllt hierbei alle Anforderungen des Komponentenmodells. Die komponentenspezifische Funktionalität kann anschließend mit herkömmlichen Entwicklungstools implementiert werden (5). Bei dem automatisch erzeugten Code des Komponentenskeletts sind die Stellen markiert, an denen gegebenenfalls noch Ergänzungen einzufügen sind. Ergebnis des letzten Schrittes ist ein Komponentantyp, der nun abschließend auf das Zielsystem übersetzt wird (6). Ein Beispiel für eine Komponente im Problemraum und ihrer Entsprechung im Lösungsraum findet sich in Anhang B.3.

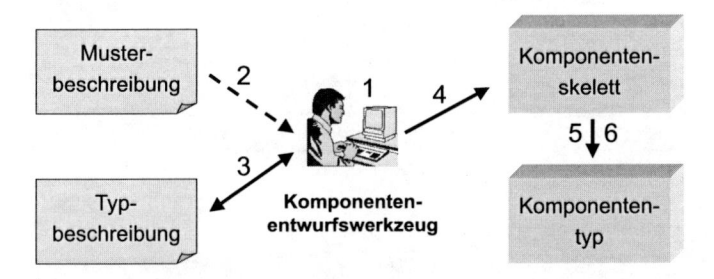

Abbildung 6.6: Komponentenentwicklung mit dem Komponentenentwurfswerkzeug.

Nachfolgende Abbildung 6.7 zeigt zwei Screenshots des im Rahmen dieser Arbeit und für das *SOFIA*-Projekt entwickelten Komponentenentwurfswerkzeuges.

Durch die einfache grafische Erstellung von Komponententypen und die automatische Generierung des Komponentenskeletts werden die in Abschnitt 3.3 definierten Anforderungen A2.7 und A2.8 erfüllt.

6.6.2 Konfigurationswerkzeug

Der Beschreibungsprozess besteht im Wesentlichen aus der Erstellung einer Konfigurationsbeschreibung. Bei der Erzeugung der Konfigurationsbeschreibung kann der Entwickler von einem grafischen Konfigurationswerkzeug unterstützt werden. Hierdurch wird zum einen die Entwicklung einfacher und zum anderen kann die Vollständigkeit und Korrektheit überprüft werden.

Nachfolgend werden die wesentlichen Funktionen eines solchen Konfigurationswerkzeuges aufgezählt.

Vorgehensweise für die Online-Konfiguration

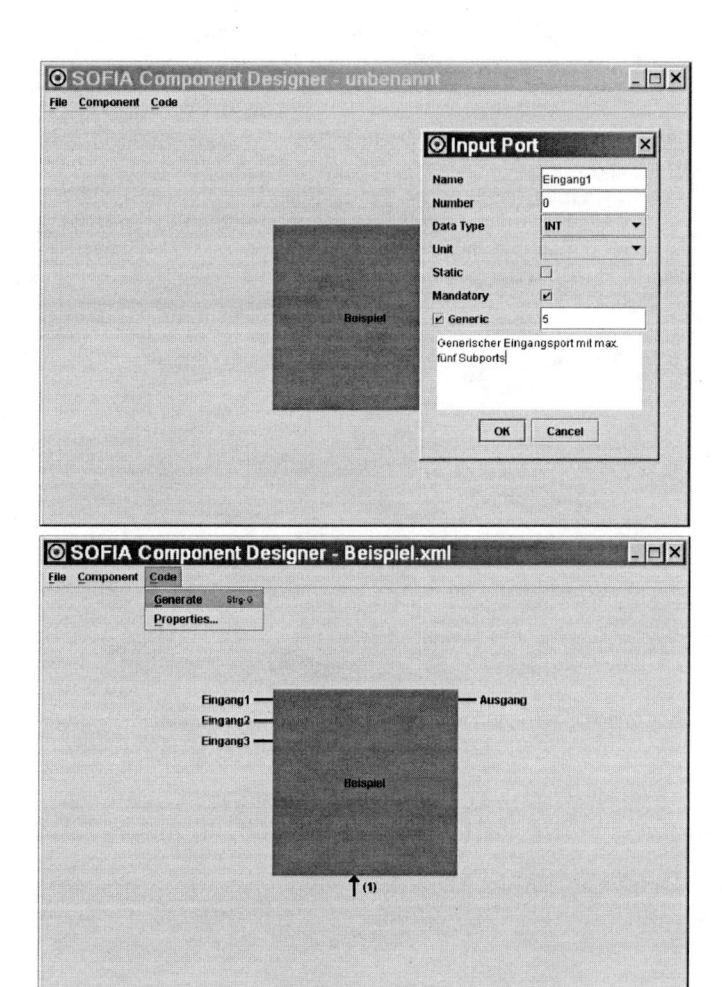

Abbildung 6.7: Screenshots des Komponentenentwurfswerkzeuges. Oben: Dialog für Porteigenschaften. Unten: Vollständiges Komponentendesign zur automatischen Generierung des Komponentenskeletts.

6.6 Entwicklungsprozess

- Grafische Darstellung der Komponenten gemäß Typbeschreibung.
- Einlesen von Typbeschreibungen und Gerätebeschreibungen.
- Einfaches Bilden von Komponenteninstanzen durch „drag and drop".
- Einfaches grafisches Verknüpfen der Ports.
- Zuweisen von Zykluszeiten zu den Komponenteninstanzen.
- Automatische und interaktive Festlegung der Abarbeitungsreihenfolge der Komponenteninstanzen.
- Automatische Generierung der Konfigurationsbeschreibung.
- Grafische Darstellung eingelesener Konfigurationsbeschreibungen.
- Möglichkeit abstraktere Konzepte des Problemraums einfach zu konfigurieren (z.B. komplexe Interaktionsmuster).
- Plausibilitätstests, Konsistenzüberprüfung und (formale) Verifikation.
- Unterstützung von Makro-Bildung, d.h. Unterstützung von Kompositionskomponenten.
- Online-Kommunikation mit dem Zielsystem zum Down- und Upload von Konfigurationsbeschreibungen, zum Starten und Stoppen des Zielsystems und zum Debuggen (Darstellen zurückgelesener Portdaten).

Der Ablauf des Beschreibungsprozesses mit Hilfe des Konfigurationswerkzeuges ist in Abbildung 6.8 dargestellt. Der Benutzer kann die Gerätebeschreibung des Zielsystems einlesen (1). Dabei werden automatisch die Typbeschreibungen (2) der zur Verfügung stehenden Komponententypen eingelesen. Ebenso werden dem Anwendungsentwickler die Systeminstanzen des Zielsystems dargestellt. Anschließend kann auf grafische Weise eine neue Anwendung entwickelt werden (3). Als Ergebnis wird automatisch eine Konfigurationsbeschreibung generiert (4).

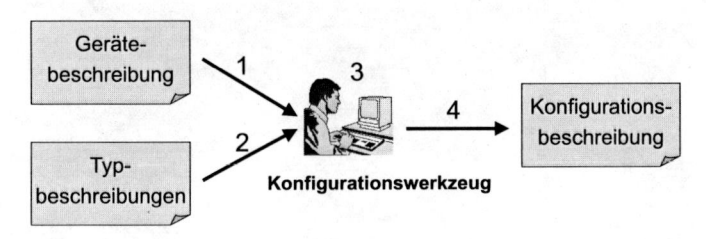

Abbildung 6.8: Beschreibungsprozess mit dem Konfigurationswerkzeug.

Indem die wesentlichen domänenspezifischen Konzepte der Steuerungs- und Regelungstechnik verwendet werden, können Anwendungen grafisch entwickelt

Vorgehensweise für die Online-Konfiguration

werden. Spezielles Wissen über implementierungsspezifische Details oder systemnahe Programmierung ist weitestgehend nicht notwendig. Daher sind die Anforderungen A2.1 und A2.2 erfüllt.

Ein Konfigurationswerkzeug, welches die wesentlichsten Funktionalitäten realisiert, wurde im Rahmen des *SOFIA*-Projektes von dem Projektpartner 3S-Smart Software Solutions prototypisch entwickelt. In Abbildung 6.9 sind zwei Screenshots mit freundlicher Genehmigung der Firma 3S dargestellt.

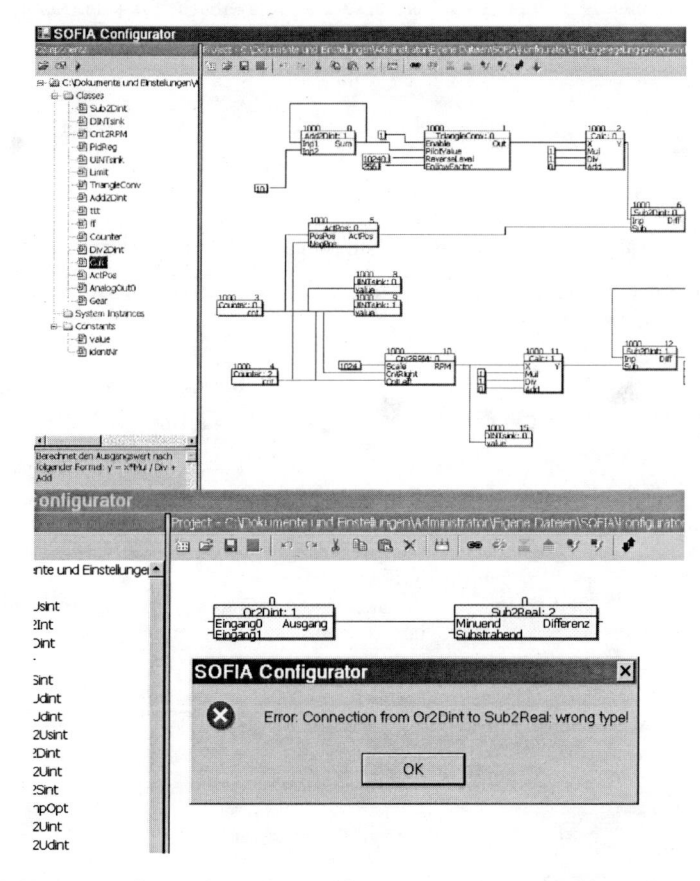

Abbildung 6.9: Screenshots des Konfigurationswerkzeuges. Oben: Design eines Drehzahlregelkreises. Unten: Beispiel für Konsistenzüberprüfung: Fehlerhafte Verknüpfung.

6.6 Entwicklungsprozess

Festlegung der Abarbeitungsreihenfolge

Bei Komponenteninstanzen mit gleicher Zykluszeit ist eine Festlegung der Abarbeitungsreihenfolge für ein deterministisches Verhalten absolut notwendig (vgl. 5.2). Diese Reihenfolge ergibt sich meist direkt aus dem Datenfluss. So muss z.B. eine Komponente, deren Ergebnis von einer anderen Komponente benutzt wird, vor dieser aufgerufen werden. Die Abarbeitungsreihenfolge muss in der Konfigurationsbeschreibung angegeben werden. Dies kann vom Tool unterstützt werden, indem automatisch aus dem Datenfluss eine Abarbeitungsreihenfolge ermittelt wird. Die Reihenfolge kann vom Benutzer interaktiv verändert werden.

Eine manuelle Anpassung ist vor allem deshalb nötig, weil bei Rückkopplungen die Abarbeitungsreihenfolge nicht eindeutig bestimmt werden kann. Diese Mehrdeutigkeit kann mit Hilfe von Zusatzregeln aufgehoben werden. Bei geschlossenen Datenflüssen wird zum Beispiel mit der Komponenteninstanz begonnen, die sich in der grafischen Repräsentation des Regelkreises links oben befindet.

Problemraumspezifische Konzepte

Das Werkzeug kann auch dafür genutzt werden, bestimmte Konzepte des Problemraums abstrakt zu beschreiben und automatisch in eine ZDK konforme Beschreibung umzusetzen. Vor allem lassen sich komplexe Verhaltens- und Interaktionsmuster mit Hilfe eines Werkzeuges einfach konfigurieren. Den Verbindungen zwischen Komponenten bzw. den Komponenten selbst können bestimmte Eigenschaften zugewiesen werden. Automatisch können diese Eigenschaften durch Einfügen spezieller Kommunikationskomponenten (s. 7.1.2) in eine gültige Konfigurationsbeschreibung transferiert werden.

Plausibilitätstests und Systemanalyse

Ein solches Werkzeug ist hervorragend dafür geeignet, mit Hilfe von Konfigurationswissen den Entwickler hinsichtlich Standardvorgaben, Abhängigkeiten, unzulässigen Kombinationen und Optimierung zu unterstützen (vgl. Abb. 5.1, S. 58). Darüberhinaus können mit Hilfe der Angaben aus der Gerätebeschreibung und aus den Typbeschreibungen diverse Plausibilitätstests und Konsistenzüberprüfungen durchgeführt werden. Beispielsweise kann aufgrund der maximalen Laufzeiten und des Speicherbedarfs einzelner Komponenteninstanzen die Prozessorauslastung und der Speicherbedarf der gesamten Systemkonfiguration überprüft werden oder es kann überprüft werden, ob eine Verknüpfung unzulässig ist, weil das Eingabe- und das Ausgabealphabet nicht identisch sind (vgl. Anforderung A2.5). Zusätzlich können Laufzeitanalysen durchgeführt werden, wenn die maximalen Laufzeiten einzelner Komponenteninstanzen und die Taskwechselzeiten bekannt sind. So muss z.B. die Summe der Komponentenlaufzeiten pro Task abzüglich der Laufzeiten der höherprioren Tasks kleiner sein als die entsprechende Taskzykluszeit. Damit lässt sich gemäß Anforderung A2.4 eine hohe Vorhersagbarkeit des Zeitverhaltens erzielen. Auch Designfehler lassen sich so frühzeitig erkennen und eine aufwändige Fehlerbehandlung (z.B. bei Zeitverletzungen) zur Laufzeit wird vermieden (s. 2.4.3).

Vorgehensweise für die Online-Konfiguration

Makro-Bildung durch Kompositionskomponenten

Von einem Konfigurationswerkzeug kann die Makro-Bildung durch Kompositionskomponenten unterstützt werden. Solche Kompositionskomponenten können im Werkzeug durch die Verknüpfung von Elementarkomponenten bzw. von bereits existierenden Kompositionskomponenten erzeugt werden. Diese können im Folgenden bei der Anwendungsentwicklung als Blackbox-Komponente verwendet werden. Sie werden wie Elementarkomponenten einfach mit anderen Komponenten verknüpft.

Die Verwendung von Kompositionskomponenten dient vor allem dazu, die grafische Repräsentation einer Systemkonfiguration übersichtlicher zu gestalten. Des Weiteren wird hiermit eine Hierarchisierung erzielt, welche auf den einzelnen Ebenen die darunterliegenden Details verbirgt. Dadurch erhöht sich zum einen die „Lesbarkeit" der grafischen Repräsentation, zum anderen lassen sich Anwendungen schneller entwerfen, wenn der Entwickler auf existierende Teillösungen (Makros) zurückgreifen kann.

Bei der Generierung der Konfigurationsbeschreibung werden diese Kompositionskomponenten automatisch wieder in ihre einzelnen Elementarkomponenten zerlegt. Kompositionskomponenten existieren nur auf der Beschreibungsebene und somit nur im Problemraum. Im Lösungsraum gibt es nur den Code der Elementarkomponenten. Eine Bildung von Kompositionskomponenten im Lösungsraum bringt im Regelfall keine Vorteile.

Analog zu den Kompositionskomponenten lassen sich im Problemraum Datenstrukturen aus den Basisdatentypen bilden. Auch hierdurch lassen sich Anwendungen übersichtlicher entwerfen. Diese werden ebenfalls bei der Generierung der Konfigurationsbeschreibung wieder in die einzelnen Datentypen zerlegt. Datenstrukturen im Lösungsraum führen, wie in Abschnitt 5.7 aufgezeigt, zu einer Verringerung der Verknüpfbarkeit.

Wiederverwendung des Designs

Neben der Wiederverwendung von Code spielt die Wiederverwendung von Designs eine immer zentralere Rolle bei der Softwareentwicklung. Häufig haben verschiedene Systemkonfigurationen einer Produktfamilie die gleiche topologische Struktur und unterscheiden sich nur darin, welche Komponententypen jeweils instanziiert werden. Anstatt jedes Mal eine komplett neue Konfigurationsbeschreibung zu entwerfen, wäre es vorteilhaft, auf ein entsprechendes Design zurückgreifen zu können, bei dem nur noch angegeben werden muss, von welchem Komponententyp die entsprechenden Komponenteninstanzen gebildet werden sollen.

Dies bedeutet, dass es Konfigurationsbeschreibungen geben muss, bei denen diese Information nicht festgelegt ist und erst vom Anwendungsentwickler nachträglich eingebunden wird. Dabei gilt zu beachten, dass die jeweils eingebundenen Komponententypen die korrekte Anzahl und Art von Ports besitzen muss. Die wesentlichen Inhalte der Konfigurationsbeschreibung, die das Design beschreiben, bleiben erhalten.

Debugging

Ein weiterer wichtiger Aspekt ist die Fehlersuche (Debugging) in der Gesamtanwendung. Bei den meisten informationstechnischen Systemen geht es in stark abstrahierter Sichtweise um Datenberechnungen. Diese Art der Datenverarbeitung kann entkoppelt von der realen Umwelt betrachtet werden. Daher stört es auch nicht, wenn der Programmlauf zu Testzwecken unterbrochen wird, um Zwischenergebnisse zu untersuchen. Solche Programme werden daher mit Methoden, wie Unterbrechungspunkte und Einzelschrittbetrieb, getestet, wobei der Programmablauf gezielt gestoppt wird.

Bei Steuerungsanwendungen ist eine solche Testmethode nicht geeignet. Aufgrund der starken Interaktion mit dem zu steuernden Prozess ist ein Anhalten des Programms meist nicht möglich. So kann bei einem Positioniervorgang einer Achse von Punkt A zu Punkt B das entsprechende Programm nicht mitten in der Bewegung gestoppt werden, da es sonst zu Schäden an der Mechanik kommt. Aber auch Fehler, die auf Grund dynamischen Verhaltens auftreten, lassen sich nicht im Einzelschrittbetrieb erkennen.

Daten zu Testzwecken und zur Fehlersuche müssen also während der Programmausführung angezeigt werden können. Hierzu muss es eine Online-Anbindung des Konfigurationswerkzeuges an das Zielsystem geben. Ist das Komponentenframework entsprechend realisiert, so lassen sich die Daten ausgewählter Ports anzeigen, ändern und aufzeichnen (Trace-Funktionalität), ohne das Zeitverhalten der eigentlichen Anwendung zu verändern.

Weiterhin kann die Online-Anbindung zum Herunterladen und Rücklesen der Konfigurationsbeschreibung dienen. Auch das Starten und Stoppen des Zielsystems ist so komfortabel möglich.

6.6.3 Kompositionsprozess

Bei der Online-Konfiguration findet dieser Prozess direkt auf dem Zielsystem statt. Gemäß Abbildung 6.10 wird die Konfigurationsbeschreibung eingelesen (1) und die entsprechende Systemkonfiguration gebildet (3). Dieser Prozess muss vom Komponentenframework unterstützt werden (2). Prinzipiell kann der Kompositionsprozess als Übergang vom Problemraum in den Lösungsraum angesehen werden. Er hängt sehr stark davon ab, wie die konkrete Realisierung des Komponentenmodells im Lösungsraum umgesetzt wird. Im nächsten Kapitel wird detailliert auf die implementierungsspezifischen Vorschriften des Komponentenmodells und die Realisierung eines Komponentenframeworks für die Online-Konfiguration eingegangen. Dort wird auch der Kompositionsprozess aus Sicht der Implementierung dargestellt.

6.7 Format der Beschreibungen

Abschließend wird in diesem Kapitel aufgezeigt, welche Struktur und welches Format für die Typ-, Instanz- und Konfigurationsbeschreibung im Rahmen des *SOFIA*-Projektes gewählt wurde.

Vorgehensweise für die Online-Konfiguration

```
                            2
                    ┌──────────────┐                    Systemkonfiguration
┌──────────────┐    │  Komposition │    ┌──────────────────────┐
│Konfigurations-│ 1  │      im      │ 3  │  K1 ══ K3           │
│ beschreibung │───▶│  Komponenten-│───▶│      │              │
└──────────────┘    │   framework  │    │      K4             │
                    └──────────────┘    └──────────────────────┘
```

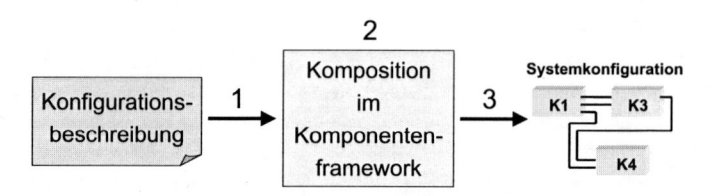

Abbildung 6.10: Kompositionsprozess auf dem Zielsystem durch das Komponentenframework.

6.7.1 Typbeschreibung

Die Typbeschreibung beschreibt Komponententypen und -skelette. Hier werden die Anzahl der Ports und deren nicht konfigurierbare Eigenschaften festgehalten. Zusätzlich werden allgemeine Informationen, wie Komponentenname, Versionsnummer, Herstellerfirma, Datum sowie eine eindeutige Kennung (*GUID - Global Unique Identifier*) angegeben. Die Funktion der Komponente wird nichtformal beschrieben. Die Syntax einer Typbeschreibung wird mit Hilfe eines XML-Schemas angegeben. Ein XML-Schema stellt eine übersichtliche und recht formale Methode dar, um Datenstrukturen abzubilden. Abbildung 6.11 zeigt die grafische Repräsentation mit Hilfe des Tools *XML Spy* [Alt03].

Die wesentlichen Kennzeichner werden nachfolgend kurz spezifiziert:

ident Allgemeine Informationen zur Komponente.
ident/guid *Global Unique Identifier* gemäß Microsoft: 128-bit (16-byte) Wert.
ports/input Liste aller Eingangsports.
ports/input/name Eindeutiger Name des Ports.
ports/input/nr Eindeutige Nummernkennung des Ports (beginnend mit 0).
ports/input/dataType Datentyp des Ports. Erlaubte Werte siehe Anhang B.1.
ports/input/identNr Optionaler Kennzeichner für den Defaultwert für Datenbankanbindung.
ports/input/static *true*: statischer Port. *false*: zyklischer Port.
ports/input/mandatory *true*: notwendiger Port. *false*: optionaler Port.
ports/input/generic Optionaler Kennzeichner. Wenn definiert, dann ist dieser Port ein generischer Port. Die Anzahl der maximalen Subports wird direkt hier angegeben.
ports/input/description Nichtformale Beschreibung des Ports.
ports/output Liste aller Ausgangsports mit gleicher Struktur wie ports/input.
resources/in Liste aller Eingangs-Ressourcenports.
resources/in/name Eindeutiger Name des Ressourcenports.
resources/in/nr Eindeutige Nummernkennung des Ressourcenports (beginnend mit 0).
resources/in/description Nichtformale Beschreibung des Ressourcenports.
resources/out Liste aller Ausgangs-Ressourcenports mit gleicher Struktur wie resources/in.

6.7 Format der Beschreibungen

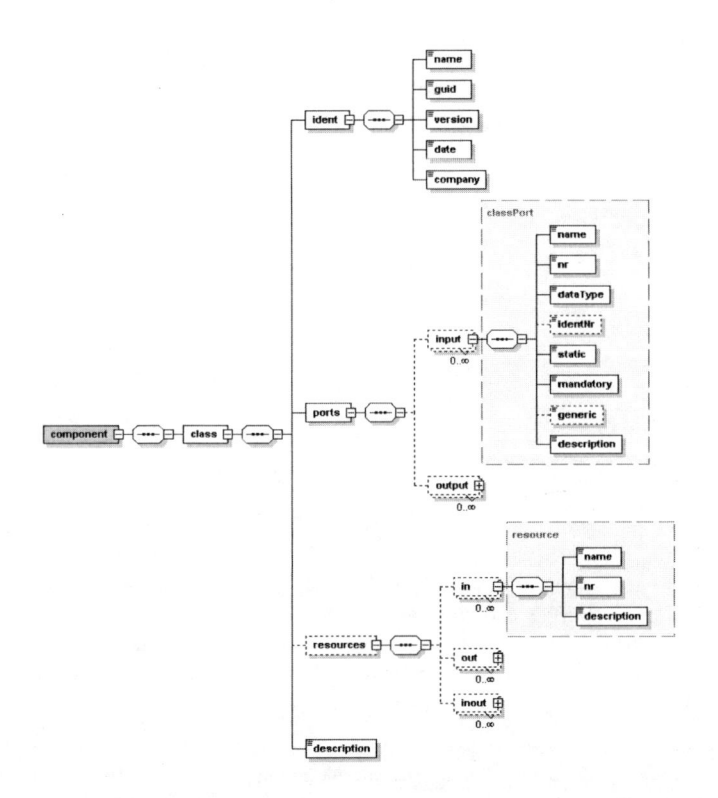

Abbildung 6.11: XML Spy Schema der Typbeschreibung. Optionale Elemente sind gestrichelt eingezeichnet.

resources/inout Liste aller gemischten Ressourcenports mit gleicher Struktur wie resources/in.
description Nichtformale Beschreibung der Komponente und ihrer Funktion.

6.7.2 Instanzbeschreibung

Eine Instanzbeschreibung beschreibt eine Komponenteninstanz. Es wird eine eindeutige globale Instanzkennung definiert und welcher Komponententyp dieser Instanz zugrunde liegt. Darüberhinaus werden alle konfigurierbaren Eigenschaften festgelegt, insbesondere die Verknüpfung und das Aufrufverhalten. Da Komponenten nicht direkt miteinander verknüpft werden, sondern vielmehr über eine Portinstanz, wird den Ports eine Portinstanz zugeordnet.
Abbildung 6.12 zeigt den Aufbau einer Instanzbeschreibung.

Vorgehensweise für die Online-Konfiguration

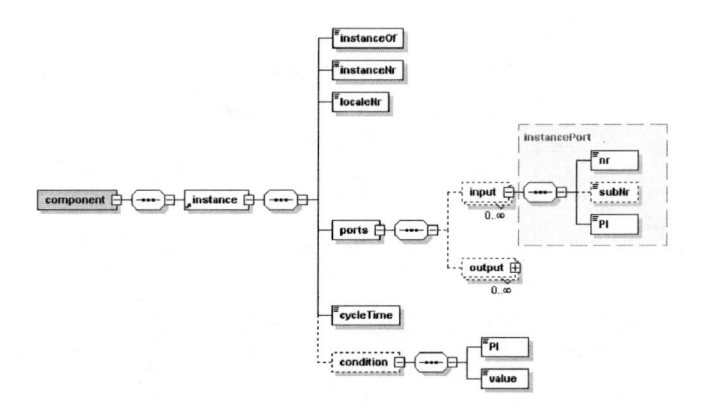

Abbildung 6.12: XML Spy Schema der Instanzbeschreibung. Optionale Elemente sind gestrichelt eingezeichnet.

Die sequentielle Priorität einer Komponenteninstanz wird indirekt über die globale Instanznummer kodiert. Der Zusammenhang zwischen dieser Instanznummer und der sequentiellen Priorität wird in Abschnitt 6.7.4 detaillierter behandelt. Die wesentlichen Kennzeichner werden nachfolgend kurz spezifiziert:

instanceOf GUID des zugehörigen Komponententyps.
instanceNr Eindeutige globale Nummernkennung der Instanz im System (beginnend mit 0).
localeNr Typabhängige eindeutige lokale Nummernkennung der Instanz (beginnend mit 0).
ports/input Auflistung aller verknüpften Eingangsports
ports/input/nr Nummernkennung des verknüpften Eingangsports.
ports/input/subnr Nummernkennung eines verknüpften Subports (beginnend mit 0).
ports/input/PI Nummernkennung der zugehörigen Portinstanz.
ports/output Auflistung aller verknüpften Ausgangsports mit gleicher Struktur wie ports/input.
cycleTime Periodendauer der Komponenteninstanz in Mikrosekunden (0 als Kennzeichnung azyklischer Komponenten).
condition Optionale Bedingung. Komponente wird nur ausgeführt, wenn die angegebene Portinstanz den spezifizierten Wert hat.
condition/PI Portinstanz, die an diese Bedingung verknüpft ist.
condition/value Wert, den die Portinstanz annehmen muss, damit die Bedingung erfüllt wird.

6.7.3 Datenformat der Komponentenbeschreibungen

Bisher wurde die Datenstruktur der Komponentenbeschreibungen definiert. Nun muss ein geeignetes Datenformat für diese Datenstrukturen bestimmt werden. Für die Implementierung im Rahmen des *SOFIA*-Projektes wurde XML als Datenformat gewählt.

XML ist ein Projekt des World Wide Web Consortium (W3C)[W3C03]. Ursprünglich wurde XML entwickelt, um Informationen über das Internet zu versenden, zu empfangen und zu verarbeiten. Selbstbeschreibende Daten bilden die Basis von XML. Die offene Struktur von XML erlaubt das Hinzufügen völlig neuer Datenelemente. XML stellt eine Metasprache dar, mit deren Hilfe sich für jeden beliebigen Zweck Dokumententypen definieren lassen und die als Datenaustauschformat für Anwendungen in allen Bereichen geeignet ist. Wesentlicher Vorteil ist, dass XML-Dokumente sowohl maschinenlesbar als auch vom Menschen lesbar sind. Bei XML ist die Struktur bzw. Grammatik (DTD, XML-Schemas), der Inhalt (das XML-Dokument) und die Darstellung (z.B. XSL) getrennt. Insbesondere die Möglichkeit, die Struktur von XML-Dokumenten mit Hilfe eines XML-Schemas zu spezifizieren und XML-Dokumente mit entsprechenden Validatoren auf ihre Korrektheit zu überprüfen, bietet einige Vorteile gegenüber proprietären Datenformaten. In typischen Programmen werden große Teile des Codes für die Überprüfung der Daten benutzt. Dieser Code, der die Struktur und den Inhalt der Daten überprüft, kann durch den Einsatz von XML-Schema-Validatoren erheblich reduziert werden [Cos01]. Dies macht sich vor allem bemerkbar, wenn mehrere Programme mit den selben Datenstrukturen operieren. XML eignet sich auch deswegen ideal als Komponentenbeschreibungssprache, da Entwickler, gemäß Brereton und Budgen [BB00], Komponenten auf eine Art beschreiben sollten, die für automatische Werkzeuge geeignet ist und auch vom menschlichen Komponentennutzer verstanden werden kann.

Durch die Verwendung von XML und der Spezifikation der Datenstrukturen mit Hilfe von XML-Schema wird die Anforderung A.4.3 hinsichtlich standardisierter Komponentenbeschreibung erfüllt.

Im Anhang B.2 findet sich jeweils ein XML-Schema für die in dieser Arbeit spezifizierten Beschreibungen.

6.7.4 Konfigurationsbeschreibung

Eine Konfigurationsbeschreibung legt die variablen Aspekte einer Anwendung fest. Sie besteht aus einer Liste von Instanzbeschreibungen und einer Liste von PI-Beschreibungen. In PI-Beschreibungen wird jeder PI eine eindeutige Kennung zugeordnet. Obwohl der Datentyp eine nicht variable Eigenschaft darstellt und das Komponentenframework diese Information direkt aus den beteiligten Komponententypen beziehen könnte, geben wir den Datentyp einer PI auch in deren Beschreibung an. Dadurch wird der spätere Kompositionsprozess vereinfacht. Zusätzlich können einer PI optional ein Startwert bzw. ein Datenbankverweis zugeordnet werden.

Der Aufbau einer vollständigen Konfigurationsbeschreibung gemäß *SOFIA*-Spezifikation zeigt Abbildung 6.13.

Vorgehensweise für die Online-Konfiguration

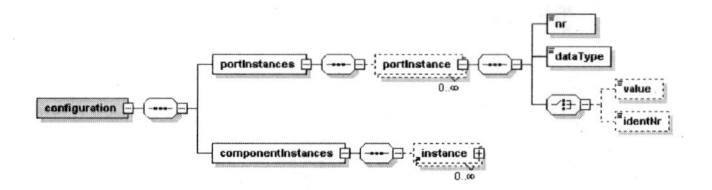

Abbildung 6.13: XML Spy Schema Design der Konfigurationsbeschreibung. Optionale Elemente sind gestrichelt eingezeichnet.

Die wesentlichen Kennzeichner werden nachfolgend kurz spezifiziert:

portInstances Liste aller Portinstanzen.
portInstances/nr Systemweit eindeutige Nummernkennung der PI (beginnend mit 0).
portInstances/dataType Datentyp entsprechend des bzw. der zugeordneten Ports.
portInstances/value Gegebenenfalls Angabe eines konstanten Wertes
portInstances/identNr oder alternativ eine Angabe zum Datenbankzugriff.
portInstances/componentInstances Liste aller Komponenteninstanzen mit einer Struktur gemäß Abbildung 6.12.

Die Nummernkennung der PIs kann beliebig erfolgen, allerdings ist darauf zu achten, dass diese jeweils eindeutig sind. Anders verhält es sich bei den systemweiten eindeutigen Nummernkennungen der Komponenteninstanzen. Durch diese globalen Instanznummern wird implizit die Abarbeitungsreihenfolge von Komponenteninstanzen mit gleicher Zykluszeit festgelegt. Wie in Abschnitt 5.2 dargelegt, verhalten sich Anwendungen nur dann deterministisch, wenn die Abarbeitungsreihenfolge bekannt ist. Komponenten mit gleicher Zykluszeit werden daher sequentiell in der Reihenfolge ihrer ansteigenden Nummernkennung abgearbeitet, d.h., Komponenteninstanzen mit niedrigerer Nummernkennung werden vor Komponenteninstanzen mit höherer Nummernkennung aufgerufen (s. 7.3.2).

Eine KB enthält alle Informationen, um während des Kompositionsprozesses die gewünschte Anwendung zu erstellen.

6.7.5 Datenformat der Konfigurationsbeschreibung

Die KB wird analog zu den Komponentenbeschreibungen mit dem Datenformat XML realisiert. Da die KB auf das Zielsystem heruntergeladen wird, sollte die Größe der Konfigurationsbeschreibung möglichst klein sein. Dies wird zum einen durch die schon dargestellte Verwendung von Portinstanzen zur Vermeidung redundanter Information erreicht. Zum anderen kann die XML-Datei noch komprimiert werden. XML-Dateien werden im Textformat abgelegt. Dies bedeutet, dass z.B. die Kennzeichner (*Tags*) auch mit Hilfe von ASCII-Zeichen formatiert sind. Gewöhnlicherweise tritt ein bestimmter Kennzeichner in einer XML-Datei

6.7 Format der Beschreibungen

mehrmals auf. Ist der Name dieses Kennzeichners entsprechend lang, wie z.b. `<mandatory>`, so werden die XML-Dateien sehr schnell groß.

Zur Reduktion der Dateigröße bietet sich die Verwendung des *Standards WAP Binary XML* (WBXML) an [W3C99]. Dieser wurde in erster Linie für den drahtlosen Datentransfer entwickelt. Hierbei strukturieren binäre Zeichen die Daten und die Kennzeichner werden binär kodiert. Hierzu wird jeder Kennzeichner einmalig in einer Texttabelle abgelegt. Durch Angabe eines Offsets kann auf jeden Eintrag der Texttabelle referenziert werden. Außerdem kann das original XML-Format rekonstruiert werden. WBXML ist ein verlustloses Komprimierungsverfahren, welches sämtliche Eigenschaften des XML-Formats, wie selbstbeschreibend, erweiterbar usw. beibehält. Aus diesem Grund sind die so komprimierten Konfigurationsbeschreibungen weiterhin rücklesbar. Prinzipiell ließe sich die Texttabelle zur weiteren Reduktion der Dateigröße aus der Konfigurationsbeschreibung herauslösen und extern verwalten. Die Größe der Texttabelle ist jedoch auf Grund der festen Anzahl an mögliche Kennzeichnern im Falle der Konfigurationsbeschreibung konstant. Gerade bei Konfigurationsbeschreibungen mit vielen Komponenteninstanzen und vielen Portverbindungen ist dieser Anteil nicht ausschlaggebend. Die Größe der Texttabelle beträgt bei der Spezifikation der Konfigurationsbeschreibung gemäß Abbildung 6.13 gerade mal 129 bytes. Der Aufwand einer extern verwalteten Texttabelle wäre nicht gerechtfertigt, da ansonsten eine feste Zuordnung von binären Kennzeichnern zu Text spezifiziert werden müsste.

In Abbildung 6.14 sind die Dateigrößen in Bytes für XML und WBXML gegenübergestellt. Hierbei wurden drei Fälle betrachtet, bei denen die Konfigurationsbeschreibung jeweils eine unterschiedliche Anzahl von Port- und Komponenteninstanzen besitzt. Angefangen von einer Konfigurationsbeschreibung mit 10 PIs und 5 Komponenteninstanzen wurden die Instanzen zweimal verdoppelt, bis hin zu 40 PIs und 20 Komponenteninstanzen. Dabei galten folgende Randbedingungen: Die PIs hatten keinen `<value>` und keinen `<identNr>` Kennzeichner und die Komponenteninstanzen hatten jeweils drei Eingangs- und drei Ausgangsports.

Interpretiert man dieses Ergebnis, so sieht man, dass durch die Verwendung von WBXML eine Reduktion von ca. 50% erzielt werden kann. Weiterhin ist deutlich ersichtlich, dass bei einer Verdoppelung der Informationen in einer Konfigurationsbeschreibung die entsprechenden Dateigrößen ebenfalls verdoppelt werden. Daraus lässt sich schließen, dass es nahezu keinen statischen Overhead gibt. Beim WBXML-Format besteht dieser statische Overhead im Wesentlichen aus der Texttabelle, die 129 bytes groß ist. Dies macht im Fall einer kleinen Konfigurationsbeschreibung mit 10 PIs und 5 Komponenteninstanzen nur einen Anteil von ca. 6,5% aus. Im dritten Fall mit 40 PIs und 20 Komponenteninstanzen sinkt dieser Anteil auf ca. 1,6%.

Die Dateninhalte werden im WBXML-Format auch weiterhin mit ASCII Zeichen kodiert. Dadurch ergibt sich ein weiteres Reduktionspotenzial. So werden die Daten des `<guid>` Kennzeichners durch 32 Hexadezimalzeichen (0-F) mit 4 Bindestrichen dargestellt. Dies ergibt insgesamt 36 ASCII Zeichen und somit 36 Bytes. GUIDs sind prinzipiell nur 16 bytes groß. Ähnliches gilt für alle weiteren Zahlen innerhalb des XML-Dokuments. Prinzipiell wäre es also möglich, die entsprechenden Daten binär zu kodieren. Jedoch würde dadurch ein neues pro-

Vorgehensweise für die Online-Konfiguration

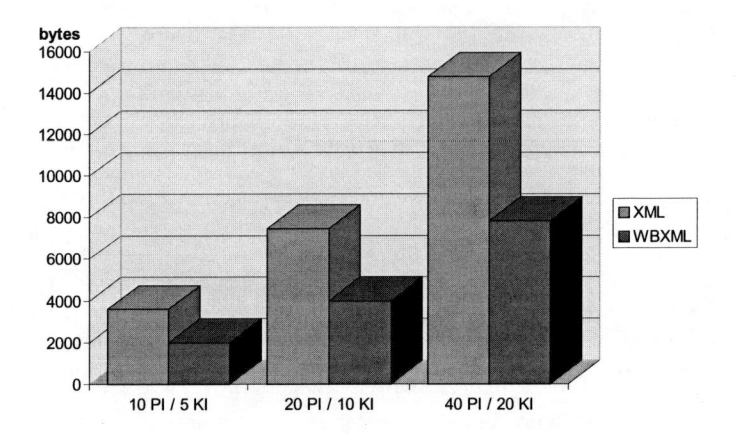

Abbildung 6.14: Vergleich der Dateigröße der Konfigurationsbeschreibung in Bytes hinsichtlich der Formate XML und WBXML (PI = Anzahl der Portinstanzen, KI = Anzahl der Komponenteninstanzen).

prietäres Datenformat enstehen, mit allen damit verbundenen Nachteilen.

Damit Standardwerkzeuge benutzt werden können, wird auf eine Komprimierung der Dateninhalte verzichtet und das Standardformat WBXML verwendet. Dies gewährleistet zudem die Erfüllung der Anforderung A2.3, wie sie in Abschnitt 3.3 formuliert wurde.

6.8 Zusammenfassung

In diesem Kapitel wurde die in dieser Arbeit konzipierte Vorgehensweise für die Online-Konfiguration dargestellt. Hierzu wurden zuerst die Porteigenschaften (6.1.1) und das damit verknüpfte neue Konzept der Portinstanzen (6.1.2) sowie die Aufrufeigenschaften (6.1.3) der Komponenten aufgezeigt. Danach wurde die neu entwickelte dreistufige Komponentenhierarchie mit Komponentenskelett, -typ und -instanz in Anlehnung an die objektorientierte Programmierung vorgestellt (6.1.4). Durch die Definition, welche Eigenschaften in welcher Hierarchiestufe festgelegt werden, wird die Online-Konfigurierbarkeit und somit die Flexibilität des Systems bestimmt. Eine praxistaugliche Einteilung der Eigenschaften in konfigurierbar und statisch wurde ebenfalls präsentiert.

Anschließend wurde aufgezeigt, wie Komponenten im Problemraum dargestellt werden (6.2). Komponentenskelette und -typen werden durch die Typbeschreibung und Komponenteninstanzen durch die Instanzbeschreibung (6.2.1) beschrieben. Erstere dient maßgeblich zur Definition der statischen Eigenschaften.

6.8 Zusammenfassung

Letztere zur Festlegung der konfigurierbaren Eigenschaften. Ergänzend wurde die Verwendung von Musterbeschreibungen (6.2.2) zur Definition komponentenübergreifender Schnittstellen vorgeschlagen.

Anschließend folgte eine Betrachtung des Beschreibungsprozesses (6.3). Es wurde argumentiert, dass die Konfigurationsbeschreibung idealerweise Konzepte des Problemraums beschreibt. Konfigurationsbeschreibungen bestehen aus Instanzbeschreibungen (Komponenten) und der Beschreibung der zugehörigen Portinstanzen als Verknüpfungseinheiten (Konnektoren). Als Basis für die Konfigurationsbeschreibung dient das ZDK-Modell (6.3.1). Eine Gerätebeschreibung (6.3.2) erleichtert die Erstellung einer Konfigurationsbeschreibung.

Im nächsten Abschnitt (6.4) wurde dargestellt, wie Komponenten im Lösungsraum aufgebaut sind. Es wurde dargelegt, dass jede Komponente aus vier Komponentenfunktionen (Init-, Aktualisierungs-, zyklische Haupt- sowie Zerstörungs- und Freigabefunktion) besteht. Ebenso wurden die grundlegenden Strukturen Instanzdatenbereich und Portdatenbereich eingeführt (6.4.1).

Danach wurde die Komponentenentwicklung als wesentliche Transformation zwischen Problemraum und Lösungsraum detailliert beschrieben (6.5). Es wurde dargestellt, wie Komponententypen bzw. -skelette aus den Informationen der Typbeschreibung erstellt werden können. Insbesondere wurden Methoden aufgezeigt, welche die Konstruktion des Instanzdatenbereichs und der Komponentenfunktionen ermöglichen.

Aus dieser Vorgehensweise ergibt sich ein Entwicklungsprozess (6.6) mit den beiden wesentlichen Phasen der Komponentenentwicklung und des Beschreibungsprozesses. Beide können durch die Verwendung von Werkzeugen optimiert werden. Es wurden die Vorteile eines Komponentenentwurfswerkzeuges beschrieben, welches die Erstellung von Typbeschreibungen unterstützt und die Transformation dieser Beschreibung in ein Komponentenskelett automatisiert. (6.6.1). Auch der Einsatz eines Werkzeuges zur einfachen, sicheren, korrekten und vollständigen Erstellung einer Konfigurationsbeschreibung wurde motiviert (6.6.2). Einige grundlegenden Möglichkeiten, die ein solches Konfigurationswerkzeug bietet, wurden ergänzend aufgezählt. Die letzte Phase des Entwicklungsprozess ist der Kompositionsprozess (6.6.3), welcher im nächsten Kapitel ausführlich behandelt wird.

Im letzten Abschnitt (6.7) wurde die Struktur der Typbeschreibung (6.7.1) und der Instanzbeschreibung (6.7.2), gemäß *SOFIA*-Spezifikation, dargestellt. Abschließend wurde die Entscheidung, das Datenformats XML zur Darstellung der unterschiedlichen Komponentenbeschreibungen zu nutzen, begründet (6.7.3). Analog hierzu wurde die Struktur der Konfigurationsbeschreibung (6.7.4) aufgezeigt. Wiederum eignet sich XML als Datenformat. Allerdings lässt sich dieses Format unter Nutzung des binären Standards WBXML deutlich komprimieren (6.7.5).

Vorgehensweise für die Online-Konfiguration

Kapitel 7

Komponentenframework - Umsetzung im Lösungsraum

Die bis zu dieser Stelle präsentierten Methoden und Modelle für die Online-Konfiguration, die im Rahmen der vorliegenden Dissertation entwickelt wurden, sind sehr allgemein und lassen sich auf eine Vielzahl unterschiedlicher Arten realisieren. Denkbar wären objektorientierte oder agentenbasierte Ansätze. Die bisher einzige Annahme, die die Allgemeinheit einschränkt, ist die Festlegung, welche Porteigenschaften zur Übersetzungszeit definiert werden und welche konfigurierbar sind (s. 6.1.1). Theoretisch ist es auch möglich, alle Eigenschaften konfigurierbar zu gestalten. Dieses implementierungsspezifische Detail wurde aus Verständnisgründen vorgezogen und in dem vorangegangen Kapitel behandelt.

Im Folgenden wird auf eine mögliche Umsetzung der allgemeinen Methoden und Modelle eingegangen. Als Grundlage dient die Umsetzung, die im Rahmen des *SOFIA*-Projektes entstanden ist. Hierzu wird zuerst erläutert, welches Konzept dem Datenaustausch zwischen Komponenten zugrundeliegt. Danach wird auf die Komponenten-Framework-Schnittstelle eingegangen, welche das Komponentenframework und die Komponenten koppelt. Anschließend wird das entwickelte Komponentenframework dargestellt. Insbesondere wird detailliert auf die drei Subsysteme Konfigurationssystem, Laufzeitsystem und Kommunikationssystem eingegangen.

7.1 Realisierungskonzept für die Portverknüpfung

An dieser Stelle werden einige grundlegende Eigenschaften der Portverknüpfung diskutiert. Prinzipiell bieten die aktuellen Programmiersprachen keine Konstrukte an, die die Realisierung von Datenflüssen unterstützen. Mary Shaw's Ansicht zu dieser Problematik lässt sich folgendermaßen übersetzen [Sha95]:

> *Da beinahe keine Programmiersprache Datenfluss-Schnittstellen zur Verfügung stellt, ist es kein Wunder, dass einem Datenfluss-Architekturen nicht sofort in den Sinn kommen. Um Datenflüsse zu erreichen, muss man Datenflüsse wollen.*

Komponentenframework - Umsetzung im Lösungsraum

Im Nachfolgenden soll nun schrittweise ein Realisierungskonzept für Datenflüsse aufgezeigt werden, welches eine einfache und laufzeiteffiziente Verknüpfung von Komponenten ermöglicht. Wie schon in Abschnitt 5.2 erläutert, erfolgt der Datenaustausch zwischen Komponenten unabhängig von der Ausführung der Komponentenfunktion. Durch den Transfer von Daten von einer Komponente in eine andere Komponente wird kein Ausführungsereignis ausgelöst. In diesem Abschnitt wird nur der Datenaustausch betrachtet.

Geht man von der Darstellung in Abbildung 7.1 aus, so wird bei Standard-Realisierungen der Datenaustausch zwischen den Komponenten A und B mit Hilfe von Methoden zum Setzen bzw. Holen der Daten implementiert. Im Folgenden werden Methoden zum Setzen von Daten mit dem Namen `Transmit` und Methoden zum Holen von Daten mit dem Namen `Receive` gekennzeichnet. Um zu verdeutlichen, welche Methode konkret gemeint ist, wird analog zur objektorientierter Notation der Methodeninhaber, durch einen Punkt getrennt, vor die eigentliche Methode geschrieben. Die Methode zum Setzen[1] der drei Werte von $I1$, $I2$ und $I3$ in der Komponente B sieht folgendermaßen aus:

```
B.Transmit(typeI1 valueI1, typeI2 valueI2, typeI3 valueI3);
```

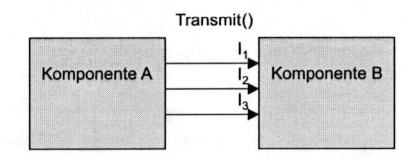

Abbildung 7.1: Beispiel für den Transfer dreier Werte $I1$, $I2$ und $I3$ mittels *Data-Push* von Komponente A in die Komponente B.

Nochmals sei darauf hingewiesen, dass durch das Setzen der Daten keine weitere Aktion in der Komponente B ausgelöst wird.

Diese Vorgehensweise hat allerdings den Nachteil, dass immer nur eine Komponente alle Eingaben gemeinsam für Komponente B setzen kann. Soll es möglich sein, dass mehrere Komponenten auch einzelne Werte setzen können, wie z.B. in Abbildung 7.2, so muss die Methode in drei einzelne Methoden aufgeteilt werden:

```
B.TransmitI1(typeI1 valueI1);
B.TransmitI2(typeI2 valueI2);
B.TransmitI3(typeI3 valueI3);
```

Jetzt können zwar verschiedene Komponenten mit den einzelnen Eingangsports der Komponente B verknüpft werden, jedoch sind die Komponenten untereinander stark gekoppelt. So muss jede Komponente, die mit Komponente B verknüpft werden soll, wissen, dass die Komponente B die Methoden `TransmitI1()`,

---

[1]Beispielhaft wird an dieser Stelle nur das aktive Setzen von Daten (*Data-Push*) betrachtet. Analog wäre auch das aktive Lesen von Daten (*Data-Pull*) unter Verwendung von `Receive` anwendbar.

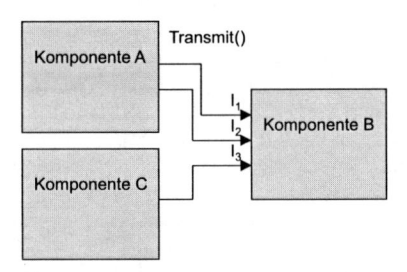

7.1 Realisierungskonzept für die Portverknüpfung

Abbildung 7.2: Beispiel für den separaten Transfer dreier Werte *I1*, *I2* und *I3* mittels *Data-Push* von Komponente *A* und *C* in die Komponente *B*.

TransmitI2(), TransmitI3() besitzt. Deshalb wäre es prinzipiell einfacher, eine allgemeine Methode der folgenden Form zu definieren:

```
B.Transmit(PORT I, typeI valueI);
```

Diese Funktion kann jetzt mit *I1*, *I2*, *I3* anstelle des Parameters *I* aufgerufen werden. Hier ergeben sich jedoch folgende Probleme:

- Es gibt eine Vielzahl von Abhängigkeiten und die Komponenten sind stark miteinander verkoppelt.

- Dadurch, dass jede Komponente die entsprechenden Interaktionsmechanismen in Form der Transmit() Methode implementiert, kommt es zu einer großen Code-Redundanz mit allen daraus resultierenden Nachteilen.

- Es kann zu Inkompatibilitäten kommen, wenn jede Komponente ihre eigene Transmitmethode implementiert.

- Insbesondere in Anwendungen mit mehreren Prozessen kann es zu Problemen hinsichtlich der Synchronisation der Methodenaufrufe kommen.

- Weiterhin kann die gleichzeitige Verwendung von *Data-Push* und *Data-Pull* Modellen dazu führen, dass Ports nicht kompatibel zueinander sind (Passfehler). Es muss vorab definiert werden, welche Daten aktiv gesetzt bzw. aktiv gelesen werden oder man muss sich generell auf eine Methode beschränken [Sha99].

Daher ist es sinnvoll, das so genannte Vermittler-Entwurfsmuster (*Mediator-Pattern*) [GHJV01] anzuwenden. Hierbei gibt es, als eine Art Zwischenschicht, den Vermittler *V*, auf den die Komponenten mit

```
V.Transmit(Portinstanz PI, typeI valueI);
typeI valueI = V.Receive(Portinstanz PI);
```

Komponentenframework - Umsetzung im Lösungsraum

zugreifen können. Die Komponenten kennen nur noch den Vermittler. Dies führt zu einer starken Entkopplung der Komponenten untereinander. Der Vermittler wird durch das Komponentenframework realisiert. Die entsprechenden Methoden sind nun Teil des Komponentenframeworks und Änderungen sind nur an einer Stelle durchzuführen. Des Weiteren lassen sich Komponenten nun weitestgehend unabhängig voneinander entwickeln. Das Vermittler-Entwurfsmuster dient daher zur Einhaltung der Anforderung A1.1. Darüberhinaus gilt automatisch, dass Eingangsdaten aktiv gelesen (*Data-Pull*) und Ausgangsdaten aktiv geschrieben (*Data-Push*) werden (vgl. Abb. 7.3). Dies ist aus Sicht des Komponentenentwicklers die intuitiv einfachste Art des Datenaustausches. Durch Verwendung eines rein passiven Vermittlers, der nicht aktiv Daten liest bzw. schreibt, kommt es zu keinen Inkompatibilitäten bezüglich der beiden Interaktionsmuster *Data-Pull* und *Data-Push*.

Damit der Vermittler die Vielzahl an Verbindungen effektiv verwalten kann und um noch stärker die Komponenteninstanzen zu entkoppeln, dienen die im vorangegangenen Kapitel eingeführten Portinstanzen. Komponenteninstanzen müssen nun nur noch die Portinstanzen kennen, die ihren Ports zugeordnet sind.

7.1.1 Gemeinsame Portinstanz

Besitzt, wie in Abbildung 7.3 dargestellt, ein Ausgangsport der Komponente A dieselbe Portinstanz (PI) wie der Eingangsport der Komponente B, so wird diese Art des Datenaustausches als gemeinsame Portinstanz (GPI) bezeichnet. Der Ausgangsport kann nun mit Hilfe der `Transmit()` Methode einen Wert in die PI schreiben. Dieser Wert kann vom Eingangsport mit Hilfe von `Receive()` gelesen werden.

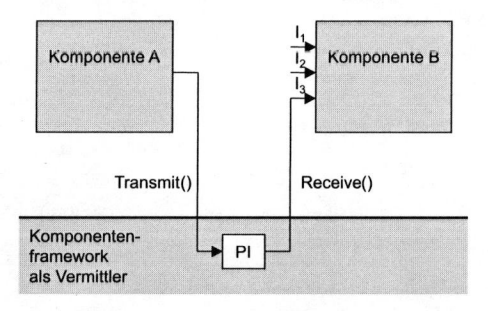

Abbildung 7.3: Datenaustausch mit dem GPI-Mechanismus.

Der GPI-Mechanismus lässt sich am einfachsten über gemeinsamen Speicher realisieren. Hierbei entsprechen PIs Speicherstellen, in denen genau ein Datum abgelegt werden kann. In diesem Fall könnten die Komponenten direkt auf diese Daten zugreifen und die `Receive()` sowie die `Transmit()` Methode wäre nicht nötig. Jedoch soll die Entwicklung eines Komponentenframeworks herstellerspezifisch erfolgen können (vgl Anforderung A3.5). Da Komponenten jedoch herstel-

7.1 Realisierungskonzept für die Portverknüpfung

lerunabhängig sein sollen und nicht zwangsläufig davon ausgehen können, dass PIs in Form von gemeinsamen Speicher realisiert sind, dürfen Komponenten nur mit `Receive()` und `Transmit()` auf PIs zugreifen.

Der GPI-Mechanismus dient als Basisinteraktion zwischen Komponenten. Diese Art der Interaktion ist die einzige, die ein Komponentenentwickler berücksichtigen muss. Sonstige komplexe Interaktionsaspekte werden im Komponentenframework gekapselt und sind bei der Entwicklung von Komponenten nicht zu beachten. Dadurch kann sich der Komponentenentwickler maßgeblich auf die funktionalen Aspekte konzentrieren.

7.1.2 Kommunikationskomponenten

Diese Basisinteraktion kann durch die Verwendung von Kommunikationskomponenten (KK) erweitert werden. KKs können zwischen Eingangsport und Ausgangsport geschaltet werden und bestimmte Sonderfunktionen übernehmen und somit komplexe Interaktionsmuster realisieren (s. 8.3). Eine KK unterscheidet sich in der Art, wie sie auf den unterschiedlichen Abstraktionsebenen verwendet werden, von einer normalen ZDK. Im Problemraum stellen sie abstrakte Verhaltens- bzw. Interaktionsmuster dar und werden in Form von Eigenschaften einer Komponente bzw. Verbindung beschrieben. In der Konfigurationsbeschreibung werden sie wie normale Komponenten mit Hilfe von Instanzbeschreibungen dargestellt. Im Lösungsraum stellen sie einen Teil des Komponentenframeworks dar und können beliebig implementiert werden. Dies bedeutet, dass sie nicht konform zum Komponentenmodell bezüglich Instanzdatenbereich und Komponentenfunktionen implementiert sein müssen. KKs stellen somit Komponenten ohne Anwendungsfunktionalität dar. Ihre Aufgabe ist das Zusammenspiel zwischen den Komponenten. Sie besitzen daher mehr Rechte.

KKs können wie andere Komponenten mit Hilfe des GPI-Mechanismus an andere Komponenten angebunden werden. In Abbildung 7.4 ist der Datenaustausch mit Hilfe einer Kommunikationskomponente dargestellt.

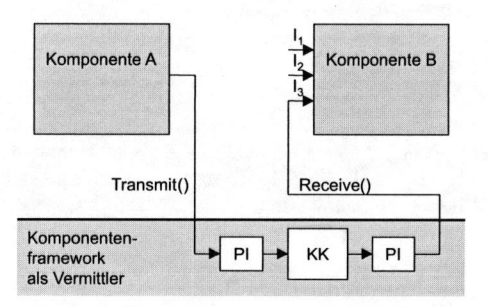

Abbildung 7.4: Datenaustausch unter Verwendung einer Kommunikationskomponente (KK).

KKs entsprechen prinzipiell dem Konzept der Konnektoren und realisieren die verschiedenen Interaktionsaspekte. Über den GPI-Mechanismus sind die KKs flexibel einsetzbar. Typische Beispiele für Kommunikationskomponenten werden in Abschnitt 8.3 vorgestellt.

Dadurch dass den KKs auch Zykluszeiten zugeordnet werden können, lässt sich der zeitliche Teilaspekt von Interaktionsaspekten auf einfache Art und Weise integrieren (vgl. 3.4).

Auf einer hohen abstrakten Ebene können Komponentenframework (Vermittler), Portinstanzen sowie Kommunikationskomponenten als Konnektoren angesehen werden und als Komponenten modelliert werden. Sie unterscheiden sich von „normalen" Komponenten prinzipiell nur in ihrer Funktionalität und hinsichtlich der Rechte, die sie besitzen.

7.2 Komponenten-Framework-Schnittstelle - KFS

Die Komponenten-Framework-Schnittstelle (KFS) ist ein weiteres zentrales Element des in dieser Arbeit konzipierten Systems. Durch den Einsatz einer standardisierten Schnittstelle für die Interaktion zwischen Komponenten und Komponentenframework ergeben sich einige wesentliche Vorteile. Einzelne Komponenten interagieren nicht direkt miteinander, sondern nur mit dem Komponentenframework als eine Art Vermittler. Der Komponentenentwickler profitiert dadurch, dass er mit Hilfe einfacher, vom Komponentenframework zur Verfügung gestellten Funktionen Komponenten entwickeln kann. Hierbei muss er systemnahe Aspekte, wie Koordination oder Kommunikation, nicht berücksichtigen. Komponenten lassen sich wesentlich abstrakter und ohne systemnahe Programmierung implementieren. Die KFS realisiert die Abstraktionsgrenze 1 (vgl. Abb. 3.1, S. 19). Ein weiterer Vorteil besteht darin, dass Komponenten, die nur KFS Funktionalitäten nutzen, einfacher portierbar sind. Dadurch wird die Verwendung von Komponenten unterschiedlicher Hersteller unterstützt. Außerdem wird durch die Definition der KFS auch eine herstellerspezifische Realisierung des Komponentenframeworks erzielt. Dies bedeutet, dass es unterschiedlichen Herstellern ermöglicht wird, Komponentenframeworks mit spezifischen Eigenschaften zu entwickeln, und sich somit mit ihrem Produkt von Mitbewerbern abheben können.

Als letzter Punkt wäre zu nennen, dass die KFS die Komponentenschnittstelle im Lösungsraum repräsentiert. Gemäß dem Merkmal MK2 (s. Def. 2.1) einer Komponente lässt sich die Schnittstelle einer Komponente unterteilen in angebotene und benötigte Schnittstelle.

7.2.1 Angebotene Schnittstelle

Komponenten bieten als Schnittstelle die in Abschnitt 6.4 dargestellten vier Komponentenfunktionen an (Initialisierungs-, Aktualisierungs-, zyklische Haupt- sowie Zerstörungs- und Freigabefunktion). Im Anhang B.5.1 sind die Signaturen dieser Funktionen, wie sie im *SOFIA*-Projekt spezifiziert wurden, aufgeführt.

7.2.2 Benötigte Schnittstelle

Die von den Komponenten benötigte Schnittstelle wird vom Komponentenframework realisiert. Neben den schon erwähnten Funktionen zum Lesen und Schreiben von PI-Daten, wurden im Rahmen der Beispielimplementierung noch Funktionen zum Reservieren und Freigeben von Speicher, Funktionen zum Abrufen von Konfigurationsdaten und Funktionen zur Absetzung von Fehlermeldungen spezifiziert.
Diese Methoden sind die einzigen, die eine Komponente aufrufen darf. Ansonsten muss eine Komponente in sich abgeschlossen sein. Diese Einschränkung dient zur Erhöhung der Portabilität der Komponenten. Ausnahmen bilden Systeminstanzen und Kommunikationskomponenten, die zur Einbindung von Systemressourcen auf diese mit systemtypischen Aufrufen zugreifen dürfen.

In Anhang B.5.2 werden die Funktionen der benötigten Schnittstelle aufgeführt.

7.3 Komponentenframework

Das Komponentenframework dient dazu, den Komponenten eine Umgebung zu bieten, in der sie gemäß ihrer Funktion arbeiten können. Das Komponentenframework kann, wie in Abbildung 7.5 dargestellt, in die drei Subsysteme Laufzeitsystem, Kommunikationssystem und Konfigurationssystem eingeteilt werden. Diese Subsysteme sind über die Komponenten-Framework-Schnittstelle (KFS) mit den Komponenten verbunden. Das Komponentenframework setzt auf der Zielhardware und optional auf einem Echtzeitkern bzw. Echtzeitbetriebssystem auf. Die Konfigurationsbeschreibung (KB in der Abbildung) dient als Grundlage für die Bildung der Systemkonfiguration.

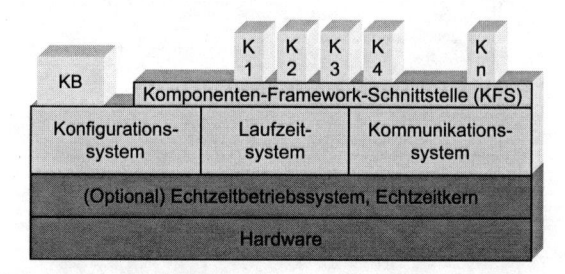

Abbildung 7.5: Komponentenframework mit den drei Subsystemen und der Komponenten-Framework-Schnittstelle.

7.3.1 Aufruf der Komponentenfunktionen

Für den Aufruf der vier Komponentenfunktionen (s. 6.4) ist das Komponentenframework zuständig. Hierzu muss das Komponentenframework die entsprechen-

Komponentenframework - Umsetzung im Lösungsraum

den Einsprungadressen der Funktionen kennen. Diese werden in Form von Funktionszeigern verwaltet. Abbildung 7.6 zeigt den Ablauf der Funktionsaufrufe. Während des Systemstarts werden gemäß der Konfigurationsbeschreibung die benötigten Komponenteninstanzen instanziiert. Hierzu wird die jeweilige Init-Funktion des zugehörigen Komponententyps mit der Instanznummer aus der Konfigurationsbeschreibung als Parameter aufgerufen. Die zurückgegebene Instanzreferenz dient von nun an zur Identifikation der Instanzen. Automatisch wird von der Init-Funktion die Aktualisierungsfunktion zum Verarbeiten der statischen Ports aufgerufen. Sind alle Komponenten instanziiert und initialisiert, so wird das System gestartet und periodisch die entsprechenden Hauptfunktionen aufgerufen. Gegebenenfalls können die Aktualisierungsfunktionen aufgerufen werden. Allerdings kann dies, wie schon erwähnt, zu Systeminstabilitäten führen. Das Komponentenframework muss sicherstellen, dass die Aktualisierungsfunktion nur zu gültigen Zeitpunkten ausgeführt wird. So muss zum Beispiel gewährleistet werden, dass die Hauptfunktion nicht zeitgleich ausgeführt wird.

Wird die Anwendung beendet bzw. das System heruntergefahren, so wird die zyklische Abarbeitung gestoppt und die Zerstörungs- und Freigabefunktionen der Komponenteninstanzen aufgerufen. Wie der Grafik zu entnehmen ist, kann eine Komponenteninstanz aus Sicht des Frameworks drei globalen Zustände annehmen: nicht instanziiert, instanziiert und bereit.

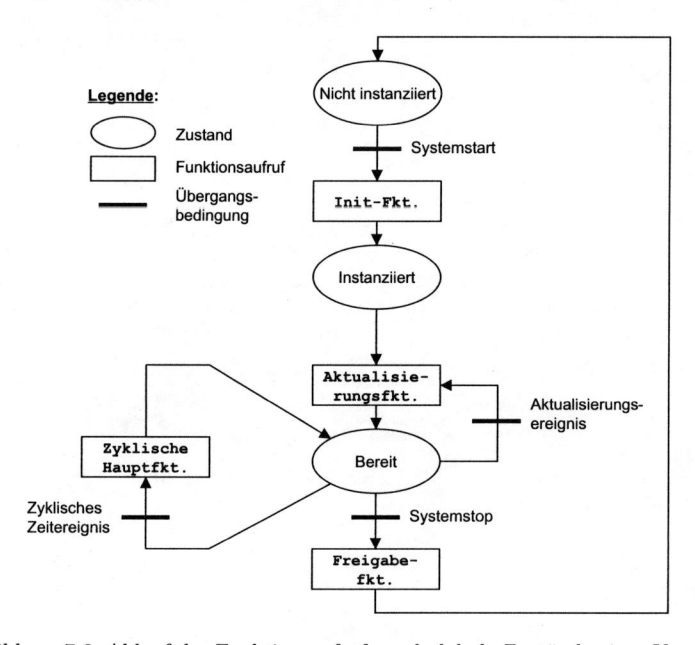

Abbildung 7.6: Ablauf der Funktionsaufrufe und globale Zustände einer Komponenteninstanz.

7.3 Komponentenframework

Die globalen Zustände der Komponenteninstanzen werden nicht von der Komponente selbst verwaltet, sondern vom Komponentenframework. In einigen Arbeiten [CDH02] [DAC00] [HLS+02] wird propagiert, dass globale Zustände direkt in den Komponenten implementiert werden. Jedoch führt dies zu hoher Codeduplizierung. Werden die globalen Zustände jedoch direkt vom Komponentenframework verwaltet, wie in dem hier konzipierten Lösungsvorschlag, so ergibt dies eine deutliche Codereduktion und die Komponenten werden wesentlich einfacher. Ebenso ist die Gefahr, das eine Komponente fehlerhaft implementiert wird, stark reduziert.

Ebenfalls ist deutlich zu erkennen, dass die Aktualisierungsfunktion automatisch am Ende der Init-Funktion aufgerufen wird. Dadurch reduzieren sich in der Praxis die Zustände, die eine Komponenteninstanz einnehmen kann, prinzipiell auf die beiden Fälle „Komponente ist nicht instanziiert" und „Komponente ist instanziiert und bereit". In der Abbildung ist nur der vereinfachte fehlerfreie Fall dargestellt. Treten während den einzelnen Phasen Fehler auf, so muss dies dem Komponentenframework mitgeteilt werden.

Außerdem gilt zu beachten, dass das zyklische Zeitereignis gegebenenfalls nur unter bestimmten Bedingungen ausgelöst wird. Diese Bedingungen sind in der Konfigurationsbeschreibung definiert.

7.3.2 Laufzeitsystem

Das Laufzeitsystem hat maßgeblich die Aufgabe, die zyklischen Hauptfunktionen der Komponenteninstanzen zum richtigen Zeitpunkt aufzurufen. Hierzu werden alle Komponenteninstanzen mit gleicher Zykluszeit zu einem Prozess[2] zusammengefasst. Innerhalb dieses Prozesses werden die einzelnen Komponenteninstanzen sequentiell abgearbeitet. Die Reihenfolge ergibt sich hierbei aus der sequentiellen Priorität.

Wurde bisher von einem Modell ausgegangen, bei dem die Ausführungszeit der Komponenten null war, müssen für die folgenden Betrachtungen die tatsächlichen Ausführungszeiten berücksichtigt werden.

Durch die sequentielle Abarbeitung werden die Startzeitpunkte einzelner Komponenteninstanzen um die Ausführungszeit der im gleichen Prozess zuvor abgearbeiteten Komponenteninstanzen verzögert. Dies ist aber im Regelfall unproblematisch, da der Startzeitpunkt einer Komponenteninstanz nicht kritisch ist. Vielmehr ist es entscheidend, dass eine Komponenteninstanz ihre Deadline einhält. Im vorliegenden Prozessmodell wird als Deadline die Zykluszeit angenommen. Das heißt eine Komponenteninstanz muss ihre Ergebnisse berechnet haben, bevor ein neuer Abarbeitungszyklus beginnt. Für alle Komponenteninstanzen innerhalb eines Prozesses gilt daher dieselbe Deadline. Sie können sequentiell gestartet werden; es muss nur sichergestellt werden, dass alle Komponenteninstanzen innerhalb der Zykluszeit abgearbeitet werden. Dies kann mit geeigneten Tests durch das Konfigurationswerkzeug gewährleistet werden (vgl. 6.6.2).

Bei Stewart's Port Based Objects [Ste94], wird jeder Komponenteninstanz ein eigener Prozess zugeordnet. Dies führt jedoch zu einigen Nachteilen. Zum

---

[2]Streng genommen handelt es sich um einen leichtgewichtigen Prozess bzw. Faden (Thread).

einen ist wesentlich mehr Interprozesskommunikation notwendig. Dies bedeutet im Regelfall wesentlich mehr Overhead als der Datenaustausch innerhalb eines Prozesses. Zum anderen können viele Zielsysteme nur eine begrenzte Anzahl von Prozessen verwalten; insbesondere Systeme ohne Echtzeitbetriebssystem, welche die unterschiedlichen Prozesse mit Hilfe von Timer-Interrupts realisieren.

Das Zusammenfassen von zyklusgleichen Komponenten zu einem Prozess bietet daher einige Vorteile, die vor allem für die Praxistauglichkeit relevant sind und die Anforderungen A3.3 und A3.6 erfüllen. Allerdings ergeben sich auch Nachteile durch diese Vorgehensweise. So kann den einzelnen Komponenteninstanzen mit gleicher Zykluszeit keine gesonderte Priorität zugeordnet werden. Verpasst ein Prozess seine Deadline, so bedeutet dies automatisch, dass zumindest die letzte Komponenteninstanz in der sequentiellen Reihenfolge des Prozesses ihre Deadline verpasst hat. Soll diese Problematik umgangen werden, so muss es Mechanismen während des Beschreibungsprozesses geben, die es erlauben, Komponenteninstanzen mit gleicher Zykluszeit unterschiedlichen Prozessen mit unterschiedlichen Prioritäten zuzuordnen. In der derzeitigen Version der prototypischen Realisierung ist dies allerdings nicht möglich.

Ein weiterer Nachteil ergibt sich bei verteilten Systemen. Hier können selbstverständlich Komponenteninstanzen, die räumlich verteilt auf verschiedenen Prozessoren ablaufen, nicht zu einem Prozess zusammengefasst werden. Da in der vorliegenden Arbeit in erster Linie Einzelsysteme betrachtet werden, soll an dieser Stelle lediglich darauf hingewiesen werden, dass mit einem geeigneten Konfigurationswerkzeug solche verteilten Systeme behandelt werden können. Hierbei muss die verteilte Anwendung in entsprechende lokale Systemkonfigurationen aufgeteilt werden. Diese lokalen Systemkonfigurationen können dann wie Einzelsysteme behandelt werden, insbesondere hinsichtlich des Kompositionsprozesses.

Sind Komponenteninstanzen mit gleicher Zykluszeit nun zu einem Prozess zusammengefasst und ist die sequentielle Reihenfolge der Abarbeitung festgelegt, so kann das Laufzeitsystem innerhalb dieses Prozesses die entsprechenden zyklischen Hauptfunktionen aufrufen. Hierzu werden in einer Tabelle, im Folgenden als INSTANCETABLE bezeichnet, die für den Aufruf der Instanzen benötigten Informationen (Einsprungadresse für zyklische Hauptfunktion, Aufrufbedingung, Instanzreferenz, Instanznummer) in der Reihenfolge ihrer Abarbeitung abgelegt. Jeder Prozess besitzt eine solche prozessspezifische Tabelle. Der Algorithmus innerhalb eines zyklischen Prozesses mit n Komponenteninstanzen sieht folgendermaßen aus:

Listing 7.1: Aufruf der Instanzen eines Prozesses.

```
1  Führe endlos aus {
2      Warte auf Zyklusbeginn;
3      Für alle: Instanzen in INSTANCETABLE {
4          Wenn: Aufrufbedingung der Instanz erfüllt {
5              Aufruf: zyklische Hauptfunktion mit Instanzreferenz
6          }
7      }
8  }
```

7.3 Komponentenframework

Die zyklische Hauptfunktion wird nur aufgerufen, wenn die Aufrufbedingung der Komponenteninstanz erfüllt ist. Diese Vorgehensweise führt jedoch dazu, dass diese Überprüfung für jede Komponenteninstanz durchgeführt wird, auch wenn diese keine explizite Aufrufbedingung besitzt. Abhilfe schafft die Einführung eines weiteren Prozessalgorithmuses, welcher diese Überprüfung nicht durchführt, d.h., die Programmzeile 4 entfällt. Dieser Prozessalgorithmus wird immer dann eingesetzt, wenn keine der an diesem Prozess beteiligten Komponenteninstanzen eine explizite Aufrufbedingung besitzt.

Rate Monotonic Scheduling

Ein geeignetes Planungsverfahren muss dafür sorgen, dass die einzelnen Prozesse rechtzeitig aufgerufen werden. Neben dynamischen Prozesseinplanungen, wie *Earliest-Deadline-First* (EDF) [SSRB98], bietet sich für ZDKs vor allem der statische *Rate Monotonic Algorithm* (RMA) [LL73] [Kle93] [SKG91] an. Bei RMA wird von zyklischen Prozessen ausgegangen und dem Prozess mit der kleinsten Zykluszeit wird die höchste Priorität zugeordnet. Des Weiteren gilt, dass die Deadline eines Prozesses gleich der Zykluszeit ist. Dass heißt, ein Prozess muss spätestens beendet sein, bevor er wieder bereit ist. RMA stellt den optimalen Planungs-Algorithmus für den statischen Fall dar.

Nachfolgendes kurzes Beispiel soll den RMA erläutern: Gegeben sei folgende Prozessmenge:

$$\mathbb{P} = \{P_1, P_2, P_3\} \quad (7.1)$$

mit den zugehörigen Zykluszeiten T

$$\begin{aligned} T_1 &= 5ms, \\ T_2 &= 3ms, \\ T_3 &= 10ms \end{aligned} \quad (7.2)$$

und folgenden Ausführungszeiten C

$$\begin{aligned} C_1 &= 2ms, \\ C_2 &= 1ms, \\ C_3 &= 2ms. \end{aligned} \quad (7.3)$$

Daher ergibt sich die höchste Priorität für P_2, die zweithöchste für P_1 und die niedrigste Priorität für P_3. Daraus ergibt sich wiederum der in Abbildung 7.7 dargestellte Zeitablauf. Hierbei wird davon ausgegangen, dass alle Prozesse zeitgleich bei $t = 0$ starten.

Jedoch können nicht alle Prozessmengen mit diesem Algorithmus eingeplant werden und die Prozessorauslastung ist nicht ideal. Im pessimistischen Fall ist die maximale Prozessorauslastung

$$P(n) = n \cdot (2^{\frac{1}{n}} - 1) \quad (7.4)$$

Komponentenframework - Umsetzung im Lösungsraum

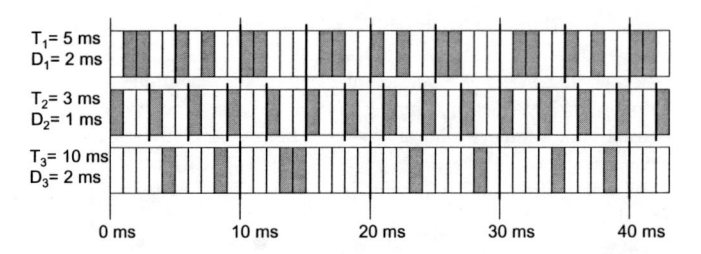

Abbildung 7.7: Zeitlicher Ablauf des Prozessorbesitzes der drei Prozesse $P_1, P_2, P3$ unter Verwendung des Rate Monotonic Algorithm.

mit n als Anzahl der Prozesse. Wie erwartet, ergibt sich für einen Prozess ($n = 1$) eine maximale Prozessorauslastung von 100%. Steigt die Anzahl der Prozesse, so sinkt die maximale Prozessorauslastung und erreicht den Grenzwert von

$$\lim_{n \to \infty} P(n) = \ln 2 \approx 69,3\%. \tag{7.5}$$

Dennoch überwiegen die Vorteile, insbesondere dass das zeitliche Verhalten des Gesamtsystems vorhersagbar ist (vgl. Anforderung A2.4). Daher kann schon während des Beschreibungsprozesses eine Analyse des Zeitverhaltens durchgeführt werden. Ein weiterer Vorteil besteht darin, dass RMA sehr einfach auf interruptgesteuerten Systemen, die über kein spezielles Echtzeitbetriebssystem verfügen, umgesetzt werden kann. Bei solchen Systemen werden nach dem Auslösen des zyklischen Zeitereignisses durch einen Timer mit Hilfe der Interrupt-Behandlungsroutine die einzelnen Komponenteninstanzen aufgerufen. Es existieren eine Vielzahl an Abhandlungen zum Thema *Rate Monotonic Algorithm* und *Rate Monotonic Analysis*, daher soll an dieser Stelle nicht detaillierter auf diese Thematik eingegangen werden.

Dennoch soll ein Hinweis auf die Problematik der bedingten Ausführungen erfolgen. In vielen Anwendungen existiert die Anforderung, dass, wenn eine bestimmte Bedingung wahr ist, ein bestimmter Datenflusszweig ausgeführt werden soll. Ist die Bedingung falsch, soll ein anderer Datenflusszweig ausgeführt werden. Dies ist mit dem vorgestellten Konzept der Aufrufbedingung einfach zu realisieren. Wesentlich komplexer ist jedoch die Zeitanalyse. RMA geht im Regelfall davon aus, dass beide Datenflusszweige ausgeführt werden. Dies führt zu wesentlich pessimistischeren Abschätzungen. Idealerweise sollten die Aufrufbedingungen bei der Zeitanalyse berücksichtigt werden.

Es ist auch durchaus möglich, das Laufzeitsystem mit Hilfe anderer Planungsverfahren zu implementieren.

7.3.3 Konfigurationssystem

Das Herzstück des Komponentenframeworks für die Online-Konfiguration bildet das Konfigurationssystem, das für den Kompositionsprozess während der Startphase zuständig ist. Es liest die Konfigurationsbeschreibung ein und interpretiert diese. Dabei wird mit Hilfe eines Parsers die Konfigurationsbeschreibung in Funktionsaufrufe übersetzt. Diese Funktionsaufrufe dienen zum Initialisieren des Laufzeit- und Kommunikationssystems und zum Instanziieren und Initialisieren der Komponenten.

Hierbei wird gemäß Abbildung 7.8 folgendermaßen vorgegangen: Nach dem Einlesen der Konfigurationsbeschreibung (1) werden zuerst die Portinstanzen angelegt und der benötigte Speicherplatz reserviert. Hierzu werden die Anzahl und der Typ der Portinstanzen erfasst und die ermittelten Daten an das Kommunikationssystem weitergeleitet, welches die Portinstanzen anlegt (2). Gegebenenfalls werden die Portinstanzen mit Startwerten initialisiert.

Im nächsten Schritt werden die benötigten Komponenteninstanzen instanziiert und initialisiert. Dies erfolgt dadurch, dass das Konfigurationssystem die Init-Funktion und somit auch die Aktualisierungsfunktion dieser Komponenten aufruft (3). Die von der Init-Funktion zurückgegebene Instanzreferenz wird vom Konfigurationssystem verwaltet. Damit das Konfigurationssystem weiß, welche Komponentenfunktion aufgerufen werden muss, wird eine klare Zuordnung von den jeweiligen Funktionszeigern zu einer Komponenten-GUID benötigt. Anhand der GUID des Komponententyps, von der eine Komponenteninstanz gebildet werden soll, lässt sich so die entsprechende Einsprungadresse ermitteln.

Sind alle Komponenteninstanzen im globalen Zustand „bereit", so werden als nächstes die benötigten Prozesse gebildet. Hierzu wird für jede Zykluszeit eine prozessspezifische Tabelle gebildet. Die Tabelle mit den Information über Einsprungadresse der zyklischen Hauptfunktionen, Aufrufbedingungen und Instanzreferenzen sowie der Zykluszeit wird nun an das Laufzeitsystem übergeben werden, welches die Prozesse vorbereitet (4).

Ist die Systemkonfiguration vollständig initialisiert, wird das Laufzeitsystem gestartet.

Parser

Wie schon erwähnt, wird zur Interpretation der Konfigurationsbeschreibung ein Parser eingesetzt. Dieser erzeugt Funktionsaufrufe im Konfigurationssystem. Im Rahmen des *SOFIA*-Projektes wurde ein solcher Parser entwickelt. Die Funktionen, welche von diesem *SOFIA*-Standardparser aufgerufen werden, bilden die so genannte Parser-Framework-Schnittstelle (PFS). Will ein Entwickler eines Komponentenframeworks diesen Standardparser nutzen, so muss er diese Schnittstellen in seinem Konfigurationssystem implementieren. Er kann aber auch seinen eigenen Parser für Optimierungszwecke entwickeln oder sogar ganz auf die Verwendung der PFS verzichten und seine eigenen Schnittstellen zwischen Parser und Konfigurationssystem entwickeln. Die PFS ist, im Gegensatz zur KFS, keine zwingend vorgeschriebene Schnittstelle. Abbildung 7.9 zeigt nochmals die drei Alternativen zur Anbindung des Standardparsers bzw. eines herstellerspezifischen Parsers an das Konfigurationssystem, welches immer herstellerspezifisch ist.

Dieser Ansatz gewährleistet ein hohes Integrationspotential herstellerspezifischer Optimierung bei gleichzeitiger Möglichkeit zur Nutzung existierender Software.

Komponentenframework - Umsetzung im Lösungsraum

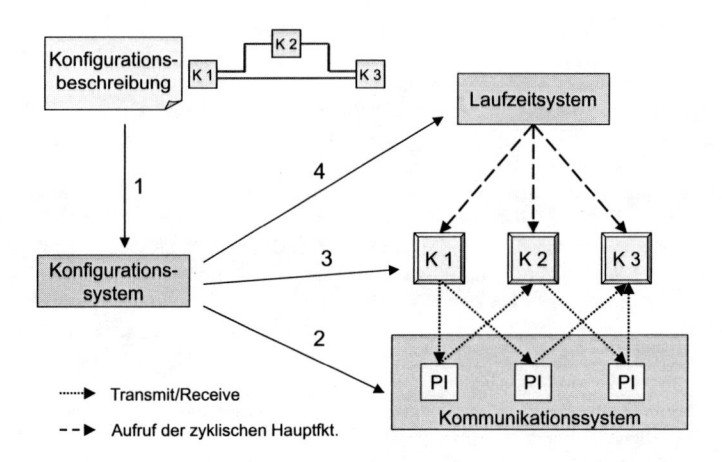

Abbildung 7.8: Ablauf des Kompositionsprozesses während der Startphase.

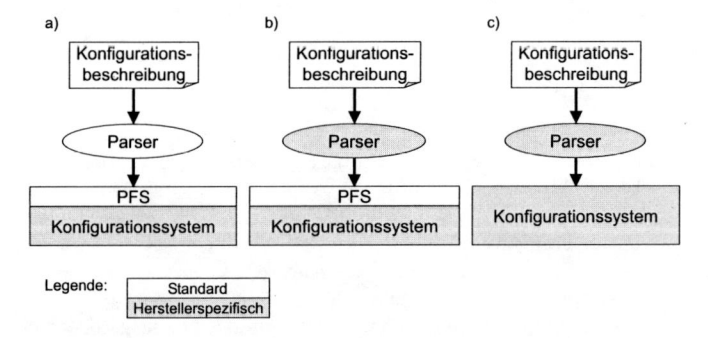

Abbildung 7.9: Die drei Möglichkeiten zur Anbindung des Parsers an das Konfigurationssystem: a) Nutzung des Standardparsers und der PFS. b) Nutzung eines optimierten herstellerspezifischen Parsers und der PFS. c) Nutzung eines optimierten herstellerspezifischen Parser mit eigener Anbindung.

Die Parser-Framework-Schnittstelle, wie sie im *SOFIA*-Projekt spezifiziert wurde, findet sich im Anhang B.6.

7.3.4 Kommunikationssystem

Das Kommunikationssystem ist für den Datenaustausch zwischen den Komponenten und somit für deren Interaktion verantwortlich. Im Wesentlichen realisiert das Kommunikationssystem die `Receive()` und `Transmit()` Methoden für die unterschiedlichen Datentypen. Da der GPI-Mechanismus zum Austausch von Daten am einfachsten mit Hilfe von gemeinsamen Speicher implementiert wird, muss dieser Speicher gemäß der Anzahl der Portinstanzen reserviert und verwaltet werden. Wird eine der Kommunikationsmethoden des Kommunikationssystems aufgerufen, so kann anhand des mitgelieferten Verweises auf einen Portdatenbereich die entsprechende Portinstanz und der zugehörige Speicherbereich ermittelt werden.

Die Kommunikationsmethoden `Receive()` und `Transmit()` werden von mehreren Prozessen benutzt. Um Konflikte (*race conditions*) zu vermeiden, muss sichergestellt werden, dass diese Methoden exklusiv von einem Prozess genutzt werden. Hierzu können bekannte Methoden, wie z.B. Semaphore, atomare Befehle u.a., eingesetzt werden, um diese kritischen Abschnitte zu schützen. Der Einsatz von Semaphoren kann jedoch bei unvorsichtiger Verwendung zu Verklemmungen, zum Aushungern oder zu Prioritätsinversion führen. Aus diesem Grund wurde für die Beispielimplementierung die einfachere Methode der Interruptsperre gewählt. Während der Ausführung eines kritischen Abschnittes wird verhindert, dass ein anderer Prozess den Schreibe- bzw. Lesevorgang unterbricht. Dadurch verschieben sich zwar eventuell die Startzeitpunkte eines höherprioren Prozesses, allerdings sind diese Verschiebungen sehr gering, da die Kommunikationsmethoden prinzipiell nur aus wenigen Abarbeitungsbefehlen bestehen.

Einzelne Daten werden konfliktfrei in die bzw. aus den Portinstanzen übertragen. Da somit gewährleistet wird, dass ein einzelnes Datum in sich korrekt ist, kann man dies als Intra-Daten-Konsistenz bezeichnen. Wird zudem gefordert, dass mehrere Daten zueinander konsistent sind, so wird dies im Rahmen dieser Arbeit als Inter-Daten-Konsistenz bezeichnet. Diese Problematik wird ausführlich im nächsten Kapitel (8.3.5) behandelt.

7.4 Zusammenfassung

In diesem Kapitel wurden implementierungsspezifische Details dargestellt, wie sie im Rahmen des *SOFIA*-Projektes für die Beispielimplementierung spezifiziert wurden. Hierzu wurde zuerst auf das Realisierungskonzept der Portinstanzen und das verwendete Vermittler-Entwurfsmuster eingegangen (7.1). Darauf aufbauend wurde das grundlegende Interaktionsmuster der gemeinsamen Portinstanz eingeführt (7.1.1). Dieses dient als Grundlage für komplexere Interaktionen, welche sich mit Hilfe von Kommunikationskomponenten realisieren lassen (7.1.2).

Als funktionale Schnittstelle dient die Komponenten-Framework-Schnittstelle (7.2), welche sich in von den Komponenten angebotene Schnittstellen (7.2.1) und in von den Komponenten benötigte Schnittstellen (7.2.2) einteilen lässt. Erstere

Komponentenframework - Umsetzung im Lösungsraum

werden durch die vier Komponentenfunktionen definiert. Letztere realisiert das Komponentenframework.

Das Komponentenframework (7.3) ist aus drei Subsystemen aufgebaut: Laufzeit-, Konfigurations- und Kommunikationssystem. Bevor diese detailliert beschrieben wurden, erfolgte zuerst eine Beschreibung, wie und wann Komponentenfunktionen vom Komponentenframework aufgerufen werden und welche Einschränkungen beachtet werden sollten (7.3.1).

Das Laufzeitsystem (7.3.2) ist maßgeblich dafür verantwortlich, die zyklischen Hauptfunktionen der Komponenteninstanzen zum richtigen Zeitpunkt aufzurufen. Hierzu werden Komponenteninstanzen mit gleicher Zykluszeit zu einem Prozess zusammengefasst. Ausführlich wurden die daraus resultierenden Vorteile diskutiert. Im Rahmen der Beispielimplementierung des Laufzeitsystems wurde der Rate Monotonic Algorithm als Einplanungsverfahren für Prozesse eingesetzt (7.3.2).

Das Konfigurationssystem (7.3.3) ist für die Interpretation der Konfigurationsbeschreibung, die Instanziierung der Komponenten und die Initialisierung der beiden anderen Subsysteme verantwortlich. Um die Konfigurationsbeschreibung interpretieren zu können, wird ein Parser benötigt. Der Einsatz eines *SOFIA*-Standardparsers wurde vorgestellt, aber auch die Möglichkeit herstellerspezifischer Lösungen wurde präsentiert (7.3.3).

Das Kommunikationssystem (7.3.4) verwaltet die Portinstanzen und kapselt die Interaktionsmechanismen, insbesondere die `Receive`- und `Transmit`-Funktionalität.

Kapitel 8

Praktischer Einsatz - Möglichkeiten der Online-Konfiguration

In diesem Kapitel wird der praktische Einsatz der in den vorangegangenen Kapiteln präsentierten Konzepte und Methoden diskutiert und mit Hilfe zweier prototypischer Beispielimplementierung evaluiert (eingebettete Version und PC-Version). Diese wurden jeweils mit einem Komponentenframework gemäß dem *SOFIA*-Projekt ausgestattet. Zunächst werden Regelungssysteme ohne Ablaufsteuerungen betrachtet. Anhand eines einfachen Beispieles wird die Online-Flexibilität hinsichtlich sich ändernder Anforderungen aufgezeigt. Anschließend werden Systeme mit Ablaufsteuerungen betrachtet. Anhand einer automatischen Geschwindigkeitsregelung wird die Notwendigkeit einer flexibel konfigurierbaren Ablaufsteuerung motiviert und deren Realisierungsmöglichkeiten diskutiert.

Der zweite Teil dieses Kapitels beschäftigt sich mit speziellen Anforderungen, die ohne Erweiterungen des Systems nicht erfüllt werden können. Anhand von praxisnahen Beispielen werden Fälle aufgezeigt, bei denen der GPI-Mechanismus als Basisinteraktion an seine Grenzen stößt. Gleichzeitig wird dargestellt, wie mit Hilfe von Kommunikationskomponenten neue Verhaltens- und Interaktionsmuster in das System integriert werden können. Neben den Interaktionsmustern Datenpuffer, zeitgenaue Datenübernahme und konsumierendes Lesen wird vor allem die Inter-Daten-Konsistenz detailliert betrachtet. Für letztere wurde im Rahmen dieser Arbeit eine neue optimierte Methode entwickelt.

Insgesamt wird in diesem Kapitel aufgezeigt, dass die in dieser Arbeit konzipierten Methoden geeignet sind, Systeme flexibel, schnell und einfach an neue Anforderungen anzupassen. Neben der Möglichkeit, Anwendungen hinsichtlich Kontroll- und Datenfluss sowie Zeitanforderungen zu konfigurieren, erlaubt das Modell der Kommunikationskomponenten eine effektive Online-Konfiguration bezüglich diverser Interaktionsmuster.

8.1 Systeme ohne Ablaufsteuerung

Zielanwendungen des in dieser Arbeit präsentierten Konzepts sind Regelungssysteme. Filter, Regler und Begrenzer sind typische Komponenten eines solchen Systems. Obwohl auch nichttransformative Komponenten eingesetzte werden, de-

Praktischer Einsatz - Möglichkeiten der Online-Konfiguration

ren Ausgaben gemäß Definition 5.14 von der Vorgeschichte abhängen, besteht die Hauptaufgabe von Regelungssystemen aus der Transformation von Prozessdaten. Es werden also neben den zyklischen Zeitereignissen keine weiteren externen Ereignisse berücksichtigt. Solche Systeme stellen Systeme ohne Ablaufsteuerung dar.

8.1.1 Versuchsaufbau Eingebettetes System

Die Firma AMK, ein Hersteller von digitalen Antrieben, hat die in dieser Arbeit entwickelten Konzepte auf ein eingebettetes System übertragen und nahtlos in ihre Antriebssoftware integriert. Direkt im Komponentenframework sind eine Onlineanbindung an das Konfigurationswerkzeug sowie ein Parser für WBXML-Daten integriert. Die Kommunikation zwischen Antriebssystem und Entwicklungsrechner erfolgt über eine serielle Schnittstelle. Abbildung 8.1 zeigt den prinzipiellen Versuchsaufbau. Hierbei werden zwei Antriebe parallel betrieben, wobei Antrieb A1 mit dem AMK-Software (KW-R03) und Antrieb A2 mit einem Komponentenframework gemäß dem neu entwickelten Konzept betrieben wird. A2 wird über die serielle Schnittstelle mit Hilfe eines Entwicklungsrechners und dem Konfigurationswerkzeug konfiguriert.

Durch diesen Versuchsaufbau wurde nachgewiesen, dass sich die entwickelten Konzepte auf ein eingebettetes System übertragen lassen, welches kein explizites Echtzeit-Betriebssystem besitzt und auf dem Prozesse durch zyklische Interrupts realisiert werden.

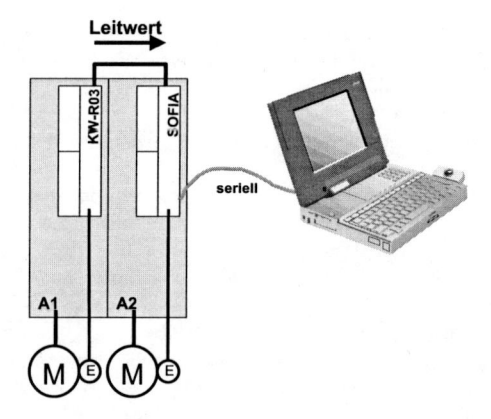

Abbildung 8.1: Versuchsaufbau mit eingebettetem System.

8.1.2 Versuchsaufbau PC-System

Folgender Versuchsaufbau wurde für die praktische Evaluierung der im Rahmen dieser Arbeit konzipierten Methoden aufgebaut. Auf einem PC mit dem Betriebs-

8.1 Systeme ohne Ablaufsteuerung

system RTLinux läuft das Komponentenframework im RTLinux-Kernelspace. Auf einem zweiten PC unter Windows läuft das Konfigurationswerkzeug. Zur Kommunikation über TCP/IP wurde zusätzlich ein Anbindungsserver auf der Linux-Seite implementiert, welcher die Anfragen des Konfigurationssystem aus dem Userspace in den RTLinux-Kernelspace überträgt. Auf diese Art lässt sich mit Hilfe des Konfigurationswerkzeuges das Komponentenframework online ansteuern. Konfigurationsbeschreibungen können heruntergeladen, Anwendungen gestartet, angehalten, fortgeführt oder gestoppt werden, ohne direkt auf dem Linuxsystem zu arbeiten. Alle benutzbaren Komponenten sind als Kernelkomponenten in den RTLinux-Kernelspace geladen. Solange keine neuen Komponenten geladen werden, reagiert das PC-System von außen prinzipiell wie ein eingebettetes System.

Die in dieser Arbeit konzipierten Methoden werden auf dem PC-System getestet, da sich hier die Evaluation komfortabler und schneller durchführen lässt als auf einem eingebetteten System. Dennoch sind die so ermittelten Ergebnisse aussagekräftig, da die zu untersuchenden Konzepte unabhängig von der verwendeten Zielplattform sind.

Zur Anbindung des Linux-PCs an einen Antrieb wurde eine A/D-Wandler-Karte mit 3 Timer-Bausteinen (PowerDAQ) verwendet. Der Antrieb wird über eine ± 10 Volt Schnittstelle in Momentsteuerung angesteuert. Der Regelkreis wird geschlossen, indem die Resolverimpulse und somit der Lagewert von den Timer-Bausteinen gezählt werden. Damit Drehrichtungen erkannt werden, zählt ein Zähler nur Linksdrehungen und ein anderer Rechtsdrehungen (s. Abb. 8.2).

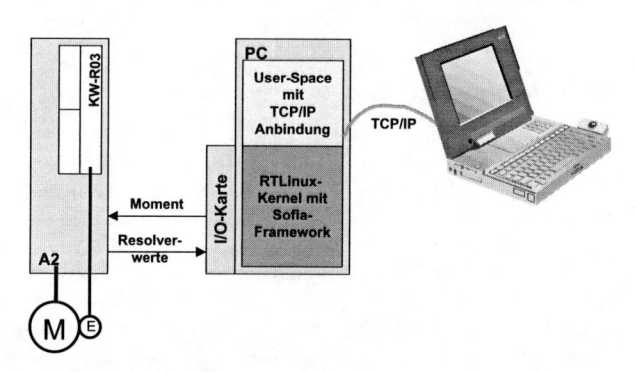

Abbildung 8.2: Versuchsaufbau mit PC und RTOS.

8.1.3 Problembeschreibung

Die Beispielanwendung soll folgendes Verhalten zeigen: Antrieb A1 befindet sich in Drehzahlregelung mit variabler Drehzahl. Antrieb A2 soll in Synchronisation zu dieser Drehzahl in Lageregelung jeweils nach rechts drehen und wenn der Lage-Istwert $x(ist)_1$ des Antriebs A1 einen bestimmten Wert erreicht (Reversierlevel), wieder nach links drehen. Dieser Vorgang wiederholt sich dann für jeden

Praktischer Einsatz - Möglichkeiten der Online-Konfiguration

n-fachen Wert des Reversierlevels. Die Zeitpunkte an denen der Antrieb A2 seine Richtung ändert, werden als untere bzw. oberere Reversierpunkte bezeichnet (s. Abb. 8.3). Je höher die Drehzahl des Antriebs A1, desto schneller soll Antrieb A2 „schwingen".

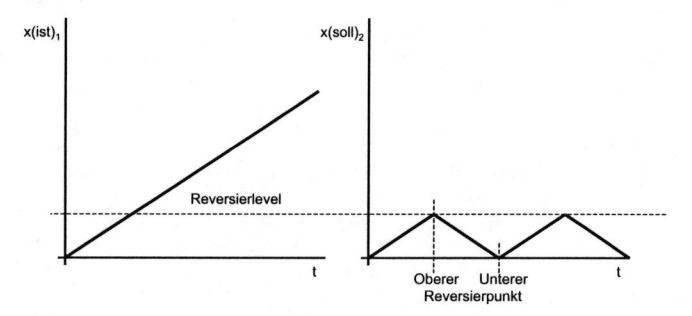

Abbildung 8.3: Zusammenhang zwischen Lage-Istwert von Antrieb A1 und Lage-Sollwert von Antrieb A2.

Ein typisches Beispiel aus der Praxis wäre eine Anwendung bei der Antrieb A1 ein Förderband antreibt, während Antrieb A2 einen Stempel synchron zur Bandgeschwindigkeit auf die dort transportierten Gegenstände drückt[1].

8.1.4 Beispielkonfiguration

Auf der PC-Version wird der lineare Anstieg des Lage-Istwerts vom Antrieb A1 simuliert. Dies geschieht, indem der Ausgang einer Addiererkomponente auf den Eingang zurückgeführt wird. Der zweite Eingang wird mit einer Konstanten belegt. Bei jedem Aufruf wird der aktuelle Ausgangswert um diese Konstante erhöht.

Als Konfiguration für die PC-Version ergibt sich eine mögliche Lösung gemäß Abbildung 8.4. Die Zahl über einer Komponente ist die Zykluszeit in Mikrosekunden. Die Zahlen hinter dem Komponentennamen sind die lokalen Instanznummern, abgetrennt durch ein Doppelpunkt. Man erkennt die beiden Zähler (`Counter:0` und `Counter:1`), die den aktuellen Lage-Istwert des zu regelnden Antriebs A2 liefern, sowie den analogen Ausgang (`AnalogOut0:0`) zur Steuerung der Drehzahl. Diese drei Komponenten sind Systeminstanzen (s. 6.3.2). Dazwischen kann man zwei kaskadierte PID-Regler erkennen. Die eine Instanz (`PID:1`) ist der Drehzahlregler und die andere Instanz (`PID:0`) der Lageregler. Der Lageregler wird mit der Differenz zwischen Lage-Istwert (ermittelt von `ActPos:0`) und dem Lage-Sollwert gespeist. Der Drehzahlregler erhält als Eingabe die Differenz zwischen Drehzahl-Istwert (ermittelt von `Cnt2RPM:0`) und Drehzahl-Sollwert (ermittelt vom Lageregler).

---

[1] Prinzipiell werden solche Aufgaben von übergeordneten Bewegungssteuerungen (Motion Control) erledigt. Aufgrund der Anschaulichkeit wird dieses Beispiel einer reinen (häufig sehr komplexen) Regelungsaufgabe vorgezogen.

8.1 Systeme ohne Ablaufsteuerung

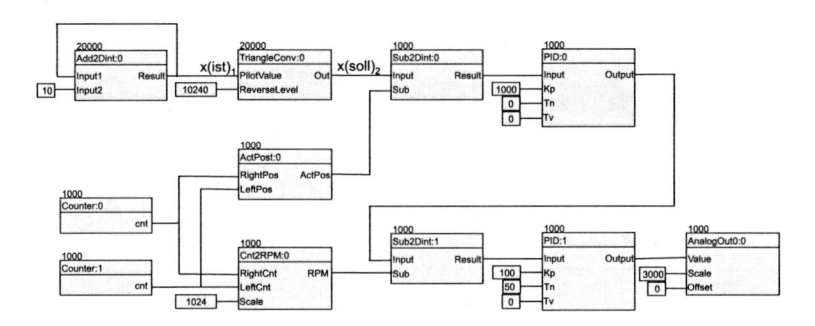

Abbildung 8.4: Konfiguration der Beispielanwendung.

In erster Linie betrachten wir für die folgende Diskussion die Generierung des Lage-Sollwertes. Diese Aufgabe wird von einer speziellen Komponente (`Triangle Conv:0`) durchgeführt. Diese hat folgendes Verhalten: Sie führt den Ausgangswert (*Out*) der linearen Führungsgröße (*PilotValue*) hinterher, bis diese den Wert des Reversierungslevels (statischer Port: *ReverseLevel*) erreicht hat, dann wird gemäß Abbildung 8.3 der Ausgangswert wieder bis auf Null gesenkt.

8.1.5 Adaptionsszenarien

Im Folgenden werden Szenarien betrachtet, bei denen sich die Anforderungen an die Anwendung ändern und es wird aufgezeigt, welche Lösungsmöglichkeiten sich durch den Einsatz der in dieser Arbeit entwickelten Konzepte ergeben. Hierbei werden nur qualitative Ergebnisse diskutiert. Auf die Analyse der quantitativen Werte, wie z.B. Parameter, wird verzichtet.

Szenario 1

Neue Anforderung: Der Hub des Antriebs A2 soll variiert werden, allerdings sollen die Reversierpunkte gleich bleiben (s. Abb. 8.5).
Lösungsmöglichkeit: Eine Änderung des Reversierlevels würde zwar eine Änderung des Hubs bedeuten, allerdings verschieben sich dadurch auch die Reversierpunkte. Abhilfe schafft das Hinzufügen einer neuen Komponente (`Mult2Dint`), die den ursprünglichen Lage-Sollwert des Antriebs A2 mit einem Faktor multipliziert. Dadurch ergibt sich die in Abbildung 8.6 teilweise aufgezeigte neue Konfiguration, wobei nur die neue Lage-Sollwert-Generierung $x(soll)_2$ betrachtet wird.

Szenario 2

Neue Anforderung: Der Hub des Antriebs A2 soll konstant bleiben, jedoch sollen sich die Reversierpunkte ändern.
Lösungsmöglichkeit: Diese Problematik kann auf Szenario 1 zurückgeführt werden, da sich nun Reversierpunkt und Hub getrennt einstellen lassen. (Reversier-

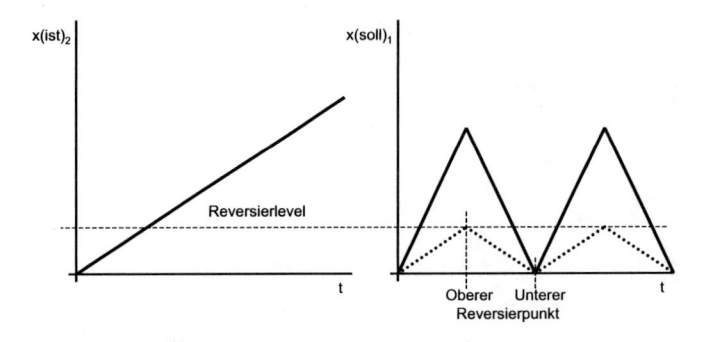

Praktischer Einsatz - Möglichkeiten der Online-Konfiguration

Abbildung 8.5: Szenario 1: Änderung des Hubs.

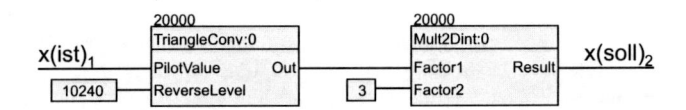

Abbildung 8.6: Teilkonfiguration zur Änderung des Hubs.

punkt indirekt über den statischen Reversierlevel).

Szenario 3

Neue Anforderung: Der Antrieb A2 soll am oberen Reversierpunkte für einige Zeit still stehen. Dafür soll der Weg dorthin schneller zurückgelegt werden (s. Abb. 8.7).
Lösungsmöglichkeit: Vergleicht man Abbildung 8.7 mit Abbildung 8.5, so erkennt man dass diese prinzipiell die gleiche Kurve darstellt, nur dass jetzt die Spitze „gekappt" ist. Dies lässt sich durch die Nachschaltung einer Begrenzerkomponente (`Limit`) erzielen (s. Abb. 8.8).

Szenario 4

Neue Anforderung: Der Antrieb A2 soll nun zusätzlich an den unteren Reversierpunkte für einige Zeit still stehen (s. Abb. 8.9).
Lösungsmöglichkeit: Dieses Anforderung lässt sich wiederum mit einem Begrenzer lösen. Wie in Abbildung 8.9 durch eine dünne Linie angedeutet ist, lässt sich das Problem wieder auf eine Dreiecksfunktion zurückführen. Allerdings ist diese nach unten verschoben. Dies lässt sich dadurch modellieren, dass vor dem Begrenzer die Kurve um einen negativen Offset verschoben wird. Diese Verschiebung lässt sich mit einem Addierer (`Add2Dint`) realisieren (s. Abb. 8.10).

8.1 Systeme ohne Ablaufsteuerung

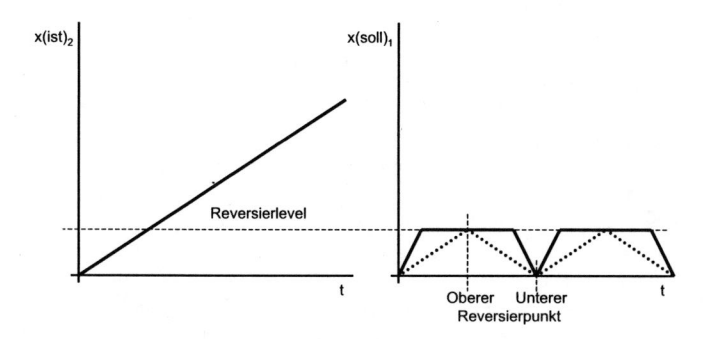

Abbildung 8.7: Szenario 3: Totzeit am oberen Reversierpunkt.

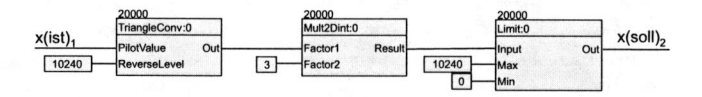

Abbildung 8.8: Teilkonfiguration zur Erzielung einer Totzeit am oberen Reversierpunkt.

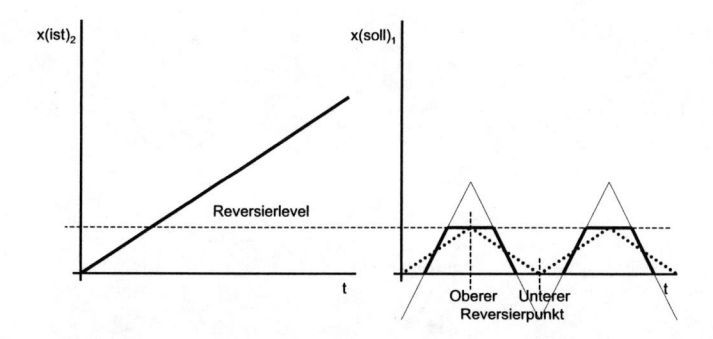

Abbildung 8.9: Szenario 4: Totzeit am oberen und unteren Reversierpunkt.

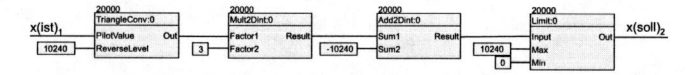

Abbildung 8.10: Teilkonfiguration zur Erzielung einer Totzeit am oberen und unteren Reversierpunkt.

135

Praktischer Einsatz - Möglichkeiten der Online-Konfiguration

Szenario 5

Neue Anforderung: Ausgehend vom Grundverhalten wird nun gefordert, dass jeder zweite Hub größer ist.

Lösungsmöglichkeit: Normalerweise werden solche Anforderungen mit Hilfe einer Ablaufsteuerung gelöst. Im vorliegenden Fall bietet sich jedoch eine weitere Lösung an. Der Hub-Faktor aus Szenario 1 muss am unteren Reversierpunkt zwischen zwei Werten hin und her geschaltet werden.

Es wird eine Komponente (`Toggle`) benötigt, welche ihren Ausgang beim ersten Aufruf auf den Eingangswert *Tvalue1* setzt, beim zweiten Aufruf auf *Tvalue2*, beim dritten Aufruf wieder auf *Tvalue1* und so weiter. Geht man von einer solchen Komponente aus, so darf diese nur aktiviert werden, wenn der Ausgabewert der `TriangleConv` Komponente den Wert Null erreicht hat. Dies bedeutet, dass eine Aufrufbedingung für diese Komponente konfiguriert werden muss (dargestellt durch einen Pfeil in Abbildung 8.12).

Als weitere Lösungsmöglichkeit könnte man die Zykluszeit der `Toggle` Komponente so anpassen, dass sie genau nach Ablauf eines Reversiervorgangs aufgerufen wird. In diesem Fall könnte man auch ohne Aufrufbedingung das gewünschte Verhalten erreichen.

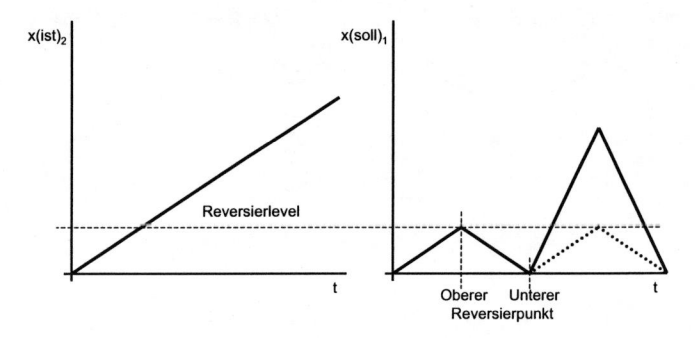

Abbildung 8.11: Szenario 5: Erhöhung von jedem zweiten Hub.

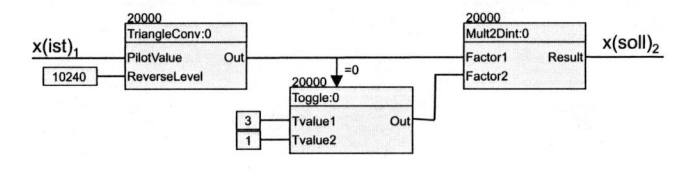

Abbildung 8.12: Teilkonfiguration zur Erhöhung von jedem zweiten Hub.

8.1.6 Fazit

In den vorausgegangenen Abschnitten wurde aufgezeigt, wie man mit Hilfe des Konzepts der Online-Konfiguration auf einfache Weise Anwendungen an neue Anforderungen anpassen kann. Bei Systemen, die nicht über Online-Konfiguration verfügen, wäre dies nicht so einfach möglich. Hier wäre die Strategie, eine möglichst flexible `TriangleConv` Komponente zu entwickeln, die sich an die vielfältigen Anforderungen anpassen lässt. Eine solche flexible Komponente könnte, wie in Abbildung 8.13 dargestellt, aussehen. Sie benötigt eine große Vielzahl von Parametriermöglichkeiten. Dies bedeutet, dass der Entwickler einer solchen Komponente während des Designs möglichst viele Anwendungsfälle berücksichtigen muss. Eine solche Komponente ist wesentlich schwerer zu entwickeln, zu testen und zu warten. Komplexere Eigenschaften, wie in Szenario 5 angedeutet, lassen sich nahezu gar nicht berücksichtigen.

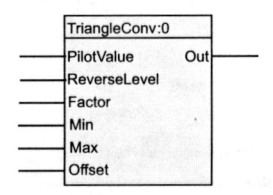

```
         TriangleConv:0
    ─────PilotValue    Out─────
    ─────ReverseLevel
    ─────Factor
    ─────Min
    ─────Max
    ─────Offset
```

Abbildung 8.13: Flexible TriangleConv Komponente mit Parametertechnik.

Anhand dieses Beispiels werden nochmals die wesentlichen Nachteile der Parametertechnik verdeutlicht. Selbst für den trivialen Fall des Ausgangsszenarios müssen nun fünf Parameter für die Komponente `TriangleConv` eingestellt werden. Diese Parameter werden während der Berechnung immer berücksichtigt. Somit ist die Ausführungszeit dieser Komponente relativ hoch. Wohingegen die Ausführungszeit bei der Verwendung der Online-Konfiguration abhängig ist von der Komplexität der Anwendung. Beispielsweise wäre beim Ausgangsszenario die Ausführungszeit bei Nutzung der einfachen `TriangleConv` Komponente deutlich geringer im Verglich zum Einsatz der komplexeren, parametrisierbaren Komponente gemäß Abbildung 8.13.

Die in den Szenarien 1-4 vorgeschlagenen Lösungsmöglichkeiten nutzen ausschließlich Standardkomponenten, die in jedem System zur Verfügung stehen dürften. Diese Komponenten erfüllen triviale Funktionalitäten und sind entsprechend einfach zu entwickeln und zu testen. Szenario 5 nutzt eine Komponente (`Toggle`), die vielleicht nicht auf jedem System zur Verfügung steht. Allerdings lässt sich dieses Verhalten auch durch die Kombination von Standardkomponenten erzielen.

Systempflege Nun soll die Systempflege mit Hilfe der Online-Konfiguration anhand des Szenarios 5 betrachtet werden. Entschließt sich der Hersteller ein System mit einer noch nicht vorhandenen `Toggle` Komponente nachzurüsten, so wird durch dieses Hinzufügen das Verhalten schon bestehender Systeme nicht

Praktischer Einsatz - Möglichkeiten der Online-Konfiguration

beeinflusst. Die neue Version kann an alle Kunden ausgeliefert werden. Kunden, die das System gemäß Szenario 1-4 nutzen, kann gewährleistet werden, dass ihre Anwendung weiterhin korrekt arbeiten.
Im Fall der Offline-Konfiguration sieht die Sache anders aus. Entschließt sich der Hersteller zur Erfüllung des Kundenwunsches, die `TriangleConv` Komponente gemäß Szenario 5 anzupassen, so stehen ihm anschließend folgende Möglichkeiten zur Verfügung:

1. Er liefert die geänderte Software nur an den Kunden, der diese Adaption benötigt. Dadurch ergibt sich die Problematik, dass nun zwei Varianten unterstützt werden müssen. Dies ist mit erheblichen Produktpflege- und Produktwartungskosten verbunden.

2. Er liefert die geänderte Software an alle Kunden. Hierbei muss er allerdings sicherstellen, dass die neue `TriangleConv` Komponenten in allen bisher existierenden Anwendungen immer noch korrekt funktioniert. Dies ist u.U. mit hohem Testaufwand und somit mit hohen Kosten verbunden.

Berücksichtigt man nun, dass in der Praxis eine Vielzahl verschiedener Anforderungen zu einer entsprechend hohen Anzahl an Szenarien führt, so werden die Vorteile einer Online-Konfiguration zu einem entscheidenden Wettbewerbsvorteil.

8.2 Systeme mit Ablaufsteuerung

Häufig hängt das Verhalten eines Systems von externen Ereignissen ab und wird durch eine Ablaufsteuerung gesteuert. Ein typisches Beispiel aus dem Bereich der digitalen Antriebstechnik ist eine Referenzpunktfahrt. Bei diesem Betriebsmodus geht man davon aus, dass der absolute Lage-Istwert einer durch den Antrieb angetriebener Achse nicht bekannt ist und die Achse an einen definierten Ausgangspunkt (Referenzpunkt) gefahren werden soll. Hierbei wird die Achse mit einer bestimmten Geschwindigkeit in Drehzahlregelung in Richtung Referenzpunkt verfahren. Bei Erreichen eines Punktes, der sich in einem definierten Abstand zum Referenzpunkt befindet, wird über eine Nocke ein Ereignis ausgelöst. Der Antrieb wechselt von Drehzahlregelung in Lageregelung und kann den Referenzpunkt genau anfahren.

8.2.1 Automatische Geschwindigkeitsregelung

Ein weiteres Beispiel ist das aus der Literatur bekannte Designproblem der automatischen Geschwindigkeitsregelung bei Fahrzeugen (*cruise control*). Dieses wurde maßgeblich von Booch formuliert und dafür genutzt, um die objektorientierte Designmethode zu motivieren und darzustellen [Boo86]. Immer noch dient dieses Beispiel in einer Vielzahl von Arbeiten dazu, unterschiedliche Designmethoden, insbesondere objektorientierte, zu vergleichen [San98].

8.2.2 Problembeschreibung

Gemäß Booch wird das Problem der automatischen Geschwindigkeitsregelung folgendermaßen formuliert:
Ein System zur automatischen Geschwindigkeitsregelung dient dazu, die Geschwindigkeit eines Fahrzeug auch bei variierendem Terrain konstant zu halten. Abbildung 8.14 zeigt ein Blockdiagramm des Gesamtsystems.

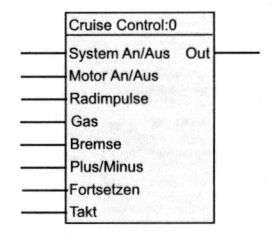

```
Cruise Control:0
─── System An/Aus   Out ───
─── Motor An/Aus
─── Radimpulse
─── Gas
─── Bremse
─── Plus/Minus
─── Fortsetzen
─── Takt
```

Abbildung 8.14: Automatische Geschwindigkeitsregelung.

Das System besitzt 8 Eingänge:

System An/Aus Wenn an, dann soll das System die Geschwindigkeit konstant halten.

Motor An/Aus Wenn an, dann ist der Motor des Fahrzeuges an. Das System ist nur aktiv, wenn der Motor an ist.

Radimpulse Für jede Umdrehung des Rades wird ein Impuls gesendet.

Gas Indikator, wie weit das Gaspedal gedrückt ist.

Bremse An, wenn das Bremspedal gedrückt wird; das System kehrt zeitweise in die manuelle Steuerung zurück.

Plus/Minus Erhöht oder erniedrigt die konstant zu haltende Geschwindigkeit; nur verfügbar, wenn das System aktiv ist.

Fortfahren Fährt fort, die zuletzt konstant gehaltenen Geschwindigkeit zu regeln; nur verfügbar, wenn das System aktiv ist.

Takt Zeitimpuls jede Millisekunde.

Das System besitzt einen Ausgang:

Out Digitaler Steuerwert für den Vergaser.

Aus der Sichtweise des in dieser Arbeit vorgestellten Konzepts entsprechen diese Eingabe- und Ausgabewerte externen Signalen und müssen über Systeminstanzen zur Verfügung gestellt werden. Die Entwicklung dieser Systeminstanzen hängt stark von der eingesetzten Hardware ab. Im Folgenden soll daher nicht näher auf diese eingegangen werden.

Booch definiert nicht klar, wie der Ausgangswert zu bestimmen ist. Gemäß Shaw [Sha95] bieten die Eingabedaten zwei Arten von Informationen: Ob das System aktiv ist und wenn ja, welche Geschwindigkeit gehalten werden soll.

8.2.3 Regelungstechnischer Teil

Die eigentliche Regelung (Abb. 8.15) soll dafür sorgen, dass die aktuelle Istgeschwindigkeit der Sollgeschwindigkeit entspricht. Die Istgeschwindigkeit ist jedoch kein Eingabewert der Problemstellung und muss indirekt über die Radimpulse berechnet werden (`Counter` und `Cnt2RPM` mit geeignetem Skalierungsfaktor xyz). In der Originalproblembeschreibung wird hierzu der Takt benötigt. Dieser kann als Eingabegröße hier entfallen, da der Takt direkt durch die Zykluszeit in die Berechnung eingeht. Wie die Ausgangsgröße berechnet wird und welche Art diese Größe hat, soll hier nicht näher diskutiert werden. Eine geeignete Regelungskomponente (`Regler`) erledigt diese Aufgabe. Der regelungstechnische Teil dieses Problems ist mit Hilfe von ZDKs schnell entwickelt und es ergibt sich die in Abbildung 8.15 dargestellte Konfiguration.

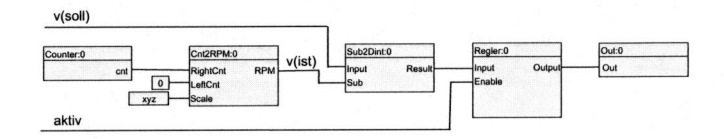

Abbildung 8.15: Regelungstechnische Teilkonfiguration.

In diesem Beispiel wird das *aktiv*-Signal explizit über einen *Enable*-Eingang behandelt. Besitzt die Regler-Komponente keinen solchen Eingang, kann dieses Verhalten dadurch erzielt werden, dass die Regler-Komponente bedingt aufgerufen wird.

8.2.4 Berechnung der Sollgeschwindigkeit

Die Bestimmung der Sollgeschwindigkeit erfolgt folgendermaßen: Wird das System eingeschaltet (`System An/Aus` wechselt von *falsch* auf *wahr*), so wird die aktuelle Istgeschwindigkeit als Sollgeschwindigkeit übernommen (`Copy`). Aus Gründen der Vereinfachung wird angenommen, dass die Systeminstanz, welche das *Plus/Minus*-Signal des Fahrers auswertet, automatisch die entsprechend zu addierende bzw. zu subtrahierende Geschwindigkeit an ihrem Ausgang zur Verfügung stellt. Diese wird mit Hilfe eines Integrierers aufsummiert. Der Integrierer muss bei jedem Systemneustart (`System An/Aus` = *falsch*) auf 0 zurückgesetzt werden. Es ergibt sich die in Abbildung 8.16 dargestellte Teilkonfiguration für die Berechnung der Sollgeschwindigkeit. Beispielhaft sei das Verhalten nochmals anhand der Abbildung 8.17 erläutert.

8.2 Systeme mit Ablaufsteuerung

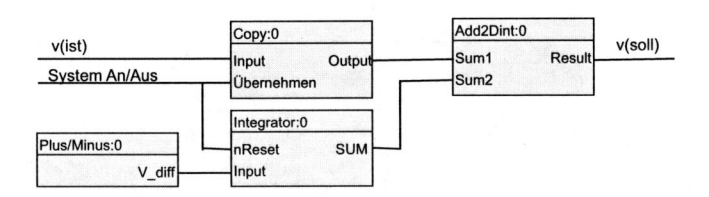

Abbildung 8.16: Teilkonfiguration zur Berechnung der Sollgeschwindigkeit.

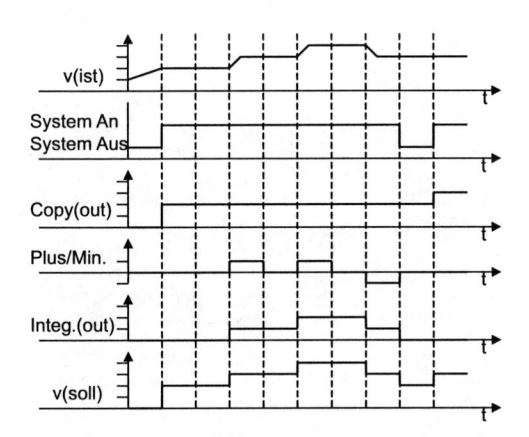

Abbildung 8.17: Beispiel der Signalverläufe der Sollgeschwindigkeitsberechnung.

8.2.5 Ablaufsteuerung

Die eigentliche Ablaufsteuerung ist dafür verantwortlich, das *aktiv*-Signal zu bestimmen, welches die Regler-Komponente aktiviert. Das Verhalten lässt sich am besten in Form einer Zustandstabelle definieren. Die Zustände hängen dabei von den Bedingungen der Eingabewerte System An/Aus (S), Motor An/Aus (M), Bremse (B), Gas (G), Fortfahren (F) ab. Die Ablaufsteuerungskomponente sieht wie in Abbildung 8.18 aus.

Während in der Originalproblembeschreibung die drei ersten Werte schon als Zustände (*wahr/falsch*) definiert sind, werden Gas und Fortfahren als Ereignisse beschrieben. Aus Gründen der Vereinheitlichung werden auch diese in Bedingungen transformiert. Hierbei gilt:

Gas = *wahr*: Es wurde über das Gaspedal beschleunigt.

Fortfahren = *wahr*: Mit der alten Sollgeschwindigkeit fortfahren

Es ergibt sich der in Abbildung 8.19 dargestellte Automat. Die zugehörige Zustandstabelle ist in Tabelle 8.1 aufgeführt. Hierbei sind die Eingänge im Format (S,M,B,G,F) kodiert. Ein Strich bedeutet, dass der Zustand dieser Variable

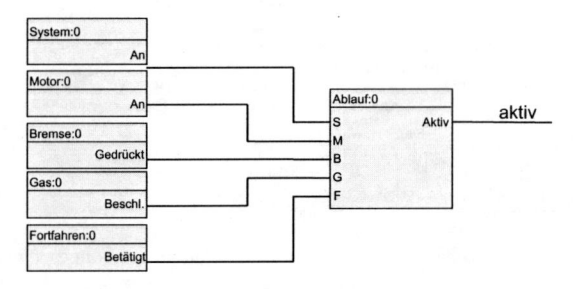

Praktischer Einsatz - Möglichkeiten der Online-Konfiguration

Abbildung 8.18: Teilkonfiguration zur Ablaufsteuerung.

beliebig sein kann.

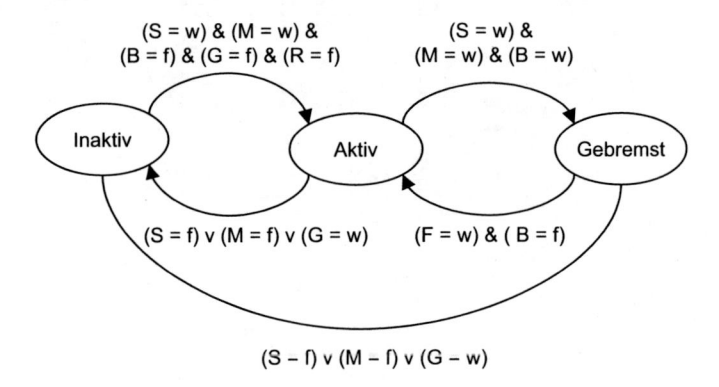

Abbildung 8.19: Zustandsautomat für die Ablaufsteuerung.

Zustand	Ausgabe	f - - - -	- f - - -	wwfff	www - -	wwfw -	wwffw
1: Inaktiv	f	1	1	2	1	1	1
2: Aktiv	w	1	1	2	3	1	2
3: Gebremst	f	1	1	3	3	1	2

Tabelle 8.1: Zustandstabelle des Zustandsautomaten.

In den meisten vergleichbaren Ansätzen, wie z.B. *Port Based Objects*, wird dieser Zustandsautomat in einer Komponente fest implementiert. Dies führt jedoch dazu, dass die Anwendung kaum noch konfigurierbar ist. Soll sich das Verhalten ändern, so kann dies nur durch Änderung der Implementierung geschehen.

Bei anderen Ansätzen (z.B. *ControlShell*) liegt eine andere Strategie zugrunde. Hier werden Zustandsautomaten definiert, die in den einzelnen Zuständen oder

8.2 Systeme mit Ablaufsteuerung

bei Zustandsübergängen bestimmte Aktionen durchführen. Während das Verhalten der Zustandsautomaten (Zustände, Übergänge, Aktionen) frei konfigurierbar ist, sind die Aktionen vorab implementiert. Mit diesen Ansätzen lässt sich nur die Abarbeitung der Aktionen konfigurieren, die Aktionen selbst sind nicht änderbar.

Im Folgenden soll diskutiert werden, wie eine flexiblere Konfiguration von Ablaufsteuerungen erreicht werden kann. Für die Konfiguration im Problemraum bieten sich Darstellungen gemäß Abbildung 8.19 an. Interessanter ist, wie diese Flexibilität im Lösungsraum umgesetzt werden kann. Hier bieten sich mehrere Ansätze mit entsprechenden Vor- und Nachteilen an:

1. Umsetzung des Automaten mit Hilfe schaltungstechnischer Grundkomponenten (Flip-Flops, logische Gatter), wie sie in der digitalen Schaltungstechnik verwendet werden. Vorteile sind, dass mit wenigen Grundkomponenten komplexe Automaten aufgebaut werden können, dass sich diese Strategie ideal durch ZDKs realisieren lässt und dass die Theorie digitaler Schaltwerke intensiv erforscht ist. Nachteile sind maßgeblich darin zu sehen, dass ein Automat aus einer Vielzahl von Einzelkomponenten aufgebaut ist und sich daher ein hoher Kommunikationsoverhead ergibt.

2. Umsetzung mit Hilfe einer allgemeinen Automatenkomponenten, deren Verhalten mit Hilfe der statischen Ports konfiguriert werden kann. Eine solche Komponente muss entsprechende generische Ports besitzen. Mit Hilfe der Datenwerte an den statischen Ports lässt sich während der Instanziierung dieser Komponente die Zustandstabelle aufbauen. Die benötigten Ports sowie die benötigte Anzahl jeweiliger Subports für eine konkrete Anzahl von Zuständen (Z), Eingaben (E) und Ausgaben (A) sind in Tabelle 8.2 aufgeführt.

Port	Art	In/Out	Anzahl Subports
Eingabe	zyklisch	In	E
Ausgabe	zyklisch	Out	A
Anzahl Zustände	statisch	In	1
Ausgabetabelle	statisch	In	$Z \cdot A$
Zustandstabelle	statisch	In	$Z \cdot 2^E$

Tabelle 8.2: Generische Ports einer allgemeinen Automaten-Komponente.

Vorteile dieser Vorgehensweise sind, dass zum einen die Laufzeit aufgrund der Nutzung einer Zustandstabelle optimal ist und zum anderen dass die Struktur der ZDKs und somit die Konfigurationsbeschreibung diesen Ansatz voll unterstützen. Nachteil ist, dass die Zustandstabelle und die Ausgabetabelle vollständig definiert werden muss. Dies führt bei einer großen Anzahl von Eingaben zu einer hohen Anzahl von Subports. Im genannten Beispiel mit 5 Eingaben und 3 Zuständen müssen 96 Tabelleneinträge definiert werden.

3. Spezifikation spezieller Komponenten, die eine optimierte Definition des Automatenverhaltens zulassen. Entsprechend muss die Konfigurationsbeschreibung erweitert werden, um eine entsprechende Beschreibung des Verhaltens zu erlauben. Neben dem grundsätzlichen Vorteil der Optimierung ergibt sich bei dieser Vorgehensweise ein entscheidender Nachteil. Die so definierten Komponenten genügen möglicherweise nicht mehr dem Komponentenmodell der ZDKs.

8.2.6 Fazit

Die flexible Definition von Ablaufsteuerungen ist im bisherigen ZDK-Modell möglich; entweder durch den Aufbau eines Schaltwerkes aus Flip-Flops und logischen Gattern oder durch die Verwendung einer allgemeinen Automaten-Komponente. Dennoch haben beide Ansätze gewisse Nachteile. Wie Ablaufsteuerungen ideal in das ZDK-Komponentenmodell integriert werden können, ist die Aufgabe zukünftiger Forschungsarbeit.

8.3 Komplexere Verhaltens- und Interaktionsmuster

Es existieren einige Verhaltens- und Interaktionsmuster, die sich bei ausschließlicher Verwndung des grundlegenden GPI-Mechanismus nicht realisieren lassen. Im Folgenden werden diese diskutiert. Es werden zum einen die Grenzen dargestellt, die sich bei der Verwendung einer einzigen Basisinteraktion ergeben, zum anderen wird dargestellt, wie mit Hilfe von Kommunikationskomponenten die Anwendbarkeit und Flexibilität wesentlich erweitert werden kann.

8.3.1 Datenraten

Nicht immer ist es der Fall, dass die Eingangsdatenrate und die Ausgangsdatenrate einer Komponente identisch sind. Hierbei kann eine Einteilung in Komponenten mit konstantem Verhältnis und Komponenten mit variablem Verhältnis der Datenraten erfolgen.

Konstantes Verhältnis der Datenraten

Ein typisches Beispiel hierfür wäre ein Feininterpolator. Dieser erhält als Eingabe einen Lage-Sollwert. Die Strecke zwischen altem und neu eingelesenem Lage-Sollwert soll in eine bestimmte Anzahl isometrischer Zwischenstützpunkte eingeteilt werden. Folgendes Beispiel verdeutlicht dies:

```
Alter Sollwert: 5 cm
Neuer Sollwert: 7 cm
Anzahl Stützpunkt: 4
Ausgabe: 5,5 cm, 6 cm, 6,5 cm, 7 cm
```

8.3 Komplexere Verhaltens- und Interaktionsmuster

Dies bedeutet, dass viermal so häufig ein Ergebnis erzeugt wird wie ein neuer Eingabewert benötigt wird. Daher stellt sich die Frage, wie ein solches Verhalten implementiert wird. Im Folgenden werden die beiden grundsätzlichen Möglichkeiten betrachtet.

Feininterpolator im Eingabetakt: Bei jedem Aufruf wird die Eingabe gelesen und alle vier Ausgaben auf einmal erzeugt. Dadurch wird eine weitere Komponente benötigt, die diese vier Eingaben wieder für die nachfolgende Komponente vereinzelt.

Feininterpolator im Ausgabetakt: Bei jedem Aufruf wird eine Ausgabe erzeugt. Die Eingabe wird nur bei jedem vierten Aufruf eingelesen.

Da eine Vereinzelung (bzw. das Zusammenführen) von Daten zusätzlichen Overhead mit sich bringt, wird generell bei Komponenten mit unterschiedlicher Datenrate davon ausgegangen, dass diese immer so implementiert sind, dass sie im Zeitraster aufgerufen werden, die dem Zeitraster der häufiger zu lesenden bzw. schreibenden Daten entspricht.

Variables Verhältnis der Datenraten

Als Beispiel diene eine Komponente mit folgendem Verhalten. Ein Eingabewert wird gelesen. Dieser Wert wird pro Aufruf um eins dekrementiert und ausgegeben. Bei Erreichen des Zählerstandes Null wird ein neuer Eingabewert gelesen. Wieder soll ein Beispiel zum besseren Verständnis dienen:

```
gelesener Wert: 4
Ausgabe 4, 3, 2, 1
gelesener Wert 7
Ausgabe 7, 6, 5, 4, 3, 2, 1
```

Dieses Verhalten lässt sich nur realisieren, indem die Komponente im Ausgabetakt läuft. Die Eingabewerte werden hierbei nicht zyklisch gelesen.

8.3.2 Interaktionsmuster Datenpuffer

Komponenten, bei denen die Datenraten nicht identisch sind, stellen dann ein Problem dar, wenn gefordert wird, dass jedes an den Eingang gelieferte Datum genau einmal eingelesen wird. In diesem Fall ist eine Über- bzw. Unterabtastung nicht erwünscht. Da u.U. das Lesen von Eingangsdaten bei diesen Komponenten nicht zyklisch erfolgt, lässt sich dieses Ziel nur mit Hilfe von gepufferten Datenkanäle erreichen. Jeder geschriebene Wert wird solange in einem FIFO-Puffer gehalten, bis er gelesen wird.

Lösungsansatz

Dies wird durch die Nutzung geeigneter Kommunikationskomponenten ermöglicht. Diese sind dafür zuständig, das Schreiben und Lesen der beteiligten Komponenten zu überwachen. Ändert der Schreiber den Inhalt seiner Portinstanz, so muss dieser neue Wert in den Puffer der Kommunikationskomponente übernommen werden. Liest der Leser einen Wert aus seiner Portinstanz, so muss die

Praktischer Einsatz - Möglichkeiten der Online-Konfiguration

Kommunikationskomponente dessen Portinstanz mit dem nächsten Wert aus dem Puffer aktualisieren. Die Kommunikationskomponente läuft im Prozess mit der kleineren Zykluszeit; entweder am Ende des Schreibprozesses oder am Anfang des Leseprozesses.

Damit die Kommunikationskomponente „weiß", dass eine Portinstanz beschrieben bzw. gelesen wurde, muss in der `Receive()` und der `Transmit()` Funktion ein entsprechendes Flag gesetzt werden. Da dies für alle Portinstanzen gilt, egal ob sie dieses Interaktionsmuster benutzen oder nicht, wird dadurch ein entsprechender Overhead erzeugt.

Eine andere Möglichkeit besteht darin, dass es unterschiedliche `Receive()` und `Transmit()` Funktionen gibt, die während der Konfiguration den Komponenten zugewiesen werden[2]. Durch die weitere Indirektion während des Funktionsaufrufs ergibt sich jedoch ebenfalls ein Laufzeitoverhead.

8.3.3 Interaktionsmuster zeitgenaue Datenübernahme

Ein weiteres komplexes Interaktionsmuster, welches mit der grundlegenden GPI-Kommunikationsmethode nicht auf einfache Weise gelöst werden kann, ist die zeitgenaue Übernahme von Daten. Zur Erläuterung dieses Interaktionsmusters dient folgendes Beispiel. Eine Komponente A, die in einem Prozess mit größerer Zykluszeit T_A läuft, berechnet einen Wert, der als Eingabewert für eine Komponente B dient, die in einem Prozess mit kleinerer Zykluszeit T_B läuft. Ist diese Zykluszeit T_A n-mal so groß wie T_B, so bedeutet dies, dass Komponente B n-mal zwischen zwei Aufrufen der Komponente A aufgerufen wird.

Benötigt die Komponente A eine bestimmte Zeitspanne C_A, die mehrere Zyklen T_B umfassen kann, um dem Ausgabewert zu berechnen, dann ändert sich der Eingabewert der Komponente B direkt nach dieser Zeitspanne. Hierdurch ergibt sich das Problem, dass der Zeitpunkt an dem ein neuer Wert anliegt nicht durch die Angabe von T_A und T_B eindeutig definiert ist und unter Umständen sogar variieren kann.

Diese Problematik liegt darin, dass durch die Angabe von Zykluszeiten nur definiert wird, bis wann ein Ergebnis bereit stehen muss (Deadline). Es ist nicht möglich anzugeben, wann genau ein Ergebnis bereitstehen soll. In bestimmten Anwendungen ergibt sich jedoch die Anforderung, dass ein neues Datum genau zu einem bestimmten Zeitpunkt als Eingabewert für nachfolgende Komponenten bereitsteht. Dieses Zeitpunkt ist im Normalfall der Beginn eines neuen Zykluses T_A.

In Abbildung 8.20 ist der Zeitpunkte t_{ist}, an dem Komponente A ihre Berechnung beendet hat und somit der neue Eingabewert erstmalig für Komponente B zur Verfügung steht, eingezeichnet. Zusätzlich ist der Zeitpunkt t_{soll} eingezeichnet, an der der Wert idealerweise der Komponente B erstmalig zur Verfügung steht.

---

[2]Hier bietet sich die Nutzung von Polymorphismus an. Es gibt verschiedene Klassen von Portinstanzen, die jeweils unterschiedliche Implementationen der `Receive()` und `Transmit()` Methoden besitzen.

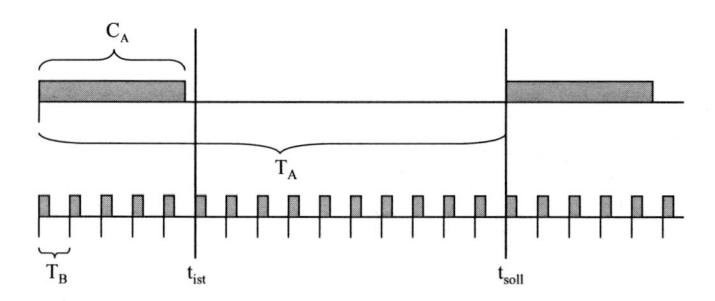

8.3 Komplexere Verhaltens- und Interaktionsmuster

Abbildung 8.20: Zeitpunkt der Datenübernahme: t_{ist} bei normaler GPI Kommunikation und t_{soll} als gewünschtes Verhalten.

Lösungsansatz

Die scheinbar einfache Lösung, den neuen Wert zu Begin des Aufrufs der Komponente A auszugeben, scheitert am gewählten *Rate Monotonic Algorithmus*. Da hier Komponente A eine geringere Priorität besitzt, wird zuerst Komponente B durchgeführt. Der Übernahmezeitpunkt verschiebt sich um einen Zyklus T_B.

Als mögliche Lösung bietet sich wiederum eine Kommunikationskomponente an, die als eigener Prozess mit der Zykluszeit T_A läuft, aber eine sehr hohe Priorität hat und somit vor der Komponente B ausgeführt wird. Die Aufgabe dieser Kommunikationskomponente besteht darin, den berechneten Ausgabewert der Komponente A in die Eingabe-Portinstanz der Komponente B zu kopieren.

Dies bedeutet, dass die Konfigurationsbeschreibung bzw. die Instanzbeschreibung erweitert werden muss. Neben der Angabe der Zykluszeit, muss optional eine Priorität angegeben werden.

8.3.4 Interaktionsmuster konsumierendes Lesen

Beim normalen GPI-Kommunikationsmechanismus werden Daten nicht konsumierend gelesen. Bei mehrmaligen Lesen einer Portinstanz, die nicht beschrieben wird, wird immer wieder der gleiche Wert eingelesen.

Gerade beim Behandeln von externen Ereignissen, wie zum Beispiel bei Ablaufsteuerungen, kann jedoch konsumierendes Lesen von Bedeutung sein. Im Abschnitt 8.2 wurde eine Ablaufsteuerung vorgestellt. Hierbei wurden alle Ereignisse in Zustandsvariablen, die den Zustand *wahr* oder *false* annehmen können, umgewandelt. Hierbei muss die Quelle dieser Zustandsvariablen dafür sorgen, dass ein entsprechender Zustand, der ein bestimmtes Ereignis repräsentiert, lange genug anliegt, um von der nachfolgenden Komponente erkannt zu werden. Andererseits muss die Quellkomponente dafür sorgen, dass der Zustand zurückgesetzt wird, damit ein Ereignis nicht fehlerhaft zweimal erkannt wird.

Dies wird im Allgemeinen dadurch gelöst, dass die Quelle und die verarbeitende Komponente die gleiche Zykluszeit haben. Dies ist jedoch nicht immer möglich. Dies kann zu den in Abbildung 8.21 dargestellten Problemen führen. Ein Ereignis

sei über eine Zustandsvariable E folgendermassen kodiert:
E = *wahr*: Ereignis eingetreten.
E = *falsch*: Ereignis nicht eingetreten.
Läuft die Ereignisquelle A mit größerer Zykluszeit wie in Teilbild 8.21 a), ist es möglich, dass das Ereignisziel B mehrmals das Ereignis registriert. Läuft die Ereignisquelle mit kleinerer Zykluszeit wie in Teilbild 8.21 b), kann dies dazu führen, dass das Ereignisziel Ereignisse verpasst.

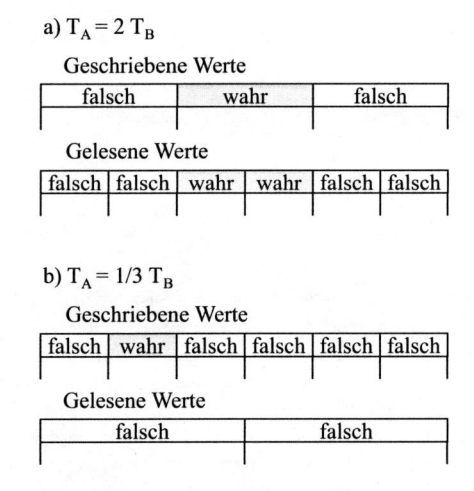

a) $T_A = 2\, T_B$

Geschriebene Werte

falsch	wahr	falsch

Gelesene Werte

falsch	falsch	wahr	wahr	falsch	falsch

b) $T_A = 1/3\, T_B$

Geschriebene Werte

falsch	wahr	falsch	falsch	falsch	falsch

Gelesene Werte

falsch	falsch

Abbildung 8.21: Konflikte durch a) mehrmaliges Registrieren eines einmaligen Ereignisses und durch b) Verpassen eines Ereignisses.

Lösungsansatz

Zur Lösung dieser Problematik bietet sich folgende Vorgehensweise an. Die Ereignisquelle „setzt" die Zustandsvariable auf *wahr*. Diese wird erst wieder zurückgesetzt, wenn das Ereignisziel diesen Wert konsumiert hat. Treten mehrere Ereignisse hintereinander auf müssen diese eventuell gepuffert werden.

Das Interaktionsmuster des konsumierenden Lesens ähnelt stark dem Interaktionsmuster der Datenpuffer. Während jedoch bei Datenpuffern alle Werte der Datenquelle gepuffert werden, existiert beim konsumierenden Lesen ein neutraler Datenwert, der nicht gepuffert wird und welcher darstellt, dass sich kein Zeichen im Puffer befindet. Im obigen Beispiel wäre dies der Wert *falsch*. Dieser Wert bedeutet, dass kein Ereignis eingetreten ist und der Puffer *leer* ist. Folgende Tabelle 8.3 zeigt, wie sich bei verschiedenen Aktionen der Pufferinhalt ändert.

Zur Umsetzung dieses Interaktionsmuster kommt wieder eine spezielle Kommunikationskomponente zum Einsatz. Auch diese muss das Lesen und Schreiben der beteiligten Komponenten überwachen.

8.3 Komplexere Verhaltens- und Interaktionsmuster

Aktion	Puffer vor Aktion	Puffer nach Aktion	Gelesener Wert
Schreiben (w)	f	w	-
Schreiben (w)	w	w,w	-
Schreiben (f)	f	f	-
Schreiben (f)	w	w	-
Lesen	f	f	f
Lesen	w	f	w
Lesen	w,w	w	w

Tabelle 8.3: Konsumierendes Lesen mit neutralem Element (f).

8.3.5 Interaktionsmuster Inter-Daten-Konsistenz

Unter Inter-Daten-Konsistenz versteht man, dass mehrere Daten einen zusammengehörigen Datensatz bilden, welcher konsistent sein muss. Innerhalb eines Prozesses ist die Inter-Daten-Konsistenz immer gegeben, da die einzelnen Komponenten sequentiell abgearbeitet werden. Daher ist sichergestellt, dass alle Eingangsdaten einen zusammengehörigen Datenblock bilden. Anhand des in Abbildung 8.22 dargestellten Beispiels soll dies erläutert werden. Soll eine Addiererkomponente ADD drei Daten D_1, D_2, D_3 aufaddieren, so wird in einigen Anwendungen erwartet, dass die drei Daten „zusammengehören". Sind sowohl Erzeugerkomponente SOURCE als auch der Addierer innerhalb eines Prozesses und wird SOURCE vor ADD ausgeführt, so bilden die drei Werte D_1, D_2, D_3 in den gleichnamigen Portinstanzen immer einen zusammengehörigen Block $\vec{D}$.

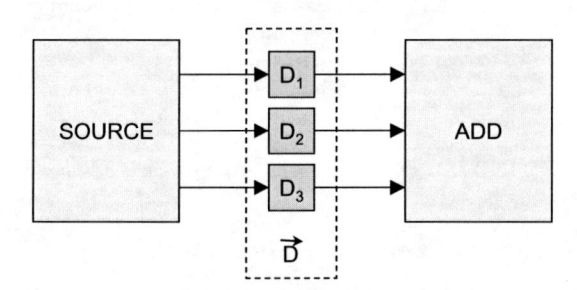

Abbildung 8.22: Übertragung dreier Werte D_1, D_2, D_3 von der Komponente SOURCE zu der Komponente ADD.

Im Folgenden wird von einem Szenario ausgegangen, bei dem die SOURCE Komponente zwei Datensätze $\vec{D^1} = (1,1,1)$ und $\vec{D^2} = (2,2,2)$ nacheinander erzeugt und der erste Datensatz schon in den Portinstanzen steht während der zweite gerade übertragen werden soll. Sind SOURCE und ADD Teil unterschiedlicher Prozesse, so kann dies zu Dateninkonsistenz bei der Interprozesskommunikation führen. Dabei können zwei Fälle betrachtet werden:

T(SOURCE) > T(ADD) Die Zykluszeit der SOURCE-Komponente ist größer als die der ADD-Komponente. Bei Nutzung des *Rate Monotonic Algorithms* ist die Priorität der ADD-Komponente höher und sie kann die SOURCE-Komponente unterbrechen. Hat zum Zeitpunkt der Unterbrechung die SOURCE-Komponente gerade D_1 aktualisiert, aber die anderen beiden Werte noch nicht, so bilden die Eingangsdaten, die die ADD-Komponente einliest, einen nicht zusammengehörigen Block. D_1 ist aktualisiert, aber D_2 und D_3 haben den alten Wert (vgl. Abb. 8.23).

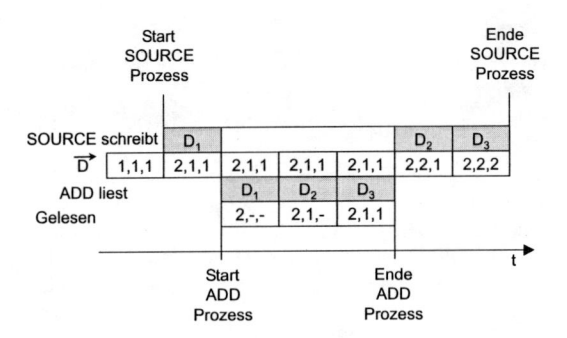

Abbildung 8.23: Inter-Daten-Inkonsistenz, wenn Leser ADD den Schreiber SOURCE unterbricht.

T(SOURCE) < T(ADD) Die Zykluszeit der SOURCE-Komponente ist kleiner als die der ADD-Komponente. Bei Nutzung des *Rate Monotonic Algorithms* ist die Priorität der SOURCE-Komponente höher und sie kann die ADD-Komponente unterbrechen. Dies führt zu folgendem Szenario: Die ADD-Komponente hat gerade D_1 gelesen und wird dann unterbrochen. Anschließend aktualisiert die SOURCE-Komponente die drei Daten in den Portinstanzen. Danach wird die Ausführung der ADD-Komponente fortgesetzt. Diese liest die nun aktualisierten Daten D_2 und D_3. Dadurch rechnet sie intern mit einem nicht zusammengehörigen Datenblock. D_1 hat einen nicht aktualisierten Wert, aber D_2 und D_3 sind aktualisiert (vgl. Abb. 8.24).

Diese Problematik könnte dadurch gelöst werden, das der gesamte Schreib- bzw. Lesevorgang aller zyklischen Ports einer Komponente unterbrechungsfrei mit Hilfe einer Interruptsperre geschieht. Dies bedeutet allerdings, dass es u.U. zu sehr langen Phasen kommt, an denen ein Prozess nicht unterbrochen werden kann. Dies führt dann zu eventuell nicht tolerierbaren Verzögerungen beim Start von hochprioren Prozessen. Noch entscheidender ist der Nachteil, dass bei dieser Methode die Komponenten selbst für die korrekte Implementierung der Interaktion zuständig wären. Dies widerspricht jedoch dem Wunsch noch möglichst klarer Trennung unterschiedlicher Aspekte. Eine Komponente soll maßgeblich die Funktionalität realisieren und nicht zusätzlich Synchronisation und Kommunikationsaspekte implementieren. Dies ist Aufgabe des Komponentenframeworks.

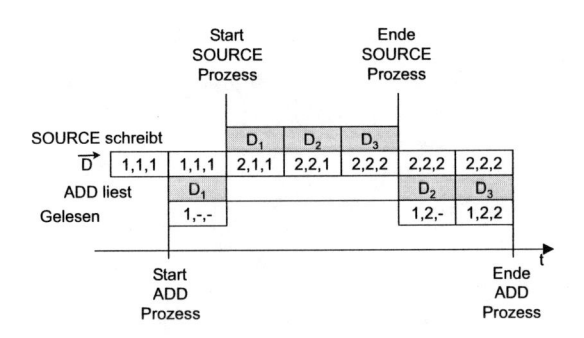

8.3 Komplexere Verhaltens- und Interaktionsmuster

	Start SOURCE Prozess				Ende SOURCE Prozess	
SOURCE schreibt	D_1	D_2	D_3			
$\vec{D}$ 1,1,1	1,1,1	2,1,1	2,2,1	2,2,2	2,2,2	2,2,2
ADD liest	D_1				D_2	D_3
Gelesen	1,-,-				1,2,-	1,2,2
	Start ADD Prozess				Ende ADD Prozess	

Abbildung 8.24: Inter-Daten-Inkonsistenz, wenn Leser ADD vom Schreiber SOURCE unterbrochen wird.

Außerdem würden die Komponenten bei jedem Datenaustausch den Interrupt sperren, auch wenn sie nur innerhalb eines Prozesses interagieren.
Daher wurde eine andere Lösung in Betracht gezogen. Im Folgenden wird zuerst die von Stewart präferierte Lösung mit 3 Datenpuffern vorgestellt. Anschließend wird die im Rahmen dieser Arbeit optimierte Zwei Puffer Lösung erläutert.

Drei Puffer Lösung

Hassani und Stewart schlagen zum sicheren Datenaustausch folgende Lösung vor [HS97]: Es existiert ein globaler Datenpuffer (GDP) und für jede Komponente[3] ein lokaler Datenpuffer (LDP). Der GDP enthält die Vereinigung aller lokalen Variablen. Die Daten der LDP werden über den GDP verknüpft. In Abbildung 8.25 ist diese Zwei-Level-Architektur schematisch dargestellt.

Zur Kommunikation zwischen zwei Komponenten werden demnach drei Puffer benötigt. Für jede der beiden Komponenten einen lokalen und zusätzlich der globale Puffer. Eine Komponente kann nur auf ihren lokalen Datenpuffer zugreifen. Vor jedem Komponentenaufruf werden die Daten der Eingangsports vom GDP in den LDP kopiert. Entsprechend werden die Ausgabewerte nach dem Komponentenaufruf vom LDP in den GDP kopiert. Da dieser Kopiervorgang einen kritischen Abschnitt darstellt, wird dieser mit Hilfe einer Interruptsperre geschützt. Dadurch wird sowohl die Intra- als auch die Inter-Daten-Konsistenz gewährleistet.

Zum Transfer eines Wertes von einer Komponente A in eine andere Komponente B werden zwei Kopiervorgänge benötigt. Zuerst vom LDP der Komponente A in den GDP und dann vom GDP in den LDP der Komponente B. Neben dem damit verbundenen Overhead durch das zweimalige Kopieren wirkt sich zusätzlich der hohe Anteil unterbrechungsfreier Abschnitte negativ aus. Des Weiteren werden gegebenenfalls Daten kopiert, die als Zwischenwerte von nachfolgenden Komponenten nicht benötigt werden. Hierzu diene wieder das Beispiel aus Abbil-

---

[3]Bei Port Based Objects wird im Normalfall jeder Komponenteninstanz ein eigener Prozess zugeordnet.

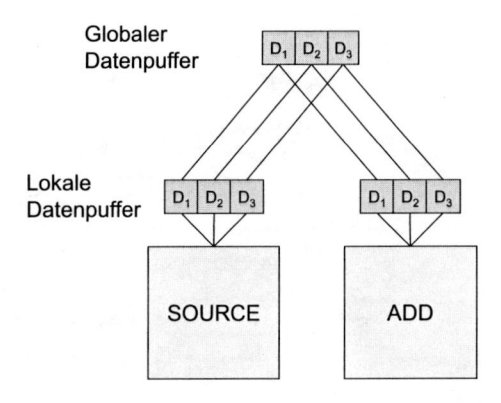

Praktischer Einsatz - Möglichkeiten der Online-Konfiguration

Abbildung 8.25: Globaler und Lokale Datenpuffer bei Port Based Objects.

dung 8.22. Geht man nun davon aus, dass die Komponente SOURCE eine Zykluszeit von 1 ms und die Komponente ADD eine Zykluszeit von 5 ms hat, so würden jede Millisekunde die Ausgangsdaten der SOURCE Komponente in den GDP kopiert werden, obwohl nur jeder fünfte Wert genutzt wird. Bei insgesamt sechs Kopiervorgängen pro Wert in 5 ms (5 mal schreiben, 1 mal lesen) sind vier unnötig. In diesem Beispiel würde dieser zusätzliche, unnötige Aufwand 66% der gesamten Kommunikation ausmachen.

Zwei Puffer Lösung

Aufgrund der genannten Nachteile wurde im Rahmen dieser Arbeit eine neue Methode entwickelt, welche nur noch einen Kopiervorgang benötigt, um Daten zwischen Prozessen auszutauschen. Zusätzlich ist diese Methode dahingehend optimal, dass der Kopiervorgang so selten wie möglich durchgeführt wird.

Hierzu wurde auf den globalen Datenpuffer verzichtet. Die Daten werden direkt zwischen den beiden lokalen Datenpuffern, welche durch die Portinstanzen realisiert sind, ausgetauscht. Für diesen Kopiervorgang eignet sich das Konzept der Kommunikationskomponenten. Eine solche Kommunikationskomponente KK_Sync wird zwischen die Komponenten „geschaltet" und kopiert die Daten. Während dieses Kopiervorgangs muss aus Konsistenzgründen dafür gesorgt werden, dass dieser Vorgang nicht unterbrochen wird. In Abbildung 8.26 ist dies anhand des ADD-Beispiels dargestellt.

Die Schwierigkeit besteht nun darin, festzulegen, wann KK_Sync aufgerufen werden muss. Dabei muss sichergestellt werden, dass der Kopiervorgang dann stattfindet, wenn der in die KK geschriebene Datenblock $\overrightarrow{D_W}$ vollständig und in sich konsistent ist und der vom KK ausgelesene Datenblock $\overrightarrow{D_R}$ nicht gerade verwendet wird. In anderen Worten: der Kopiervorgang muss stattfinden, wenn weder die schreibende noch die lesende Komponente auf ihre PIs zugreift.

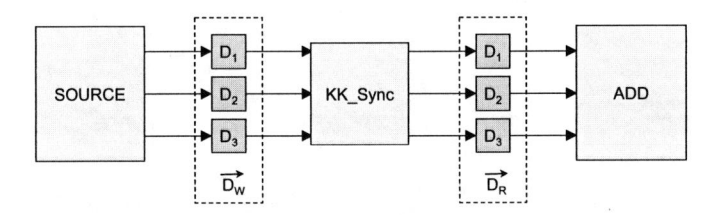

8.3 Komplexere Verhaltens- und Interaktionsmuster

Abbildung 8.26: Zwei Puffer Lösung mit Kommunikationskomponente.

These 1 *Der Prozess mit der niedrigeren Priorität muss den Kopiervorgang initiieren. Zu Beginn des Prozesses werden alle von höher prioren Prozessen zu lesenden Daten kopiert. Am Ende des Prozesses werden alle an höher priore Prozesse zu schreibenden Daten kopiert.*

Zum Beweis dieser These werden die beiden Fälle des Beispiels vom Anfang dieses Abschnittes betrachtet:

T(SOURCE) > T(ADD) Die Zykluszeit der SOURCE-Komponente ist größer als die der ADD-Komponente. Bei Nutzung des *Rate Monotonic Algorithms* ist die Priorität der ADD-Komponente höher und sie kann daher die SOURCE-Komponente unterbrechen. Findet das unterbrechungsfreie Kopieren während des SOURCE-Prozesses statt, ist gewährleistet, dass der ADD-Prozess und somit der Lesevorgang des Datenblocks $\overrightarrow{D_R}$ beendet ist, da der SOURCE-Prozess erst wieder ausgeführt wird, wenn der höher priore ADD-Prozess beendet ist. Nun muss nur noch sichergestellt werden, dass der geschriebene Datenblock $\overrightarrow{D_W}$ ebenfalls konsistent ist. Dies ist dann der Fall, wenn die Komponente SOURCE beendet ist. Wird am Ende des SOURCE-Prozesses KK_Sync unterbrechungsfrei durchgeführt, ist gewährleistet, dass weder auf $\overrightarrow{D_W}$ noch auf $\overrightarrow{D_R}$ zugegriffen wird. In Abbildung 8.27 ist ein Beispielszenario dargestellt.

T(SOURCE) < T(ADD) Die Zykluszeit der SOURCE-Komponente ist kleiner als die der ADD-Komponente. Bei Nutzung des *Rate Monotonic Algorithms* ist die Priorität der SOURCE-Komponente höher und sie kann die ADD-Komponente unterbrechen. Findet das unterbrechungsfreie Kopieren während des ADD-Prozesses statt, ist gewährleistet, dass der SOURCE-Prozess und somit der Schreibvorgang des Datenblocks $\overrightarrow{D_W}$ beendet ist und die Daten konsistent sind. Nun muss nur noch sichergestellt werden, während des Kopierens nicht teilweise gelesene Daten in $\overrightarrow{D_R}$ zu überschreiben. Dies kann dann nicht geschehen, wenn die Komponente ADD noch nicht gestartet wurde und somit auch der Lesevorgang nicht begonnen hat. Wird bei Beginn des ADD-Prozesses KK_Sync unterbrechungsfrei durchgeführt, ist gewährleistet, dass weder auf $\overrightarrow{D_W}$ noch auf $\overrightarrow{D_R}$ zugegriffen wird. In Abbildung 8.28 und 8.29 sind zwei Beispielszenarien dargestellt.

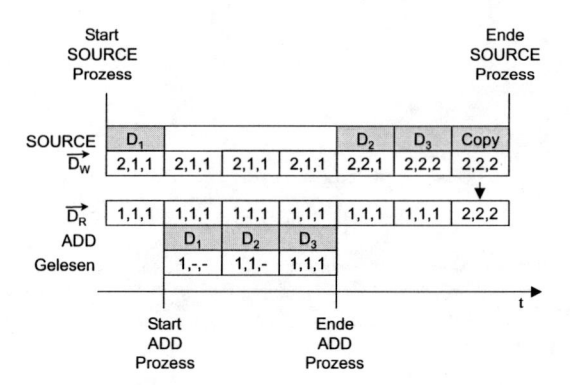

Praktischer Einsatz - Möglichkeiten der Online-Konfiguration

Abbildung 8.27: Inter-Daten-Konsistenz durch unterbrechungsfreies Kopieren der zu schreibenden Daten am Ende des niederprioren Prozesses. ADD unterbricht SOURCE.

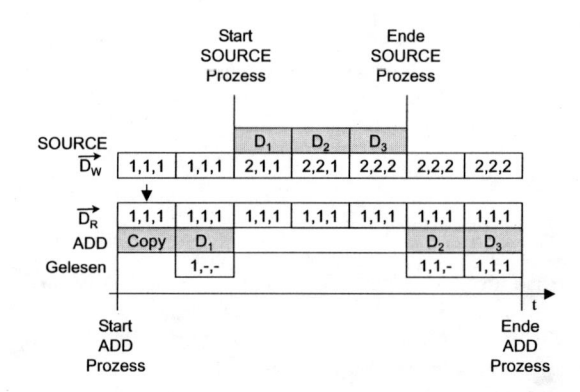

Abbildung 8.28: Inter-Daten-Konsistenz durch unterbrechungsfreies Kopieren der zu lesenden Daten am Anfang des niederprioren Prozesses. Szenario 1: SOURCE startet nach ADD.

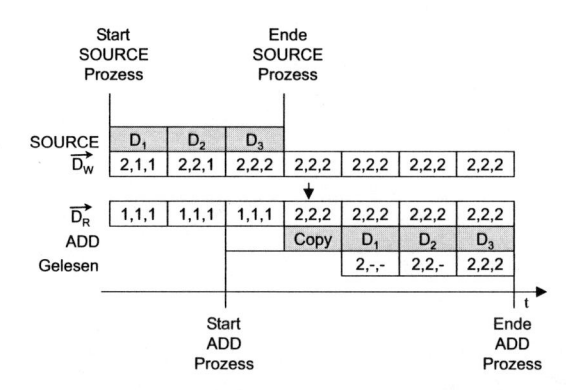

8.3 Komplexere Verhaltens- und Interaktionsmuster

```
              Start              Ende
              SOURCE             SOURCE
              Prozess            Prozess
                │                  │
SOURCE   ┌───┬───┬───┐
  D⃗_W    │D₁ │D₂ │D₃ │
         │2,1,1│2,2,1│2,2,2│2,2,2│2,2,2│2,2,2│2,2,2│
                       ↓
  D⃗_R    │1,1,1│1,1,1│1,1,1│2,2,2│2,2,2│2,2,2│2,2,2│
  ADD                        │Copy │ D₁ │ D₂ │ D₃ │
  Gelesen                    │2,-,-│2,2,-│2,2,2│
                             │                   │
                             Start               Ende
                             ADD                 ADD
                             Prozess             Prozess
```

Abbildung 8.29: Inter-Daten-Konsistenz durch unterbrechungsfreies Kopieren der zu lesenden Daten am Anfang des niederprioren Prozesses. Szenario 2: SOURCE startet vor ADD.

Beide Fälle lassen sich kombinieren. Diese Methode der Interprozesskommunikation garantiert sowohl die Inter- als auch die Intra-Daten-Konsistenz. Da aber aufgrund des Kopiervorgangs und der längeren Interruptsperre ein höherer Overhead entsteht als bei der einfachen GPI-Methode, sollte dieser Mechanismus nur dann eingesetzt werden, wenn tatsächlich ein zusammenhängender Datenblock übertragen werden muss.

Das grafische Konfigurationswerkzeug kann eine bequeme Art zur Verfügung stellen, zusammenhängende Portverbindungen zu kennzeichnen. Dann können automatisch die entsprechenden Kommunikationskomponenten in die Konfigurationsbeschreibung eingefügt werden. Zu beachten gilt allerdings, dass nur Portverbindungen als zusammengehörig deklariert werden können, wenn alle diese Verbindungen die gleichen zwei Prozesse verknüpfen. Anders formuliert bedeutet dies, dass nur Ausgabewerte, die mit der gleichen Zykluszeit produziert werden, zu einem Datenblock zusammengefasst werden können. Zudem macht dies nur Sinn, wenn dieser Datenblock von einem einzelnen Prozess gelesen wird und nicht auf mehrere verteilt wird.

In Abbildung 8.30 ist ein Beispiel mit drei kooperierenden Prozessen dargestellt. Hierbei wurde aus Übersichtlichkeitsgründen auf die Darstellung der einzelnen Portinstanzen verzichtet. Vielmehr werden ganze zusammengehörige Datenblöcke dargestellt.

Das Konfigurationswerkzeug erzeugt jetzt eine Konfigurationsbeschreibung mit den entsprechenden KKs, die automatisch den jeweiligen Prozessen zugeordnet werden. Daraus erzeugt das Komponentenframework in gewohnter Weise eine Systemkonfiguration. Dabei entstehen folgende drei Prozesse mit den jeweiligen KKs und der entsprechenden Reihenfolge:

Prozess P_1 : (5 ms, höchste Priorität)
   1. Führe Komponenten des Prozesses sequentiell aus.

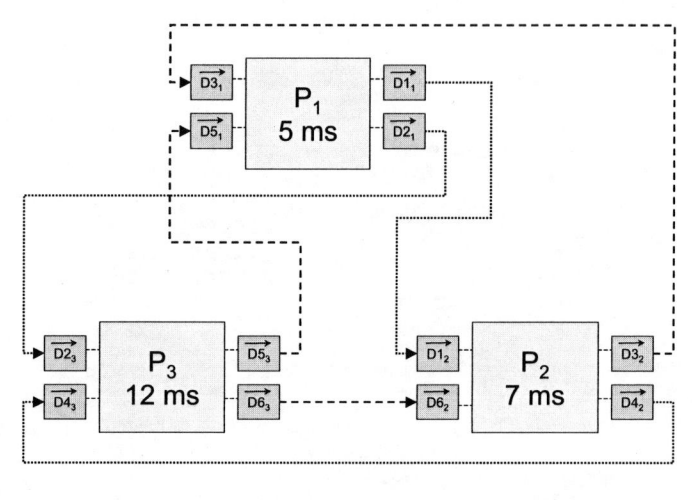

Praktischer Einsatz - Möglichkeiten der Online-Konfiguration

Abbildung 8.30: Beispiel für drei kooperierende Prozesse mit jeweils einem Datenblock zwischen zwei Prozessen.

Prozess P_2 : (7 ms, mittlere Priorität)
1. KK_Sync1: Kopiere $D1_1$ nach $D1_2$.
2. Führe Komponenten des Prozesses sequentiell aus.
3. KK_Sync3: Kopiere $D3_2$ nach $D3_1$.

Prozess P_3 : (12 ms, geringste Priorität)
1. KK_Sync2: Kopiere $D2_1$ nach $D2_3$.
2. KK_Sync4: Kopiere $D4_2$ nach $D4_3$.
3. Führe Komponenten des Prozesses sequentiell aus.
4. KK_Sync5: Kopiere $D5_3$ nach $D5_1$.
5. KK_Sync6: Kopiere $D6_3$ nach $D6_2$.

Vorteile dieses Verfahrens sind, dass nur noch ein unterbrechungsfreier Kopiervorgang zwischen zwei Komponenten nötig ist und - wie deutlich in der vorhergehenden Prozessaufteilung zu sehen ist - dass der Kopiervorgang mit der möglichst niedrigsten Frequenz wiederholt wird. Letzteres hat aber auch einen entscheidenden Nachteil. So blockiert im obigen Beispiel der Prozess mit der niedrigsten Priorität am häufigsten durch das unterbrechungsfreie Kopieren. Da in den betrachteten Anwendungssystemen das Datenaufkommen relativ gering ist, ist der Zeitraum, an der der Prozessor auf Grund der Kommunikation blockiert ist, entsprechend klein. Für Anwendungen mit erheblich mehr Datenaufkommen, wie z.B. Video- und Audioapplikationen, ist diese Methode nur bedingt anwendbar.

8.4 Zusammenfassung

Am Anfang dieses Kapitels wurde anhand eines Anwendungsbeispiels eine typische Regelungsaufgabe ohne Ablaufsteuerung dargestellt (8.1). Hierzu wurde eine Versuchsanordnung sowohl für eingebettete Systeme (8.1.1) als auch für eine PC-basierte Beispielimplementierung (8.1.2) vorgestellt. Anschließend wurde eine Regelungsaufgabe formuliert (8.1.3) und eine mögliche Lösung in Form einer Beispielkonfiguration (8.1.4) präsentiert. Darauf aufbauend wurden eingehend die Adaptionsmöglichkeiten anhand einiger Szenarien aufgeführt (8.1.5). Diese lassen sich mit Hilfe der in dieser Arbeit konzipierten Methode der Offline-Konfiguration auf einfache Art und Weise realisieren. Es wurde deutlich gemacht, welche Vorteile diese Vorgehensweise gegenüber der Parametertechnik hinsichtlich der Flexibilität von eingebetteten Regelungssystemen mit sich bringt. So können mit Standardkomponenten eine Vielzahl unterschiedlicher Anforderungen bezüglich der gewünschten Funktionalität erfüllt werden.

Anschließend wurden Systeme mit Ablaufsteuerung betrachtet (8.2). Als Beispiel diente das aus der Literatur bekannte Designproblem einer automatischen Geschwindigkeitsregelung (8.2.1). Nachdem die Problemstellung (8.2.2) beschrieben wurde, erfolgte als beispielhafte Lösungsmöglichkeit die Beschreibung der drei Kompositionskomponenten für den regelungstechnischen Teil (8.2.3), für die Berechnung der Sollgeschwindigkeit (8.2.4) und für die Ablaufsteuerung (8.2.5). Insbesondere auf letztere wurde detailliert eingegangen. Es wurde aufgezeigt, wie konfigurierbare Ablaufsteuerungen prinzipiell in das Modell der zeitgesteuerten Datenflusskomponenten integriert werden können. Dennoch haben die präsentierten Lösungsmöglichkeiten auch gewisse Nachteile, so dass weitergehende Forschung in diesem Bereich nötig ist (8.2.6).

Die in dieser Arbeit entwickelten Konzepte erweitern die Vor-Ort-Flexibilität eingebetteter Systeme enorm. Selbst unter Verwendung der einfachen GPI-Kommunikation lassen sich Anwendungen an viele unterschiedliche Anforderungen anpassen. Aber gerade auf Grund dieser mit geringer Komplexität behafteten Interaktion zwischen Komponenten, ergeben sich natürliche Grenzen hinsichtlich der Anwendbarkeit. Diese Grenzen können nur dadurch überwunden werden, dass komplexere Verhaltens- und Interaktionsmuster in das System integriert werden. Aus diesem Grund wurden einige dieser Grenzen in 8.3 diskutiert. Es wurden beispielhaft Probleme betrachtet, die sich bei zeitgesteuerten Datenflussmodellen ergeben. Insbesondere wurde dargestellt, dass Komponenten unterschiedliche Datenraten bezüglich Eingangs- und Ausgangsdaten besitzen können (8.3.1).

Existiert die Anforderung, dass Komponenten alle Eingangswerte berücksichtigen sollen, werden u.U. gepufferte Datenkanäle benötigt (8.3.2). Damit verbundene Probleme und mögliche Lösungsansätze mit geeigneten Kommunikationskomponenten wurden dargestellt.

Eine weitere Anforderung, die sich bei ZDKs ergeben kann, ist, dass Daten zeitgenau übernommen werden sollen (8.3.3). Diese Problematik sowie die Möglichkeit, diese mit Hilfe von Kommunikationskomponenten zu lösen, wurde beschrieben.

Als weiteres Interaktionsmuster, welches vor allem in Bezug auf Ereignisse

Praktischer Einsatz - Möglichkeiten der Online-Konfiguration

bei Ablaufsteuerungen Verwendung finden kann, wurde das konsumierende Lesen (8.3.4) diskutiert. Eine mögliche Lösung, basierend auf speziellen Datenpuffer-Kommunikationskomponenten, wurde vorgestellt.

Ein wichtiges Interaktionsmuster ergibt sich aus der Forderung, dass mehrere Daten einen zusammengehörigen Datenblock bilden und auch über Prozessgrenzen hinaus konsistent sein sollen (8.3.5). Diese Konsistenz lässt sich beispielsweise mit der Drei-Puffer-Lösung von Stewart lösen. Im Rahmen dieser Arbeit wurde jedoch eine optimierte Lösung mit Hilfe von zwei Puffern und einer geeigneten Kommunikationskomponente konzipiert. Dieses Interaktionsmuster wurde auf Grund seiner enormen Bedeutung im Rahmen dieser Arbeit sehr ausführlich analysiert und betrachtet.

In diesem Kapitel konnte anhand praxisorientierter Beispiele, die Flexibilität der Online-Konfiguration aufgezeigt werden. Insbesondere wurde dargelegt, dass sich konfigurierbare Interaktionsmuster in den vorgestellten Ansatz sehr gut integrieren lassen. Sind neben Kontrollfluss-, Datenfluss und Zeitaspekten auch Interaktionsaspekte flexibel anpassbar so wird die Anwendbarkeit der Online-Konfiguration wesentlich erhöht. Durch die Verwendung von Kommunikationskomponenten, kann jeder Hersteller von Komponentenframeworks entscheiden, welche Interaktionsmuster er anbietet. Eine Ausprägung von Komponentenframeworks bezüglich höherer Laufzeit bzw. höherer Flexibilität ist individuell möglich.

Alle präsentierten Verhaltens- und Interaktionsmuster wurden prototypisch implementiert. Dennoch müssen in nachfolgenden Forschungsarbeiten diese und weitere diverse Interaktionsmuster identifiziert, kategorisiert und detailliert analysiert werden, um festzustellen, wie diese ideal in das ZDK-Modell integriert werden können. Gegebenenfalls muss das ZDK-Modell erweitert werden.

Kapitel 9

Zusammenfassung und Ausblick

9.1 Ergebnisse

Im Rahmen dieser Arbeit wurden Methoden konzipiert, die für die Entwicklung eingebetteter Steuerungs- und Regelungssysteme geeignet sind und die es ermöglichen, solche Systeme vor Ort flexibel an sich ändernde Anforderungen anzupassen. Diese Anpassung kann hierbei ohne erneute Übersetzung von Quellcode erfolgen. Dies ist insbesondere für eingebettete Systeme deshalb von Vorteil, da sich die Turn-Around-Zeiten bei der Softwareadaption wesentlich verringern.

Systeme lassen sich schneller und sicherer entwickeln und auch die Produktlebenskosten werden deutlich gesenkt. Die Reaktionszeit des Herstellers auf diverse Kundenwünsche ist ebenfalls kürzer. All diese Vorteile kommen insbesondere der Automatisierungsindustrie zu Gute, die mit Hilfe eines solchen Systems wesentliche Wertvorteile erhält. In Kapitel 3 wurde die Notwendigkeit einer entsprechenden Vorgehensweise bei der Entwicklung von eingebetteten Mechatroniksystemen ausführlich dargestellt.

Die wesentlichen Vorteile sind:

- schnellere Entwicklungszeiten,

- größere Sicherheit durch Verwendung vorab getesteter Komponenten,

- hohe Vor-Ort-Flexibilität,

- echtzeitfähiges Komponentensystem,

- klare Rollentrennung in Komponentennutzer, - entwickler und -frameworkentwickler,

- klare Trennung von Problem- und Lösungsraum,

- standardisierte Schnittstellen an den Abstraktionsgrenzen,

- vereinfachtes Versions- und Variantenmanagement,

- einfache Portierung auf diverse Zielplattformen, auch wenn auf diesen kein Betriebssystem vorhanden ist.

Zusammenfassung und Ausblick

Als grundlegendes Konzept wurde hierbei die Online-Konfiguration gewählt. Bei dieser werden Anwendungen außerhalb der Zielplattform in einem Beschreibungsprozess definiert und anschließend auf der Zielplattform in einem Kompositionsprozess aus vorab erstellten und getesteten Komponenten zusammengestellt. Dieser zweite Prozess findet zum Systemstart statt. Dadurch wird der Kompositionszeitpunkt der konfigurierbaren Aspekte an diesen Zeitpunkt gelegt. Dieser Kompositionszeitpunkt stellt einen idealen Kompromiss für die gegenläufigen Anforderungen hinsichtlich Flexibilität und Laufzeiteffizienz dar.

Als zweites grundlegendes Modell wurde das Drei-Rollen-Modell eingeführt. Zentraler Gedanke hierbei ist, dass neben der herkömmlichen Einteilung in Komponentennutzer und Komponentenentwickler eine weitere an der Entwicklung beteiligte Rolle eingeführt wird: der Komponentenframeworkentwickler. Diese Einteilung in verschiedene Rollen bringt den Vorteil, dass sich Entwickler von Softwaresystemen auf ihre Hauptkompetenzen konzentrieren können. Der Komponentennutzer besitzt das nötige Prozesswissen, um ganze Anwendungen entwerfen zu können. Der Komponentenentwickler hat entsprechende Erfahrung in der funktionalen Softwareentwicklung, insbesondere von Regelungsbausteinen. Der Komponentenframeworkentwickler schließlich besitzt hohes Know-How bezüglich Echtzeitsystemen, Betriebssystemen und hardwarenahen Softwareentwicklungen.

Der wissenschaftliche Beitrag der vorliegenden Arbeit lässt sich in drei Kernaussagen einteilen. Ein geeignetes Modell für Datenflusskomponenten (Kapitel 5) ist die Grundlage für die Beschreibung von Komponenten und Konfigurationen. Die neu konzipierte Vorgehensweise für die Online-Konfiguration, der übergeordneter Softwareentwicklungsprozess sowie das Komponentenframework (Kapitel 6 und Kapitel 7) beschreiben und realisieren die Konzepte im Lösungs- und Problemraum und die Integration der einzelnen Rollen. Das Konzept der Kommunikationskomponenten erlaubt die flexible Konfiguration diverser Interaktionsmuster (Kapitel 8).

9.1.1 Komponentenmodell

Damit alle am Entwicklungsprozess beteiligten Personen eine gemeinsame Vorstellung über die Wirkungsweise des Systems haben, wird ein grundlegendes Komponenten- und Rechenmodell benötigt. In dieser Arbeit wurde daher das Modell einer allgemeinen Datenflusskomponente (ADK) konzipiert (5.3). Dieses Modell beschreibt Datenflusskomponenten sehr allgemein und kann zur Beschreibung einer Vielzahl von Systemen herangezogen werden. Dieses Modell wurde anschließend durch Einschränkungen vereinfacht und es wurde das Modell der zeitgesteuerten Datenflusskomponente (ZDK) daraus abgeleitet (5.4). Dieses besteht im Wesentlichen aus einer Gruppe von statischen Ports und einer Gruppe von zyklischen Ports. Während erstere nur unter einer bestimmten Voraussetzung (im Regelfall einmalig bei der Komponenteninitialisierung) gelesen und geschrieben werden, werden die zyklischen Ports bei jedem Aufruf der Komponente abgearbeitet. Die Komponente selbst wird zyklisch mit einer festgelegten Zykluszeit aufgerufen.

Dieses Modell dient dem grundlegenden Verständnis der Funktionsweise des

9.1 Ergebnisse

Gesamtsystems und kann von allen drei Rollen als abstraktes Modell genutzt werden. Darüberhinaus dient es als Basis für die Konfigurationsbeschreibung. Komponentennutzer und Komponentenframeworkentwickler können Konfigurationsbeschreibungen, die auf dem ZDK-Modell basieren, entkoppelt voneinander erstellen und interpretieren. Alle Modelle wurden formal definiert und können auch dazu genutzt werden, die Komponenten anderer Ansätze (*Port Based Objects*, *ControlShell*, usw.) zu beschreiben. Der Vorteil der im Rahmen dieser Arbeit konzipierten abstrakten Modelle sind ihre Einfachheit und Allgemeinheit.

9.1.2 Vorgehensweise für die Online-Konfiguration

Die Vorgehensweise für die Online-Konfiguration ermöglicht die einfache und sichere Erstellung von Anwendungen. Aus dieser Vorgehensweise ergibt sich ein Entwicklungsprozess. Im Rahmen dieser Arbeit wurden folgende für die Online-Konfiguration wichtigen Teilaspekte untersucht und entsprechende Lösungen konzipiert und definiert:

Komponenten - Allgemein

Aufgrund einer Domänenanalyse wurden die wesentlichen Eigenschaften einer Komponente untersucht (6.1). Diese Eigenschaften lassen sich in zwei Gruppen einteilen. Die Porteigenschaften (6.1.1) beschreiben die Merkmale der Schnittstelle (Typ, Datentyp, Verknüpfung, optional, notwendig, generisch). Durch die Eigenschaft *generisch* lassen sich Ports mehrfach instanziieren. Weiterhin wurde die Verknüpfungseigenschaft dahingehend erweitert, dass neben anderen Ports auch Konstanten oder Datenbankverweise mit einem Port verknüpft werden können. Um dies zu ermöglichen, wurde das Konzept der Portinstanzen eingeführt. Ports von Komponenten werden nicht direkt miteinander verknüpft, sondern indirekt über Portinstanzen. Die zweite Gruppe von Komponenteneigenschaften sind die Aufrufeigenschaften (Zykluszeit, sequentielle Priorität und Aufrufbedingung) (6.1.3).

Im Rahmen dieser Arbeit wurde eine an die objektorientierte Entwicklung angelehnte dreistufige Komponentenhierarchie konzipiert (6.1.4). Diese besteht aus Komponentenskelett, -typ und -instanz. Während Komponentenskelette und Komponententypen die nicht konfigurierbaren Eigenschaften realisieren, sind die konfigurierbaren Eigenschaften in einer Komponenteninstanz festgelegt.

Komponenten im Problem- und Lösungsraum

Durch die Abgrenzung der drei Rollen ergeben sich zwei Abstraktionsgrenzen. Durch eine Standardisierung dieser Grenzen können die unterschiedlichen Rollen effektiv miteinander oder vielmehr losgelöst voneinander arbeiten. In dieser Arbeit wurden allgemeine und konkrete Vorschläge zur Standardisierung dieser Grenzen entwickelt.

Der Komponentennutzer ist im Problemraum angesiedelt (6.2). Für ihn bestehen Komponenten maßgeblich aus der Beschreibung der Komponenteneigenschaften. Entsprechend wurden Typbeschreibungen (6.7.1) zur Definition der nicht

Zusammenfassung und Ausblick

konfigurierbaren Eigenschaften und Instanzbeschreibungen (6.7.2) zur Definition der konfigurierbaren Eigenschaften in dieser Arbeit spezifiziert. Diese sind direkt an die Komponentenhierarchie angelehnt. Als Datenformat wurde XML gewählt (6.7.3).

Der Komponentenentwickler muss sich an Implementierungsvorschriften halten, damit die Komponenten korrekt mit dem Komponentenframework interagieren können. Daher muss der Aufbau von Komponenten im Lösungsraum festgelegt sein. In dieser Arbeit wurde ein solcher Aufbau in Hinblick auf die vielfältigen Anforderungen konzipiert (6.4).

Die wesentliche Aufgabe des Komponentenentwicklers besteht darin, Komponenten aus dem Problemraum in den Lösungsraum zu transferieren und die Komponentenfunktionalität zu implementieren. Hierzu wurden im Rahmen dieser Arbeit methodische Verfahren zur Erzeugung der Komponentenfunktionen aus der Typbeschreibung einer Komponente dargestellt (6.5).

Insbesondere das Erzeugen der Komponentenskelette kann automatisiert werden. Im Rahmen dieser Arbeit wurde prototypisch ein solches Werkzeug implementiert (6.6.1).

Konfigurationsprozess

Wesentliches Element der Konfiguration (6.8) ist die Konfigurationsbeschreibung. Die Konfigurationsbeschreibung stellt die Beschreibung der Anwendung als ZDK-Modell dar, d.h., Systemkonfigurationen werden durch Komponenteninstanzen und durch Portinstanzen dargestellt. Eine Konfigurationsbeschreibung besteht aus einer Liste aus Instanzbeschreibungen und einer Liste, welche die Portinstanzen beschreibt (6.7.4). Eine solche Konfigurationsbeschreibung basierend auf dem entwickelten ZDK-Modell und der Komponentenhierarchie wurde in dieser Arbeit definiert.

Damit dem Entwickler bekannt ist, welche Komponententypen eine bestimmte Zielplattform zur Verfügung stellt, wird diese Information in einer Gerätebeschreibung abgelegt (6.3.2). Darüberhinaus kann diese noch Informationen bezüglich Systeminstanzen, Prozessorleistung, Speicherkapazität u.a. enthalten. Wiederum bietet sich der Einsatz eines Werkzeuges zur einfachen, sicheren und vollständigen Erzeugung einer Konfigurationsbeschreibung an (6.6.2).

Komponentenframework

Das Komponentenframework stellt Interaktions- und Konfigurationsmechanismen für die Komponenten zur Verfügung. Es realisiert eine Basisinteraktion, den GPI-Mechanismus (7.1.1), welcher mit Hilfe des Konzepts der Kommunikationskomponenten (7.1.2) erweitert werden kann.

Bei der Transformation von Komponenten aus dem Problemraum in den Lösungsraum findet auch eine Umwandlung der Problemraum-Schnittstellen in die Lösungsraum-Schnittstelle statt. Diese Schnittstelle im Lösungsraum stellt die Abstraktionsgrenze zwischen Komponenten und Komponentenframework dar (7.2). Damit der Komponentenentwickler unabhängig von der Zielplattform Komponenten entwickeln kann und damit Komponenten einfach zu portieren sind, muss diese Schnittstelle standardisiert werden. Eine entsprechende Schnittstelle wurde in dieser Arbeit spezifiziert.

Obwohl die Realisierung der Komponentenframeworks (7.3) herstellerspezifisch erfolgen kann, wurde dargestellt, dass sich ein solches Framework in drei Teilsysteme einteilen lässt. Das Konfigurationssystem (7.3.3) ist für die Interpretation der Konfigurationsbeschreibung verantwortlich und realisiert den Kompositionsprozess. Das Laufzeitsystem (7.3.2) ist für den korrekten Aufruf von Komponenteninstanzen zuständig. Das Kommunikationssystem (7.3.4) ist für den Datenaustausch mit Hilfe von `Transmit()` und `Receive()` verantwortlich.

Prototypisch wurde ein solches Komponentenframework auf RTLinux-Basis auf einem PC implementiert. Durch die Realisierung eines Komponentenframeworks auf einem eingebetteten System durch die Firma AMK, konnten die auf dieser Arbeit basierenden Konzepte und Methoden auf einem realen System evaluiert werden. Die Firma AMK plant, noch in diesem Jahr ein auf den Ergebnissen dieser Arbeit basierendes Antriebssystem auf den Markt zu bringen.

9.1.3 Interaktionsmuster

Zur flexiblen Kommunikation zwischen Komponenten wurde der GPI (gemeinsame Portinstanz) Mechanismus ausführlich motiviert. Mit Hilfe dieses Mechanismus und unter Nutzung der Aufrufeigenschaften lassen sich Anwendungen einfach anpassen. Dies ist zum einen für die Adaption von Regelkreisen (8.1) ideal geeignet, zum anderen können auch Ablaufsteuerungen (8.2) konfigurierbar integriert werden. Dies alles ist möglich, ohne dass der Quellcode modifiziert und neu übersetzt werden muss.

Mit Hilfe von Kommunikationskomponenten lassen sich diverse komplexe Interaktionsmuster realisieren (8.3). Dies sind zum Beispiel Datenpuffer (8.3.2), zeitgenauer Datenaustausch (8.3.3) und konsumierendes Lesen (8.3.4). Insbesondere wurde das Interaktionsmuster zum prozessübergreifenden Austausch zusammengehöriger Datenblöcke betrachtet (8.3.5). Hierfür wurde ein neues optimiertes Verfahren entwickelt, welches mit nur zwei Puffern auskommt und die Kopiervorgänge maximal reduziert.

Es wurde aufgezeigt, dass mit Hilfe der Kommunikationskomponenten die natürlichen Grenzen des GPI Mechanismus erweitert werden können.

9.2 Ausblick

9.2.1 Interaktionsmuster

Obwohl in dieser Arbeit einige komplexe Interaktionsmuster in die Beispielimplementierung integriert wurden, ist es dennoch enorm wichtig, in diesem Bereich weitere wissenschaftliche Untersuchungen zu tätigen. Hierbei sollten weitergehende theoretische Betrachtungen zum Themenfeld „Interaktion mit zeitgesteuerten Datenflusskomponenten" getätigt werden. Dabei sollten entsprechende Erfahrungen durch den praktischen Einsatz des Systems gesammelt und berücksichtigt werden. Dadurch wäre es möglich, diverse Interaktionsmuster festzustellen und

Zusammenfassung und Ausblick

diese entsprechend zu untersuchen und zu beschreiben. Ähnlich wie bei Entwurfsmustern ließen sich diese Interaktionsmuster katalogisieren. Da jedes Muster im Regelfall auf diverse Arten implementiert werden kann, wären Untersuchungen bezüglich der entsprechenden Vor- und Nachteile durchzuführen.

Wie auch schon durch die Beispiele in dieser Arbeit gezeigt, ist es durchaus möglich, dass nicht nur das Komponentenframework erweitert werden muss, sondern gegebenenfalls auch die Konfigurationsbeschreibung.

9.2.2 Ereignisse

Wie externe, nichtzyklische Ereignisse in die vorliegende Arbeit eingebettet werden können, wurde im Rahmen der Ablaufsteuerungen und des konsumierenden Lesens gezeigt. Dennoch sind auch hier weitere Arbeiten nötig. Die derzeitige Lösung durch Erstellen eines Schaltnetzes oder die aufwändige Konfiguration einer allgemeinen Steuerungskomponenten stellt sicherlich noch keine optimale Lösung dar.

Auch die strikte Trennung von ereignisgesteuerten Zustandsautomaten und zeitgesteuerten Datenflussmodellen wie bei *ControlShell* oder *PÅLSJÖ* ist keine ideale Lösung. Daher sind weitere Forschungsarbeiten nötig, die eine Integration von ereignisgesteuerten Zustandsautomaten in das Modell der ZDKs als Ziel haben.

Generell stellen nichtzyklische Ereignisse in rein zyklischen Systemen eine besondere Herausforderung dar. So stellt beispielsweise das zyklische Abfragen eines Notaus-Signals durch eine Notaus-Komponente einen erheblichen Overhead dar. Hier scheinen nichtzyklische Komponenten, die aufgrund einer Aufrufbedingung gestartet werden, als vielversprechender Ansatz geeignet. Obwohl solche Methoden im derzeitigen System realisiert werden können, sind hier detailliertere Untersuchungen notwendig.

9.2.3 Modellbasierte Komponentenentwicklung

Derzeit wird die Funktionalität der Komponenten in der Typbeschreibung nichtformal beschrieben. Durch geeignete Modellierungsmechanismen kann die Funktionalität der Komponenten auch im Problemraum spezifiziert werden. Dadurch ergeben sich vier wesentliche Vorteile:

Erstens lässt sich die Generierung von Komponententypen vollständig automatisieren. Der Komponentenentwickler beschreibt die Funktionalität wesentlich abstrakter und im (funktionalen) Problemraum. Der Übergang vom Problemraum in den Lösungsraum ist vollständig automatisiert.

Zweitens sind Komponenten dadurch komplett unabhängig von der Implementierung spezifiziert und können problemlos auf diverse Zielplattformen und in verschiedene Implementierungssprachen übersetzt werden.

Drittens ist die Funktionalität von Komponenten formal definiert. Dadurch kann es im Gegensatz zur nichtformalen Beschreibung nicht mehr zu Missverständnissen kommen. Der Komponentennutzer weiß eindeutig, welche Funktionalität eine bestimmte Komponente bietet.

9.2 Ausblick

Viertens ist es dadurch möglich, konfigurierte Systeme komplett zu simulieren. Durch diese Simulation können Systemkonfigurationen getestet werden, ohne dass ein reales System eingesetzt werden muss.

Der Online-Prozess mit Hilfe modellbasierter Komponentenentwicklung würde wie in Abbildung 9.1 aussehen. Zusätzlich existiert ein Generierungsprozess, welcher die ausführbaren Komponenten vollautomatisch aus der Komponentenbeschreibung generiert.

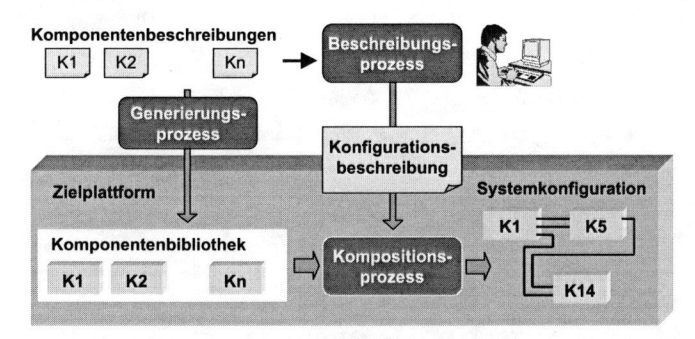

Abbildung 9.1: Online-Konfiguration mit zusätzlichem modellbasiertem Generierungsprozess.

Eine interessante Vorgehensweise hierbei wäre zum Beispiel die Integration der aus der Elektrotechnik bekannten Vierpoltheorie. Komponenten können im Bildbereich durch Laplace-Transformationen beschrieben und modelliert werden. Durch eine automatisierte Umsetzung können daraus ablauffähige Komponenten im Frequenzbereich generiert werden. Entsprechende Ansätze hierzu wurden im Rahmen eines Praktikums am Institut mit vielversprechenden Zwischenergebnissen realisiert.

9.2.4 Autonome Systeme

Ein weiterer interessanter Ansatz, der auf den vorliegenden Ergebnissen aufbauen kann, bietet das Forschungsfeld *autonome Systeme*. Solche Systeme sind selbstkonfigurierend, selbstheilend bzw. selbstadaptiv. Ergeben sich während des Betriebs Stör- oder Fehlerfälle oder ändern sich die Umgebungsbedingungen, so kann ein autonomes System eigenständig darauf reagieren und wieder einen stabilen Zustand einnehmen.

Um dies zu erreichen, muss das System dynamische Konfiguration unterstützen. Hierzu müssen entsprechende Strategien untersucht werden, wie dies erreicht werden kann. In der vorliegenden Arbeit erfolgt eine Rekonfiguration nur, wenn das System angehalten wurde und somit vor einem Neustart. Dies ist für autonome Systeme eventuell zu restriktiv.

Soll eine Konfiguration von Komponenten (z.B. neue Verknüpfung) auch außerhalb der Komponenteninstanziierung, also zur Laufzeit, stattfinden können,

Zusammenfassung und Ausblick

so müssen Komponenten entsprechende Funktionen zur Verfügung stellen, die solche Operationen erlauben. Typische Funktionen wären z.b. `newConnection()` und `changeCycleTime()`. Interessant sind hierbei Untersuchungen, ob jede Komponente diese Funktionen komponentenspezifisch realisieren muss oder ob diese allgemein vom Komponentenframework implementiert werden können.

Stehen solche Funktionen zur Verfügung, kann ein so genannter Rekonfigurationsregelkreis (s. Abb. 9.2) aufgebaut werden. Hierzu wird die laufende Anwendung diagnostiziert. Wird ein Fehler erkannt, kann mit Hilfe von Regeln eine Entscheidung getroffen werden und eine Rekonfiguration wird in Gang gesetzt. Die in dieser Arbeit entwickelten Verfahren sind insbesondere für strukturelle Rekonfiguration geeignet.

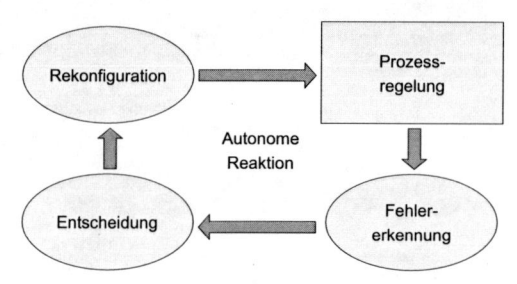

Abbildung 9.2: Rekonfigurationsregelkreis für autonome Systeme.

Abschließend soll anhand Abbildung 9.3 ein typisches Beispiel für eine solche strukturelle Rekonfiguration im Fehlerfall betrachtet werden. Von zwei Systeminstanzen $K1$ und $K2$ werden die Werte einer aktuellen Geschwindigkeit v und einer aktuellen Beschleunigung a ermittelt und an eine weiterverarbeitende Einheit $K3$ (z.B. Anzeige) weitergegeben. Wird nun mit Hilfe einer Diagnose festgestellt, dass das Beschleunigungssignal a fehlerbehaftet ist, so kann dies durch eine Rekonfiguration der Anwendung kompensiert werden. Hierzu muss das Signal a durch die Differenzbildung zweier Geschwindigkeitswerte v nachgebildet werden. Dies kann bei Verwendung von ZDKs dadurch erfolgen, dass eine entsprechende Komponente $K4$ (diff) eingefügt wird, die die Differenz zweier aufeinanderfolgender Eingangswerte berechnet.

Damit diese Rekonfiguration autonom geschehen kann, muss eine geeignete Regel existieren. Diese könnte beispielsweise folgendermaßen aussehen:

Listing 9.1: Beispiel für eine Rekonfigurationsregel

```
if (!a) {
    Disconnect(a);
    K4 = NewComponent(diff);
    v = Connect(K1, K4);
    a = Connect(K4, K3);
    ChangeTime(K4, time(K2));
}
```

Wesentlicher Vorteil dieser Vorgehensweise wäre die Aspekttrennung zwischen Anwendungsfunktionalität und der Beschreibung der Rekonfiguration(-sregeln).

9.2 Ausblick

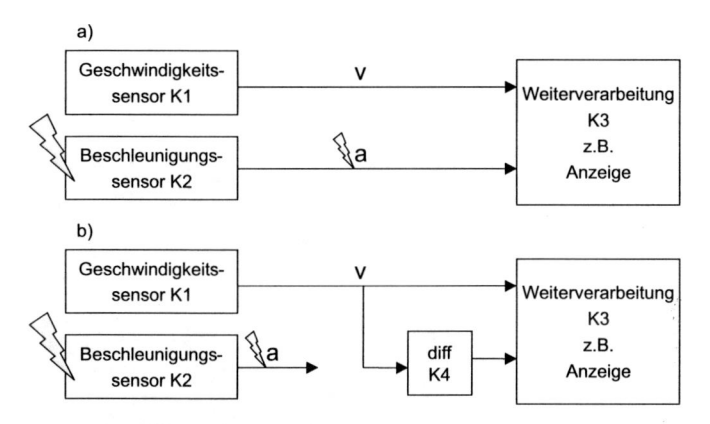

Abbildung 9.3: Beispiel einer strukturellen Rekonfiguration bei fehlerbehaftetem Beschleunigungssignal a: a) Fehlerfall b) Fehlerbehebung durch Rekonfiguration.

Das derzeitige System zielt auf Domänen ab, bei denen Produkte Einzelfertigungscharakter besitzen und bei denen ständig auf Kundenwünsche reagiert werden muss, wie z.B. in der Automatisierungsindustrie. Durch die Nutzung der in dieser Arbeit konzipierten Technik als Basis für autonome Systeme, würden die Anwendungsbereiche stark erweitert werden. Ein Einsatz im Bereich der Automobilindustrie, der Luft- und Raumfahrttechnik sowie der Telekommunikation wäre denkbar.

Zusammenfassung und Ausblick

Anhang A

Automatenmodelle

A.1 Automatenmodell einer ADK

Da das Verhalten einer ADK von Eingabesequenzen und somit von der Vorgeschichte abhängt, kann diese auch als Automat modelliert werden (s. Abb. A.1). Hierzu wird anstelle der Ausgabefunktion $\beta(\tilde{X})$ ein Automat für jede Portgruppe definiert. Eine Portgruppe ergibt sich aus dem 9-Tupel

$(\mathbb{I}_k, \mathbb{O}_k, \mathbb{D}_{xk}, \mathbb{D}_{yk}, E_k, \mathbb{S}_k, s_{k,0}, \delta_k, \beta_k)$, mit

$\mathbb{S}_k$ ist die Menge der Zustande der Portgruppe k, mit $s_{k,0} \in \mathbb{S}_k$ als Startzustand,

δ_k ist die Übergangsfunktion der Portgruppe k, mit $\delta_k : s_{k,neu} = \delta_k(\overrightarrow{s_{alt}}, \overrightarrow{X})$,

mit $s_{k,neu} \in \mathbb{S}_k$ als neuer Zustand der Portgruppe k und $\overrightarrow{s_{alt}} = \begin{pmatrix} s_1 \\ s_2 \\ \vdots \\ s_{k_{ges}} \end{pmatrix}, s_k \in \mathbb{S}_k$

als Zustandsvektor, bestehend aus den Zuständen aller Portgruppen

β_k ist die Ausgabefunktion der Portgruppe k, mit $\beta_k : \overrightarrow{Y_k} = \beta_k(\overrightarrow{s_{alt}}, \overrightarrow{X})$.

Dies bedeutet, dass jeder Automat einer Portgruppe die internen Zustände der anderen Portgruppen und deren Eingaben kennt und gegebenenfalls berücksichtigt. Eine transformative Portgruppe (s. Def. 5.8) ist in diesem Modell dadurch gekennzeichnet, dass sie keine Zustände berücksichtigt. Dadurch entfällt die Übergangsfunktion und die Ausgabefunktion wird zu:

$y_i \in D_{yi} = \beta_k(\overrightarrow{X})$.

Eine entkoppelte Portgruppe (s. Def. 5.9) ist dadurch gekennzeichnet, dass nur Eingaben und Zustände berücksichtigt werden, die zu dieser Portgruppe gehören und es gilt:

$s_{k,neu} = \delta_k(s_{k,alt}, \overrightarrow{X_k})$ mit $\overrightarrow{X_k} = (x_i, i \in \mathbb{I}_k)$ und $s_{k,neu}, s_{k,alt} \in \mathbb{S}_k$.

$y_i \in D_{yi} = \beta_k(s_{k,alt}, \overrightarrow{X_k})$ mit $\overrightarrow{X_k} = (x_i, i \in \mathbb{I}_k)$ und $s_{k,alt} \in \mathbb{S}_k$.

Automatenmodelle

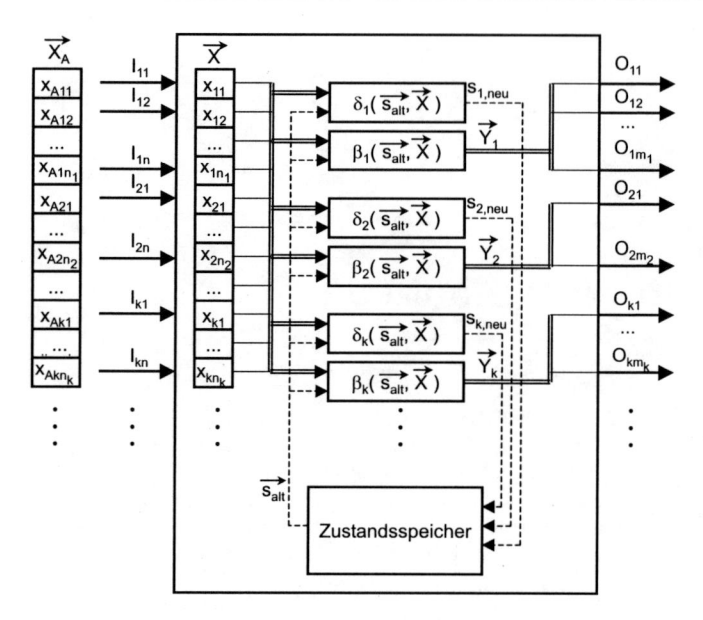

Abbildung A.1: Allgemeine Datenflusskomponente als Automatenmodell.

A.2 Automatenmodell einer ZDK

Analog zur ADK kann eine ZDK als Automat modelliert werden (s. Abb. A.2). Hierbei ergeben sich folgende zwei 9-Tupel:

$(\mathbb{I}_S, \mathbb{O}_S, \mathbb{D}_{xS}, \mathbb{D}_{xS}, E_S, \$_S, s_{S,0}, \delta_S, \beta_S)$,

$(\mathbb{I}_Z, \mathbb{O}_Z, \mathbb{D}_{xZ}, \mathbb{D}_{yZ}, E_Z, \$_Z, s_{Z,0}, \delta_Z, \beta_Z)$, wobei gilt:

$\$_S = \{s_{S,0}\}$. Die statische Portgruppe ist transformativ, d.h. zustandslos bzw. hat genau einen Zustand.

$\$_Z$ ist die Menge der zyklischen Zustände, mit $s_{Z,0} \in \$_Z$ als Startzustand.

δ_S entfällt, da die statische Portgruppe transformativ ist.

δ_Z ist die zyklische Übergangsfunktion, mit $\delta_Z : s_{Z,neu} = \delta_Z(\overrightarrow{s_{Z,alt}}, \overrightarrow{X})$, mit $s_{Z,neu}, s_{Z,neu} \in \$_Z$.

β_S ist die statische Ausgabefunktion, mit $\beta_S : \overrightarrow{Y_S} = \beta_S(\overrightarrow{X_S})$ mit $\overrightarrow{X_s} = (x_i | i : I_i \in \mathbb{I}_S)$. $\overrightarrow{Y_S} = (y_i | i : O_i \in \mathbb{O}_S)$ ist der statische Ausgabevektor.

β_Z ist die zyklische Ausgabefunktion, mit $\beta_Z : \overrightarrow{Y_Z} = \beta_Z(\overrightarrow{s_{Z,alt}}, \overrightarrow{X})$. $\overrightarrow{Y_Z} = (y_i | i : O_i \in \mathbb{O}_Z)$ ist der zyklische Ausgabevektor.

Analog zur Definition 5.13 zeichnet sich eine transformative ZDK dadurch aus, dass die zyklische Portgruppe ebenfalls zustandslos ist und folgendes gilt:

A.2 Automatenmodell einer ZDK

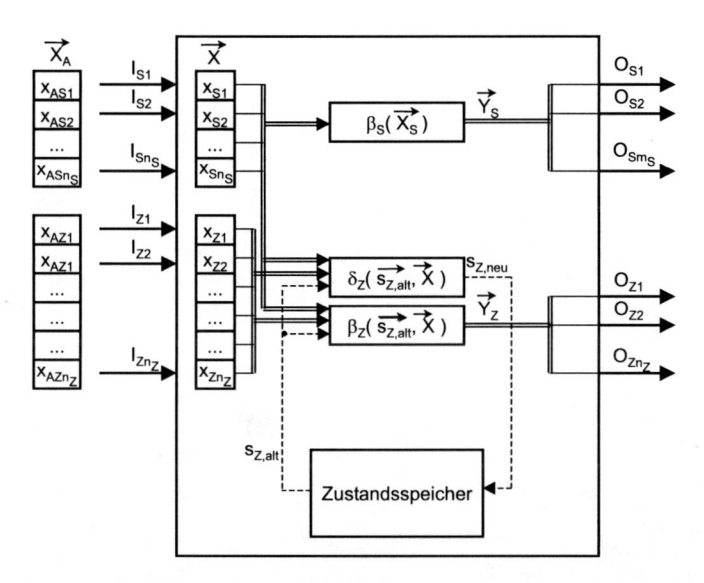

Abbildung A.2: Zeitgesteuerte Datenflusskomponente als Automatenmodell.

δ_Z entfällt.
$\beta_Z : \overrightarrow{Y_Z} = \beta_S(\overrightarrow{X})$.

Automatenmodelle

Anhang B

SOFIA-Spezifikationen

Weite Teile dieser Arbeit entstanden im Rahmen des BMBF-Projektes *SOFIA (modulares Softwaresystem für intelligente Antriebe)*. Als Beispiele für Datentypen, für XML-Schemas für diverse Beschreibungen sowie für implementierungstechnische Realsierungen dienen daher die *SOFIA*-Spezifikationen [Zim04].

B.1 IEC-Datentypen

Bezeichnung	Größe in Byte	Wertebereich
BOOL	1	TRUE (=1)/FALSE (=0)
SINT	1	-128 bis 127
INT	2	-32768 bis 32767
DINT	4	-2^{31} bis $2^{31} - 1$
LINT	8	-2^{63} bis $2^{63} - 1$
USINT	1	0 bis 255
UINT	2	0 bis 65535
UDINT	4	0 bis $2^{32} - 1$
ULINT	8	0 bis $2^{64} - 1$
REAL	4	Float
LREAL	8	Float

Tabelle B.1: Datentypen angelehnt an IEC61131-3.

B.2 XML-Schemas

B.2.1 Typbeschreibung

Die Typbeschreibung hat folgendes XML-Schema:

Listing B.1: XML-Schema der Typbeschreibung.

```xml
<?xml version="1.0" encoding="UTF-8"?> <xs:schema
xmlns:xs="http://www.w3.org/2001/XMLSchema"
elementFormDefault="qualified"
attributeFormDefault="unqualified">
 <xs:element name="component">
  <xs:complexType>
   <xs:sequence>
    <xs:element name="class">
     <xs:complexType>
      <xs:sequence>
       <xs:element name="ident">
        <xs:complexType>
         <xs:sequence>
          <xs:element name="name" type="xs:string"/>
          <xs:element name="guid" type="hexguid"/>
          <xs:element name="version" type="version"/>
          <xs:element name="date" type="xs:date"/>
          <xs:element name="company" type="xs:string"/>
         </xs:sequence>
        </xs:complexType>
       </xs:element>
       <xs:element name="ports">
        <xs:complexType>
         <xs:sequence>
          <xs:element name="input" type="classPort"
            minOccurs="0" maxOccurs="unbounded"/>
          <xs:element name="output" type="classPort"
            minOccurs="0" maxOccurs="unbounded"/>
         </xs:sequence>
        </xs:complexType>
       </xs:element>
       <xs:element name="resources" minOccurs="0">
        <xs:complexType>
         <xs:sequence>
          <xs:element name="in" type="resource"
            minOccurs="0" maxOccurs="unbounded"/>
          <xs:element name="out" type="resource"
            minOccurs="0" maxOccurs="unbounded"/>
          <xs:element name="inout" type="resource"
            minOccurs="0" maxOccurs="unbounded"/>
         </xs:sequence>
        </xs:complexType>
       </xs:element>
       <xs:element name="description" type="xs:string"/>
      </xs:sequence>
     </xs:complexType>
    </xs:element>
   </xs:sequence>
  </xs:complexType>
 </xs:element>
 <xs:complexType name="classPort">
  <xs:sequence>
   <xs:element name="name" type="xs:string"/>
   <xs:element name="nr" type="xs:nonNegativeInteger"/>
   <xs:element name="dataType" type="dataType"/>
   <xs:element name="identNr" type="xs:nonNegativeInteger"
     minOccurs="0"/>
   <xs:element name="static" type="xs:boolean"/>
   <xs:element name="mandatory" type="xs:boolean"/>
   <xs:element name="generic" type="xs:nonNegativeInteger"
     minOccurs="0"/>
```

B.2 XML-Schemas

```xml
    <xs:element name="description" type="xs:string"/>
   </xs:sequence>
  </xs:complexType>
  <xs:simpleType name="hexguid">
   <xs:restriction base="xs:string">
    <xs:pattern value="[0-9A-F]{8}[-][0-9A-F]{4}[-][0-9A-F]{4}[-][0-9A-F]{4}[-][0-9A-F]{12}"/>
   </xs:restriction>
  </xs:simpleType>
  <xs:simpleType name="version">
   <xs:restriction base="xs:string">
    <xs:pattern value="\d+.\d+[a-z]*"/>
   </xs:restriction>
  </xs:simpleType>
  <xs:simpleType name="dataType">
   <xs:restriction base="xs:string">
    <xs:enumeration value="BOOL"/>
    <xs:enumeration value="SINT"/>
    <xs:enumeration value="INT"/>
    <xs:enumeration value="DINT"/>
    <xs:enumeration value="LINT"/>
    <xs:enumeration value="USINT"/>
    <xs:enumeration value="UINT"/>
    <xs:enumeration value="UDINT"/>
    <xs:enumeration value="ULINT"/>
    <xs:enumeration value="REAL"/>
    <xs:enumeration value="LREAL"/>
   </xs:restriction>
  </xs:simpleType>
  <xs:complexType name="resource">
   <xs:sequence>
    <xs:element name="name" type="xs:string"/>
    <xs:element name="nr" type="xs:nonNegativeInteger"/>
    <xs:element name="description" type="xs:string"/>
   </xs:sequence>
  </xs:complexType>
</xs:schema>
```

B.2.2 Instanzbeschreibung

Die Instanzbeschreibung hat folgendes XML-Schema:

Listing B.2: XML-Schema der Instanzbeschreibung.

```xml
<?xml version="1.0" encoding="UTF-8"?> <xs:schema
xmlns:xs="http://www.w3.org/2001/XMLSchema"
elementFormDefault="qualified"
attributeFormDefault="unqualified">
 <xs:element name="component">
  <xs:complexType>
   <xs:sequence>
    <xs:element ref="instance"/>
   </xs:sequence>
  </xs:complexType>
 </xs:element>
 <xs:simpleType name="hexguid">
  <xs:restriction base="xs:string">
   <xs:pattern value="[0-9A-F]{8}[-][0-9A-F]{4}[-][0-9A-F]{4}[-][0-9A-F]{4}[-][0-9A-F]{12}"/>
  </xs:restriction>
 </xs:simpleType>
 <xs:complexType name="instancePort">
  <xs:sequence>
   <xs:element name="nr" type="xs:nonNegativeInteger"/>
   <xs:element name="subNr" type="xs:nonNegativeInteger"
     minOccurs="0"/>
   <xs:element name="PI" type="xs:nonNegativeInteger"/>
  </xs:sequence>
```

```xml
    </xs:complexType>
    <xs:element name="instance">
     <xs:complexType>
      <xs:sequence>
       <xs:element name="instanceOf" type="hexguid"/>
       <xs:element name="instanceNr"
        type="xs:nonNegativeInteger"/>
       <xs:element name="localeNr" type="xs:nonPositiveInteger"/>
       <xs:element name="ports">
        <xs:complexType>
         <xs:sequence>
          <xs:element name="input" type="instancePort"
           minOccurs="0" maxOccurs="unbounded"/>
          <xs:element name="output" type="instancePort"
           minOccurs="0" maxOccurs="unbounded"/>
         </xs:sequence>
        </xs:complexType>
       </xs:element>
       <xs:element name="cycleTime" type="xs:nonNegativeInteger"/>
       <xs:element name="condition" minOccurs="0">
        <xs:complexType>
         <xs:sequence>
          <xs:element name="PI" type="xs:nonNegativeInteger"/>
          <xs:element name="value" type="xs:float"/>
         </xs:sequence>
        </xs:complexType>
       </xs:element>
      </xs:sequence>
     </xs:complexType>
    </xs:element>
</xs:schema>
```

B.2.3 Konfigurationsbeschreibung

Die Konfigurationsbeschreibung hat folgendes XML-Schema (hierbei wird das Schema einer Instanzbeschreibung „inst.xsd" importiert):

Listing B.3: XML-Schema der Konfigurationsbeschreibung.

```xml
<?xml version="1.0" encoding="UTF-8"?> <xs:schema
xmlns:xs="http://www.w3.org/2001/XMLSchema"
elementFormDefault="qualified"
attributeFormDefault="unqualified">
 <xs:include schemaLocation="inst.xsd"/>
 <xs:element name="configuration">
  <xs:complexType>
   <xs:sequence>
    <xs:element name="portInstances">
     <xs:complexType>
      <xs:sequence>
       <xs:element name="portInstance"
        minOccurs="0" maxOccurs="unbounded">
        <xs:complexType>
         <xs:sequence>
          <xs:element name="nr" type="xs:nonNegativeInteger"/>
          <xs:element name="dataType" type="dataType"/>
          <xs:choice>
           <xs:element name="value" type="xs:float"
            minOccurs="0"/>
           <xs:element name="identNr"
            type="xs:nonNegativeInteger" minOccurs="0"/>
          </xs:choice>
         </xs:sequence>
        </xs:complexType>
       </xs:element>
      </xs:sequence>
     </xs:complexType>
```

```
    </xs:element>
    <xs:element name="componentInstances">
     <xs:complexType>
      <xs:sequence>
       <xs:element ref="instance"
         minOccurs="0" maxOccurs="unbounded"/>
      </xs:sequence>
     </xs:complexType>
    </xs:element>
   </xs:sequence>
  </xs:complexType>
 </xs:element>
 <xs:simpleType name="dataType">
  <xs:restriction base="xs:string">
   <xs:enumeration value="BOOL"/>
   <xs:enumeration value="SINT"/>
   <xs:enumeration value="INT"/>
   <xs:enumeration value="DINT"/>
   <xs:enumeration value="LINT"/>
   <xs:enumeration value="USINT"/>
   <xs:enumeration value="UINT"/>
   <xs:enumeration value="UDINT"/>
   <xs:enumeration value="ULINT"/>
   <xs:enumeration value="REAL"/>
   <xs:enumeration value="LREAL"/>
  </xs:restriction>
 </xs:simpleType>
</xs:schema>
```

B.3 Beispielkomponente

Im Folgenden dient die in Abbildung B.1 aufgezeigte ZDK als Beispielkomponente für die Darstellung im Problemraum und im Lösungsraum. Um möglichst viele Aspekte darzustellen, wurde folgende Funktionalität gewählt:

Die Komponente `MultAdd` besitzt einen statischen Eingangsport *Modus* zur Auswahl eines der beiden folgenden Modi.

Modus 1 (Modus = *true*): Die Komponente addiert n Eingangswerte *In* auf und multipliziert die Summe mit dem am Eingang *Mult* anliegenden Wert.

Modus 2: (Modus = *false*): Die Komponente addiert n Eingangswerte *In* auf. Es findet keine Multiplikation statt.

Dies bedeutet, dass der Eingangsport *In* generisch sein muss. Der berechnete Wert wird über den Ausgangsport *Out* ausgegeben.

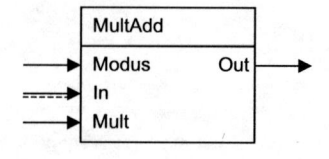

Abbildung B.1: MultAdd-Komponente.

B.3.1 Komponente im Problemraum

Die Typbeschreibung der Komponente sieht folgendermaßen aus:

Listing B.4: Beispiel: Typbeschreibung in XML.

```xml
<?xml version="1.0" encoding="UTF-8"?>
<component>
 <class>
  <ident>
   <name>MultAdd</name>
   <guid>00000000-0000-0000-0000-000000000000</guid>
   <version>1.0</version>
   <date>2004-03-08</date>
   <company>IPR</company>
  </ident>
  <ports>
   <input>
    <name>Modus</name>
    <nr>0</nr>
    <dataType>BOOL</dataType>
    <static>true</static>
    <mandatory>true</mandatory>
    <description>Beschreibung</description>
   </input>
   <input>
    <name>In</name>
    <nr>1</nr>
    <dataType>INT</dataType>
    <static>false</static>
    <mandatory>true</mandatory>
    <generic>0</generic>
    <description>Beschreibung</description>
   </input>
   <input>
    <name>Mult</name>
    <nr>2</nr>
    <dataType>INT</dataType>
    <static>false</static>
    <mandatory>true</mandatory>
    <description>Beschreibung</description>
   </input>
   <output>
    <name>Out</name>
    <nr>0</nr>
    <dataType>INT</dataType>
    <static>false</static>
    <mandatory>false</mandatory>
    <description>Beschreibung</description>
   </output>
  </ports>
  <description>Beschreibung</description>
 </class>
</component>
```

B.3.2 Komponente im Lösungsraum

Folgendermaßen sieht die Komponente im Lösungsraum aus. Der Instanzdatenbereich `INSTANCE_DATA` ist ein Teil dieser Komponente. Die vom Komponentenentwickler manuell hinzugefügten Zeilen sind hervorgehoben und durch zwei eckige Klammern abgegrenzt. Nicht hervorgehobene Anweisungen wurden automatisch mit dem Komponentenentwicklungswerkzeug generiert.

Zusätzlich wurden am Rand die jeweiligen Schritte der automatischen Transformation gemäß der Listings 6.1, 6.2, 6.3, 6.4 und 6.5 aufgeführt.

B.3 Beispielkomponente

Listing B.5: Beispiel: Umsetzung im Lösungsraum

```c
/**
 * \file MultAdd.c
 *
 * \author Uwe Zimmermann
 * \date 08.03.2004
 * \version 1.0
 */

/****************************************************************************
 *                              Defines                                     *
 ****************************************************************************/

/** Number of input ports */
#define INPUT_PORTS 3

/** Number of output ports */
#define OUTPUT_PORTS 1

/****************************************************************************
 *                          Type Definitions                                *
 ****************************************************************************/

/**
 * Internal static data of the instance.
 * Each instance of this component creates its own INSTANCE_DATA (allocation
 * and intialization) during the init function. A pointer on this struct is
 * the identifier of an instance.
 */
struct instanceData {
    UDINT udInstNr;                      /**< global unique instance number */
    PORTINFO* pInputPorts[INPUT_PORTS];  /**< pointers on input port data */
    PORTINFO* pOutputPorts[OUTPUT_PORTS];/**< pointers on output port data */
    INT iGIP1;                           /**< number of subports of gen input port 1 */
    PORTINFO** ppISubPorts1;             /**< pointer on pointers for gen input port 1 */
    BOOL bModus;                         /**< */
    /* TODO: Fill in your static data! */
};

/****************************************************************************
 *                         Function Definition                              *
 ****************************************************************************/

/**
 * Instanciates and initializes a component instance with the given instance
 * number. Therefore the needed memory for internal static data
 * is allocated and the portinfos for the component ports are retrieved from
 * the SOFIA configuration manager. Also the update funtion is called to read
 * and write the static data.
 * A pointer to the internal static data is returned.
 *
 * \param udInstNr global unique instance number
 * \return Pointer on the instances internal static data (INSTANCE_DATA)
 */
INSTANCE_DATA* MultAddInit(UDINT udInstNr) {
    INSTANCE_DATA* pInstData;  /**< Pointer on the instance data */
    int i;                     /**< counter */

    pInstData = (INSTANCE_DATA*)(SofiaMalloc(sizeof(INSTANCE_DATA)));

    /* initialize internal data (instNr and ports) */
    pInstData->udInstNr = udInstNr;
    for (i = 0; i < INPUT_PORTS; i++) {
        SofiaGetPortInfo(udInstNr, i, &(pInstData->pInputPorts[i]),IN);
    }
    for (i = 0; i < OUTPUT_PORTS; i++) {
        SofiaGetPortInfo(udInstNr, i, &(pInstData->pOutputPorts[i]),OUT);
    }
```

Listing 6.1
1
3
3
6
7
11

Listing 6.2
1
2
4
5,6
4
5,6

SOFIA-Spezifikationen

9	`/* initialize internal data of generic input port 1 */`
	`pInstData->iGIP1 =`
	`    SofiaGetPortInfo(udInstNr, 1, &(pInstData->pInputPorts[1]), IN);`

11	`pInstData->ppISubPorts1 =` `    (PORTINFO**)(SofiaMalloc(pInstData->iGIP1 * sizeof(PORTINFO*)));`
12	`for (i = 0; i < pInstData->iGIP1; i++) {`
13,14	`    SofiaGetSubPortInfo(udInstNr, 1, i, &(pInstData->ppISubPorts1[i]),IN);` `}`
	`/* TODO: Fill in your initialization code! */`
25	`MultAddUpdate(pInstData);`
26	`return pInstData;` `}`

	`/**`
	` * Reads and writes the static ports of the instance.`
	` *`
	` * \param pInstData Pointer on the instances internal static data`
	` */`

Listing 6.3	`void MultAddUpdate(INSTANCE_DATA* pInstData) {` `    /* read static input port data */`
1,3	`    pInstData->bModus = SofiaReceiveBOOL(pInstData->pInputPorts[0]);`
	`    /* TODO: Fill in your updating code (e.g. calculate static output)! */` `}`

	`/**`
	` * Mainfunction`
	` *`
	` * \param pInstData Pointer on the instances internal static data`
	` */`

Listing 6.4	`void MultAdd(INSTANCE_DATA* pInstData) {` `    int i;                  /**< counter */`

	`    /** Input value from input port 1 */`
	`    INT iIn[pInstData->iGIP1];`
	`    /** Input value from input port 2 */`
	`    INT iMult;`
	`    /** Output value for output port 0 */`
	`    INT iOut;`
	`    << int sum = 0; >>`

	`    /* read non static input ports */` `    for (i = 0; i < pInstData->iGIP1; i++) {`
1,2	`        iIn[i] = SofiaReceiveINT(pInstData->ppISubPorts1[i]);` `    }`
1,2	`    iMult = SofiaReceiveINT(pInstData->pInputPorts[2]);`
	`    /* TODO: Fill in your main functional routine! */`

4	`    << for (i = 0; i < pInstData->iGIP1; i++) {`
	`        sum = sum + iIn[i];`
	`    }`
	`    if (pInstData->bModus) {`
	`        sum = sum * iMult;`
	`    }`
	`    iOut = sum; >>`

	`    /* write non static output ports */`
5,6	`    SofiaTransmitINT(pInstData->pOutputPorts[0], iOut);` `}`

```
/**
 * Frees the allocated memory of the instance.
 *
 * \param pInstData Pointer on the instances internal static data
 */
```

```
void MultAddClean(INSTANCE_DATA* pInstData){          Listing 6.5
  /* TODO: Fill in your cleaning code! */

  /* Free the allocated memory of generic input port 1 */
  SofiaFree(pInstData->ppISubPorts1);                 2,3

  SofiaFree(pInstData);                               5
}
```

B.4 PORTINFO

Die Struktur PORTINFO wurde im Rahmen der *SOFIA*-Beispielimplementierung folgendermaßen spezifiziert:

Listing B.6: Struktur des Portdatenbereichs.
```
struct portInfo {
  void*  pPI;         //!< pointer on the value of PI
  enum dataType dt;   //!< data type
  char*  value;       //!< initial value as string
  int    index;       //!< index (number) of PI
}
```

B.5 Funktionen der Komponenten-Framework-Schnittstelle

Hier werden die Funktionen, wie sie im Rahmen des *SOFIA*-Projekts spezifiziert wurden, aufgeführt. Als grundlegende Programmiersprache wurde C verwendet. Dies ist damit zu begründen, dass C [KR90] die am häufigsten genutzte Programmiersprache im Bereich der echtzeitfähigen eingebetteten Systeme darstellt.

B.5.1 Angebotene Schnittstellen

Init-Funktion

Die Init-Funktion hat folgende Signatur:

```
INSTANCE_DATA* xyzInit(int instNr);
```

wobei xyz der Name des Komponententyps und instNr die globale Instanznummer ist.

Aktualisierungsfunktion

Die Aktualisierungsfunktion hat folgende Signatur:

```
void xyzUpdate(INSTANCE_DATA* pInstData);
```

wobei xyz der Name des Komponententyps und pInstData die Instanzreferenz der entsprechenden Komponenteninstanz ist.

SOFIA-Spezifikationen

Zyklische Hauptfunktion

Der Name der zyklische Hauptfunktion ist mit dem Namen des Komponententyps identisch und es ergibt sich folgende Signatur:

`void xyz(INSTANCE_DATA* pInstData);`

wobei `pInstData` die Instanzreferenz der entsprechenden Komponenteninstanz ist.

Zerstörungs- und Freigabefunktion

Sie hat folgende Signatur:

`void xyzClean(INSTANCE_DATA* pInstData);`

wobei `xy` der Name des Komponententyps und `pInstData` die Instanzreferenz der entsprechenden Komponenteninstanz ist.

B.5.2 Benötigte Schnittstellen

In der Beispielimplementierung wurden dei folgenden Funktionen der benötigten Schnittstelle spezifiziert. Diese werden im Komponentenframework implementiert.

Kommunikation

`<Type> SofiaReceive<Type>(PORTINFO* ppi)`

Gibt den aktuellen Wert der Portinstanz zurück, die über PORTINFO referenziert wird. `<Type>` ist der Datentyp gemäß Anhang B.1. Die Methode zum Lesen eines INT-Wertes heißt zum Beispiel `SofiaReceiveINT()`.

`SofiaTransmit<Type>(PORTINFO* ppi, <Type> wert)`

Schreibt den Wert `wert` in die Portinstanz, die über PORTINFO referenziert wird. Analog zur `Receive` Methode ist `<Type>` der Datentyp.

Speicherverwaltung

`void* SofiaMalloc(int size)`

Reserviert einen Speicherbereich.

`void SofiaFree(void* pMem)`

Gibt einen Speicherbereich wieder frei.

Konfigurationsinformationen

```
int SofiaGetPortInfo(int instNr, int portNr, PORTINFO* ppi, inst
ioFlag)
```

Liefert eine Referenz PORTINFO auf eine Portinstanz zurück, die dem Port mit der Nummer `portNr` der Komponenteninstanz mit der Instanznummer `instNr` zugeordnet ist. `ioFlag` gibt an, ob ein Eingangs- oder Ausgangsport abgefragt wird. Diese Methode wird während der Initialisierungsfunktion benötigt, um den Ports Portinstanzen zuzuordnen. Der Rückgabewert gibt an, wie viele Subports der jeweilige Port hat. Im Fall von nichtgenerischen Ports ist der Rückgabewert im Normalfall 1. Ist der Port nicht verbunden, ist der Rückgabewert 0.

```
void SofiaGetSubPortInfo(int instNr, int portNr, int subportNr,
PORTINFO* ppi, inst ioFlag)
```

Liefert eine Referenz PORTINFO auf den Subport mit der Nummer `subportNr` zurück. Alle weiteren Parameter sind gemäß der `SofiaGetPortNr` Methode.

```
int SofiaGetLocaleNr(int instNr)
```

Liefert die lokale Instanznummer der Komponenteninstanz mit der globalen Nummer `instNr` zurück.

```
int SofiaGetCycleTime(int instNr)
```

Liefert die Zykluszeit der Komponenteninstanz mit der globalen Nummer `instNr` zurück.

Sonstiges

```
void SofiaSetError(int instNr, int ErrorNumber)
```

Setzt eine Fehlermeldung `ErrorNumber` von der Komponenteninstanz mit der globalen Nummer `instNr`.

B.6 Funktionen der Parser-Framework-Schnittstelle

Nachfolgend wird die Parser-Framework-Schnittstelle beschrieben, wie sie im *SOFIA*-Projekt spezifiziert wurde. Hierbei wird auf eine detaillierte Beschreibung der Parameter und der Rückgabewerte verzichtet:

B.6.1 Angebotene Schnittstelle

Vom Parser wird folgende Schnittstelle angeboten:

```
int SofiaStartParsing(void)
```

Startet den Parser und den Kompositionsprozess.

B.6.2 Benötigte Schnittstelle

Vom Parser wird folgende Schnittstelle benötigt und vom Konfigurationssystem realisiert:

`int SofiaNewPI(int PINr, enum dataType dt, void* value)`

Der Parser ruft diese Funktion des Konfigurationssystem auf, nachdem die Daten einer Portinstanz eingeparst worden sind. Hiermit wird das Konfigurationssystem darüber informiert, dass eine neue PI mit der Nummer `PINr` und dem Datentyp `dt` eingelesen wurde. Ist ein Defaultwert `value` für die PI angegeben, so wird dieser ebenfalls übergeben.

`int SofiaPIScanningFinished(void)`

Der Parser ruft diese Funktion des Konfigurationssystem auf, nachdem die Daten *aller* Portinstanzen eingeparst worden sind. Dies kann vom Konfigurationssystem dazu genutzt werden, erst alle Informationen bezüglich PIs zu sammeln und um anschließend das Kommunikationssystem zu initialisieren.

`int SofiaNewCI(int instNr, GUID* guid, int cycleTime, int PI, int value)`

Der Parser ruft diese Funktion des Konfigurationssystem auf, nachdem die allgemeinen Daten einer Komponenteninstanz eingeparst worden sind. Hiermit wird das Konfigurationssystem darüber informiert, dass eine neue Komponenteninstanz mit der Nummer `instNr` mit der Zykluszeit `cycleTime` instanziiert werden soll, und zwar vom Komponententyp mit der eindeutigen Kennung `guid`. Zusätzlich kann (optional) eine Bedingung mit Hilfe der Parameter `PI` und `value` angegeben werden.

`int SofiaAttachPItoCI(int PINr, int instNr, int portNr, int ioFlag)`

Der Parser ruft diese Funktion des Konfigurationssystem auf, nachdem die Portdaten einer Komponenteninstanz eingeparst worden sind. Hiermit wird das Konfigurationssystem darüber informiert, dass der Port mit der Nummer `portNr` und der Kommunikationsrichtung `ioFlag` der Komponenteninstanz mit der Nummer `instNr` mit der Portinstanz mit der Nummer `PINr` verknüpft ist.

`int SofiaCIScanningFinished(void)`

Der Parser ruft diese Funktion des Konfigurationssystem auf, nachdem die Daten *aller* Komponenteninstanzen eingeparst worden sind. Danach kann das Konfigurationssystem die einzelnen Komponenteninstanzen instanziieren und initialisieren und dem Laufzeitsystem die Informationen bezüglich der einzelnen Prozesse und der dort beteiligten Komponenteninstanzen mitteilen.

Literaturverzeichnis

[AGMD01] AGUILAR CORNEJO, M., H. GARAVEL, R. MATEESCU und N. DE PALMA: *Specification and Verification of a Dynamic Reconfiguration Protocol For Agent-based Applications*. In: *Proc. of the 3th IFIP WG 6.1 Int. Working Conference on Distributed Applications and Interoperable Systems (DAIS'2001)*, Krakau, Polen, 2001.

[All97] ALLEN, ROBERT J.: *A Formal Approach to Software Architecture*. Doktorarbeit, School of Computer Science - Carnegie Mellon University (CMU), Pittsburgh, 1997.

[ALP99] ASSMANN, UWE, ANDREAS LUDWIG und DANIEL PFEIFFER: *Programming Connectors in an Open Language*. In: *Proc. of the Working IFIP Conference on Software Architecture*, 1999.

[Alt03] ALTOVA: *XML Spy, http://www.xmlspy.com*, 2003.

[Alu99] ALUR, RAJEEV: *Timed Automata*. In: *Proc. of the 11th Int. Computer Aided Verication Conference*, Seiten 8–22. Springer-Verlag, 1999.

[AOP04] AOP: *Aspect-Oriented Programming Project at the Xerox Palo Alto Research Center (Xerox PARC), http://www.parc.xerox.com/aop*, 2004.

[Asp04] ASPECTJ: *Ecplipse Projects, http://eclipse.org/aspectj*, 2004.

[Ass99] ASSMANN, UWE: *A Conceptual Comparison of Current Component Systems*. In: *Software Best Practice OO*. Springer-Verlag, 1999.

[Ass03] ASSMANN, UWE: *Invasive Software Composition*. Springer-Verlag, 2003.

[AWPv01] ALMEIDA, JOAO PAULO A., MAARTEN WEGDAM, LUIS FERREIRA PIRES und MARTEN VAN SINDEREN: *An approach to dynamic reconfiguration of distributed systems based on object-middleware*. In: *Proc. of 19 Simposio Brasileiro de Redes de Computadores (SBRC 2002)*, Florianopolis, Santa Catarina, Brasilien, 2001.

[BB99] BERNAT, GUILLEM und ALAN BURNS: *New results on fixed priority aperiodic servers*. In: *Proc. of the 20th IEEE Real-Time Systems Symposium*, Phoenix, USA, 1999.

LITERATURVERZEICHNIS

[BB00] BRERETON, PEARL und DAVID BUDGEN: *Component-Based Systems: A Classification of Issues*. IEEE Computer, 33(11):54–62, 2000.

[BB03] BULEJ, LUBOMIR und TOMAS BURES: *A Connector Model Suitable for Automatic Generation of Connectors*. Technischer Bericht No. 2003/1, Dep. of SW Engineering, Charles University, Prag, 2003.

[BD92] BLOOM, T. und M. DAY: *Reconfiguration in Argus*. In: *Proc. of the Int. Workshop on Configurable Distributed Systems*, Seiten 176–187, 1992.

[BG92] BERRY, G. und G. GONTHIER: *The Esterel synchronous programming language: Design, semantics, implementation*. Science of Computer Programming, 19(2):87–152, 1992.

[BM00] BRUGALI, DAVIDE und GIUSEPPE MENGA: *Frameworks and Pattern Languages: an Intriguing Relationship*. ACM Computing Surveys (CSUR), 32(1), 2000.

[BNS+00] BAPTY, TED, SANDEEP NEEMA, JASON SCOTT, JANOS SZTIPANOVITS und SAMEH ASAAD: *Model-Integrated Tools for the Design of Dynamically Reconfigurable Systems*. Technischer Bericht ISIS-99-01, Vanderbilt University, Nashville, TN, 2000.

[Boo86] BOOCH, GRADY: *Object-Oriented Development*. IEEE Transactions on Software Engineering, 12(2):211–221, 1986.

[BS88] BAKER, T.P und ALAN SHAW: *The cyclic executive model and Ada*. In: *Proc. of the Real-Time Systems Symposium*, Seiten 120–129, 1988.

[Buc99] BUCHHOLZ, JOACHIM: *Component Based Development: Methodik und Toolunterstützung*. Diplomarbeit, Fachbereich Wirtschaftsinformatik an der Fachhochschule Furtwangen, Furtwangen, 1999.

[CB99] CAILLIAU, D. und R. BELLENGER: *The Corot Instrument's software: towards intrinsically reconfigurable real-time embedded processing software in space-borne instruments*. In: *Proc. of the 4th IEEE Int. Symposium on High Assurance Systems Engineering (HASE 99)*, Seiten 75–80, Washington D.C., USA, 1999.

[CDH02] CABRERA-GAMEZ, JORGE, ANTONIO CARLOS DOMINGUEZ-BRITO und DANIEL HERNANDEZ-SOSA: *CoolBOT: A Component-Oriented Programming Framework for Robotics*. Lecture Notes in Computer Science, 2238:282–304, 2002.

[CE00] CZARNECKI, KRZYSZTOF und ULRICH W. EISENECKER: *Generative Programming - Methods, Tools and Applications*. Addison-Wesley, 2000.

LITERATURVERZEICHNIS

[CH01] COUNCILL, BILL und GEORGE T. HEINEMAN: *Definition of a Software Component and its Elements*. In: COUNCILL, BILL und GEORGE T. HEINEMAN (Herausgeber): *Component Based Software Engineering*. Addison-Wesley, 2001.

[Cle95] CLEMENTS, PAUL C.: *From Subroutines to Subsystems: Component Based Software Development*. The American Programmer, 8(11), 1995.

[CLL00] CRNKOVIC, IVICA, MAGNUS LARSSON und FRANK LÜDERS: *State of the practice: Component-based software engineering course*. In: *Proc. of the 3rd Int. Workshop of Component-Based Software Engineering*, 2000.

[CLMF01] CAILLIAU, D., A. LEGER, O. MARIN und B. FOLLIOT: *A joint middleware / configuration language approach for space embedded software update*. In: *Proc. of the Conference on Data Systems In Aerospace (DASIA'2001)*, Nizza, Frankreich, 2001.

[Cos01] COSTELLO, ROGER L.: *XML Schemas - XML Technologies Course* http://www.kbs.uni-hannover.de/Lehre/TI1/xml-schemas1.ppt, 2001.

[DAC00] DOMINGUEZ-BRITO, ANTONIO C., MAGNUS ANDERSSON und HENRIK I. CHRISTENSEN: *A Software Architecture for Programming Robotic Systems based on the Discrete Event System Paradigm*. Technischer Bericht ISRN KTH/NA/P-00/13-SE, Centre for Autonomous Systems, KTH - Royal Institute of Technology, Stockholm, 2000.

[DLB01] DE PALMA, N., P. LAUMAY und L. BELLISSARD: *Ensuring Dynamic Reconfiguration Consistency*. In: *Proc. of the 6th Int. Workshop on Component-Oriented Programming (WCOP 2001)*, Budapest, Ungarn, 2001.

[DRI97] DRIVECOM-NUTZERGRUPPE, Blomberg: *Profil Antriebstechnik-Servo 22*, 1997.

[Eke99] EKER, JOHAN: *Flexible Embedded Control Systems - Design and Implementation*. Doktorarbeit, Department of Automatic Control, Lund Institute of Technology, Lund, Schweden, 1999.

[Fel03] FELSER, MAX: *Verteilte Systeme mit Funktionsblöcken*. In: *Das Handbuch der Automatisierungstechnik*. Sonderausgabe des Swiss Engineering STZ zur Inteltec, 2003.

[Föl92] FÖLLINGER, OTTO: *Regelungstechnik*. Hüthig Buch Verlag, Heidelberg, 1992.

[FL98] FEILER, P. und J. LI: *Managing inconsistency in reconfigurable systems*. IEEE Proceedings Software, 145(5):172–179, 1998.

LITERATURVERZEICHNIS

[Fra99] FRANK, ULRICH: *Componentware - Software-technische Konzepte und Perspektiven für die Gestaltung betrieblicher Informationssysteme*. Information Management und Consulting, 14(2):11–18, 1999.

[FS97] FAYAD, MOHAMMED E. und DOUGLAS C. SCHMIDT: *Object-Oriented Application Frameworks*. Communications of the ACM, 40(10), 1997.

[GAO94] GARLAN, DAVID, ROBERT ALLEN und JOHN OCKERBLOOM: *Exploiting Style in Architectural Design Environments*. In: *Proc. of the Second ACM SIGSOFT Symposium on the Foundations of Software Engineering (SIGSOFT'94)*, 1994.

[GAO95] GARLAN, DAVID, ROBERT ALLEN und JOHN OCKERBLOOM: *Architectural mismatch: Why Reuse is so hard*. IEEE Software, 12(6):17–26, 1995.

[GCS+02] GENSSLER, THOMAS, ALEXANDER CHRISTOPH, BENEDIKT SCHULZ, MICHAEL WINTER und CHRIS M. STICH: *PECOS in a Nutshell*, 2002.

[GHJV01] GAMMA, ERICH, RICHARD HELM, RALPH JOHNSON und JOHN VLISSIDES: *Entwurfsmuster - Elemente wiederverwendbarer objektorientierter Software*. Addison-Wesley, 2001.

[GMW00] GARLAN, DAVID, ROBERT T. MONROE und DAVID WILE: *Acme: Architectural Description of Component-Based Systems*. In: LEAVENS, GARY T. und MURALI SITARAMAN (Herausgeber): *Foundations of Component-Based Systems*, Seiten 47–68. Cambridge University Press, 2000.

[Gri98] GRIFFEL, FRANK: *Componentware*. dpunkt-Verlag, 1998.

[GT00] GRUHN, VOLKER und ANDREAS THIEL: *Komponentenmodelle*. Addison-Wesley, München, 2000.

[Har87] HAREL, D.: *Statecharts: A Visual Formalism for Complex Systems*. Science of Computer Programming, 8:231–274, 1987.

[Har00] HARDIN, D.S.: *Embedded and real-time Java*. Instrumentation & Measurement Magazine (IEEE), 3(2):49–50, 2000.

[HCRP91] HALBWACHS, N., P. CASPI, P. RAYMOND und D. PILAUD: *The Synchronous Data Flow Programming Language LUSTRE*. Proceedings of the IEEE, 79(9):1305–1319, 1991.

[Heu04] HEUZEROTH, DIRK: *Aspektorientierte Konfiguration und Adaption von Komponteninteraktionen*. Doktorarbeit, Fakultät für Informatik der Universität Karlsruhe (TH), Karlsruhe, 2004.

LITERATURVERZEICHNIS

[HHKS97] HEUER-HASENPATT, H., B. HOLLUNDER, H.-B. KITTLAUS und N. SCHUHMACHER: *Bausteinorientierte Anwendungsentwicklung*. OBKEKTspektrum, 3, 1997.

[HLS+02] HSIUNG, PAO-ANN, TRONG-YEN LEE, WIN-BIN SEE, JIH-MING FU und SAO-JIE CHEN: *VERTAF: An Object-Oriented Application Framework for Embedded Real-Time Systems*. In: *Proc. of the Fifth IEEE Symposium on Object-Oriented Real-Time Distributed Computing - ISORC'02*, Seiten 322–329, Washington D.C., USA, 2002.

[HM01] HÖPLER, ROBERT und PIETER J. MOSTERMAN: *Model Integrated Computing in Robot Control to Synthesize Real-time Embedded Code*. In: *Proc. of the IEEE Int. Conference on Control Applications*, Mexico City, Mexico, 2001.

[Hof94] HOFMEISTER, CHRISTINE R.: *Dynamic Reconfiguration of Distributed Applications*. Doktorarbeit, Computer Science Department, University of Maryland, 1994.

[Hon98] HONEYWELL TECHNOLOGY CENTER, Minneapolis: *MetaH User's Manual*, 1998.

[HS97] HASSANI, MEHRDAD und DAVID B. STEWART: *A Mechanism for Communicating in Dynamically Reconfigurable Embedded Systems*. In: *Proc. of the High Assurance Software Engineering Workshop '97*, Seiten 215–220, Washington DC, USA, 1997.

[Hsi98] HSIUNG, POA-ANN: *RTFrame: An Object-Oriented Application Framework for Real-Time Applications*. In: *Proc. of the 27th Int. Conference on Technology of Object-Oriented Languages and Systems - TOOLS'98*, Seiten 138–147, Beijing, China, 1998. IEEE.

[IEC03] *IEC61131-3 Programmable Controllers - Part 3: Programming Languages, Ed.2.0*, 2003.

[Jin99] JINLIN, CHEN: *Research on Port Object Based Control Platform for Intelligent House*. Doktorarbeit, Tsinghua University, 1999.

[Joh97] JOHNSON, RALPH E.: *Components, Frameworks, Patterns*. In: *Proc. of the Symposium on Software Reusability*, Seiten 10–17, Boston, Massachusetts, United States, 1997.

[Kah74] KAHN, G.: *The Semantics of a Simple Language for Parallel Programming*. In: ROSENFELD, J. L. (Herausgeber): *Proc. of Information Processing 74: Information Processing 74: IFIP Congress 74*, Seiten 471–475, North-Holland, 1974.

[KCH+90] KANG, K., S. COHEN, J. HESS, W. NOWAK und S. PETERSON: *Feature-Oriented Domain Analysis (FODA) Feasibility Study*. Technischer Bericht CMU/SEI-90-TR-21, Software Engineering Institute, Carnegie Mellon University, Pittsburgh, PA, 1990.

LITERATURVERZEICHNIS

[Kle93]   KLEIN, MARK H., ET AL.: *A Practitioners' Handbook for Real-Time Analysis: Guide to Rate Monotonic Analysis for Real-Time Systems*. Kluwer Academic Publishers, Boston, 1993.

[KLM+97] KICZALES, GREGOR, JOHN LAMPING, ANURAG MENDHEKAR, CHRIS MAEDA, CRISTINA LOPES, JEAN-MARC LOINGTIER und JOHN IRWIN: *Aspect-Oriented Programming*. In: *Proc. of the 11th Europeen Conference on Object-Oriented Programming*, Band 1241, Seiten 220–242. Springer-Verlag, 1997.

[KM90]   KRAMER, JEFF und JEFF MAGEE: *The Evolving Philosophers Problem: Dynamic Change Management*. IEEE Transactions on Software Engineering, 16(11):1293–1306, 1990.

[KR90]   KERNIGHAN, BRIAN W. und DENNIS M. RITCHIE: *Programmieren in C*. Carl Hanser und Prentice-Hall International, München, Wien, London, 1990.

[KSLB03] KARSAI, G., J. SZTIPANOVITS, A. LEDECZI und T. BAPTY: *Model-integrated development of embedded software*. IEEE, 91(1):145 – 164, 2003.

[LA89]   LYONS, DAMIAN M. und MICHAEL A. ARBIB: *A formal model of computation for sensory-based robotics*. IEEE Trans. on Robotics and Automation, 5(3):280–293, 1989.

[Lee99]   LEE, EDWARD A.: *Embedded Software - An Agenda for Research*. Technischer Bericht M99/63, Department of EECS, University of California, Berkeley, CA 94720,, 1999.

[Lee00]   LEE, EDWARD A.: *What's Ahead for Embedded Software*. IEEE Computer Magazine, 33(9):18–26, 2000.

[LGLL91] LE GUERNIC, P., T. GAUTHIER, M. LE BORGNE und C. LE MAIRE: *Programming Real-Time Applications with SIGNAL*. Proc. of the IEEE, 79(9), 1991.

[LH00]   LUDWIG, ANDREAS und DIRK HEUZEROTH: *Metaprogramming in the Large*. In: *Proc. of the 2nd Int. Conference on Generative and Component-based Software Engineering (GCSE)*, Band 2177. Springer-Verlag, 2000.

[LKA+95] LUCKHAM, D.C., J.J. KENNEY, L.M. AUGUSTIN, J. VERA, D. BRYAN und W. MANN: *Specification and Analysis of System Architecture Using Rapide*. IEEE Transactions on Software Engineering, 21(4):336–355, 1995.

[LL73]   LIU, C. L. und J. W. LAYLAND: *Scheduling Algorithms for Multi-Programming in a Hard Real-Time Environment*. Association for Computing Machinery, 20(1):40–61, 1973.

LITERATURVERZEICHNIS

[LLLS00] LOQUES, ORLANDO, JULIUS LEITE, MARCELO LOBOSCO und ALEXANDRE SZTAJNBERG: *On the Integration of Configuration and Meta-level Programming Approaches*. Lecture Notes in Computer Science, 1826:191–210, 2000.

[LP95] LEE, EDWARD A. und THOMAS M. PARKS: *Dataflow Process Networks*. Proc. of the IEEE, 83(5):773–799, 1995.

[LS89] LYNCH, NANCY A. und EUGENE W. STARK: *A Proof of the Kahn Principle for Input Output Automata*. Information and Computation, 81(1):81–92, 1989.

[LS97] LUTZ, P. und W. SPERLING: *OSACA - the vendor neutral Control Architecture*. In: *Proc. of the European Conference on Integration in Manufacturing (IiM 97)*, Dresden, 1997.

[LSNA97] LUMPE, MARKUS, JEAN-GUY SCHNEIDER, OSCAR NIERSTRASZ und FRANZ ACHERMANN: *Towards a formal composition language*. In: LEAVENS, GARY T. und SITARAMAN GARY T. (Herausgeber): *Proc. of the ESEC '97 Workshop on Foundations of Component-Based Systems*, Seiten 178–187, Zurich, 1997.

[LT89] LYNCH, NANCY und MARK TUTTLE: *An Introduction to Input/Output automata*. CWI-Quarterly, 2(3):219–246, 1989.

[McI69] MCILROY, M. D.: *Mass-produced software components*. In: *NATO Conference: Software Engineering*, Seiten 138–150, Garmisch-Patenkirchen, Germany, 1969.

[McK95] MCKERROW, J. .: *Introduction to Robotics*. Addison-Wesley, Sidney, 1995.

[MDEK95] MAGEE, J., N. DULAY, S. EISENBACH und J. KRAMER: *Specifying Distributed Software Architectures*. In: *Proc. of the 5th European Software Engineering Conference (ESEC 95)*, Sitges, Spain, 1995.

[Mic02] MICROSOFT: *Microsoft COM Technologies - Information and Resources for the Component Object Model-based technologies* http://www.microsoft.com/com/, 2002.

[Mig96] MIGGE, TOBIAS: *Inverses Pendel in einer Echtzeitumgebung*. Diplomarbeit, Fachhochschule Wedel, 1996.

[MKS89] MAGEE, JEFF, JEFF KRAMER und MORRIS SLOMAN: *Constructing distributed systems in conic*. IEEE Transactions on Software Engineering, 15(6):663–675, 1989.

[MORT96] MEDVIDOVIC, N., P. OREIZY, J. E. ROBBINS und R. N. TAYLOR: *Using Object-Oriented Typing to Support Architectural Design in the C2 Style*. In: *Proc. of the 4th ACM SIGSOFT Symp. on Foundations of Software Engineering*, 1996.

LITERATURVERZEICHNIS

[MT97]   MEDVIDOVIC, NENAD und RICHARD N. TAYLOR: *A Classification and Comparison Framework for Software Architecture Description Languages*. In: *Proc. of the ESEC '97*, Seiten 60–76, 1997.

[NGLS00] NEUMANN, PETER, EBERHARD E. GRÖTSCH, CHRISTOPH LUBKOLL und RENE SIMON: *SPS-Standard: IEC 61131*. Oldenbourg Verlag München, 2000.

[NL97]   NIERSTRASZ, OSCAR und MARKUS LUMPE: *Komponenten, Komponentenframeworks und Gluing*. HMD - Theorie und Praxis der Wirtschaftsinformatik, Seiten 8–23, 1997.

[OHBS94] OSSHER, HAROLD, WILLIAM HARRISON, FRANK BUDINSKY und IAN SIMMONDS: *Subject-Oriented Programming: Supporting Decentralized Development of Objects*. In: *Proc. of the 7th IBM Conference on Object-Oriented Technology*, 1994.

[OMA99]   OMAC USER GROUP: *Business Justification of Open Architecture Control*, 1999.

[OMA02]   OMAC USER GROUP: *OMAC Baseline Architecture V1.0*, 2002.

[OMG02a] OMG: *Common Object Request Broker Architecture (CORBA/IIOP), Version 3.0*, 2002.

[OMG02b] OMG: *CORBA Component Model, Version 3.0*, 2002.

[OMG03]   OMG: *MDA Guide Version 1.0*, 2003.

[OMG04]   OMG: *Object Management Group, http://www.omg.org/*, 2004.

[OS00]   O'RYAN, CARLOS und DOUGLAS C. SCHMIDT: *Evaluating Policies and Mechanisms for Supporting Embedded, Real-Time Applications with CORBA 3.0*. In: *Proc. of the Sixth IEEE Real-Time Technology and Applications Symposium (RTAS '00)*, Washington D.C., USA, 2000.

[OSA96]   *OSACA Open Architecture for Controls within Automation Systems OSACA I & II Final Report Project No EP 6379 & EP 9115*. Brüssel, 1996.

[OSE00]   OSEK-GROUP: *OSEK/VDX Operating System Version 2.1*, 2000.

[PPS+95] PARK, JAEHYUN, ZBIGNIEW J. PASEK, YANSONG SHAN, YORAM KOREN, KANG G. SHIN und GALIP ULSOY: *An Open Architecture Real-Time Controller for Machining Processes*. In: *Proc. of the 27th CIRP Int. Seminar on Manufacturing Systems. Design, Control and Analysis of Manufacturing Systems*, Seiten 27–34, 1995.

[RBA93]   REMBOLD, U., NNAJI B. und STORR A.: *CIM: Computer Integrated Manufactoring and Engineering*. Addison-Wesley, 1993.

LITERATURVERZEICHNIS

[RSRS99] RUMPE, B., M. SCHOENMAKERS, A. RADERMACHER und A. SCHÜRR: *UML + ROOM as a Standard ADL*. In: *Proc. of the Int. IEEE Conf. on Engineering Complex Computer Systems (ICECCS'99)*, Las Vegas, USA, 1999.

[SA96] STEWART, DAVID B. und G. ARORA: *Dynamically Reconfigurable Embedded Software - Does it make Sense ?* In: *Proc. of the Int. Conf. on Engineering of Complex Computer Systems (ICECCS)*, Seiten 217–220, Montreal, Kanada, 1996.

[SAM83] STEENSTRUP, MARTHA, MICHAEL A. ARBIB und ERNEST G. MANES: *Port automata and the algebra of concurrent processes*. Journal of computer and system sciences, 27(1):29–50, 1983.

[Sam97] SAMETINGER, JOHANNES: *Software engineering with reusable components*. Springer, Berlin, Heidelberg, 1997.

[San98] SANDEN, BO I.: *Architectural styles in cruise control software*, 1998.

[SC97] SZYPERSKI, CLEMENS und PFISTER C.: *Workshop on Component-Oriented Programming (WCOP'96), Summary*. In: MÜHLHÄUSER, M. (Herausgeber): *Special Issues in ObjectOriented Programming—ECOOP'96 Workshop Reader*, Seiten 127–130, Heidelberg, 1997. dpunkt-Verlag.

[Sch99] SCHNEIDER, JEAN-GUY: *Components, Scripts, and Glue: A conceptual framework for software composition*. Doktorarbeit, Philosophisch-naturwissenschaftlichen Fakultät der Universität Bern, Bern, 1999.

[SCSP94] SCHNEIDER, STAN, VINCENT CHEN, JAY STEELE und GERARDO PARDO-CASTELLOTE: *ControlShell: A Real-Time Software Framework*. In: *Proc. of the AIAA Conference on Intelligent Robots in Field, Factory, Service, and Space*, 1994.

[SCSP95] SCHNEIDER, STAN, VINCENT CHEN, JAY STEELE und GERARDO PARDO-CASTELLOTE: *The ControlShell Component-Based Real-Time Programming System, and its Application to the Marsokhod Martian Rover*. ACM SIGPLAN Notices, 30(11):146–155, 1995.

[SDK+95] SHAW, MARY, ROBERT DELINE, DANIEL V. KLEIN, THEODORE L. ROSS, DAVID M. YOUNG und GREGORY ZELESNIK: *Abstractions for Software Architecture and Tools to Support Them*. IEEE Transactions on Software Engineering, 21(4), 1995.

[SDZ96] SHAW, MARY, ROBERT DELINE und GREGORY ZELESNIK: *Abstractions and implementations for architectural connections*. In: *Proc. of the 3rd International Conference on Configurable Distribute systems*, Seiten 2–10, Annapolis, Maryland, USA, 1996. IEEE Press.

LITERATURVERZEICHNIS

[SFv+00] SCHÄTZ, BERNHARD, MICHAEL FAHRMAIR, MICHAEL VON DER BEECK, PETER JACK, HANS KESPOHL, ALI KOÇ, BENITO LICCARDI, SANDRA SCHEERMESSER und ALBERT ZÜNDORF: *Entwicklung, Produktion und Service von Software für eingebettete Systeme in der Produktion*. Technischer Bericht, Abschlußbericht der Vordringlichen Aktion des Bundesministeriums für Bildung und Forschung, 2000.

[SG94] SHAW, MARY und DAVID GARLAN: *Characteristics of Higher-level Languages for Software Architecture*. Technischer Bericht CMU-CS-94-210, Carnegie Mellon University, 1994.

[SG96] SHAW, MARY und DAVID GARLAN: *Software Architecture: Perspective on an Emerging Discipline*. Prentice Hall Publishing, 1996.

[SGS02] SZYPERSKI, CLEMENS, DOMINIK GRUNTZ und MURER STEPHAN: *Component Software : Beyond Object-Oriented Programming*. Addison-Wesley Publishing Company, 2002.

[Sha94] SHAW, MARY: *Procedure Calls are the Assembly Language of Software Interconnection: Connectors Deserve First-Class Status*. In: *Proc. of the Workshop on Studies of Software Design*. Springer-Verlag, 1994.

[Sha95] SHAW, MARY: *Beyond Objects: A Software Design Paradigm Based on Process Control*. Software Engineering Notes, 20(1):27–38, 1995.

[Sha99] SHARP, DAVID C.: *Avionics Product Line Software Architecture Flow Policies*. In: *Proc. of the Digital Avionics Systems Conference*, 1999.

[SK97] SZTIPANOVITS, J. und G. KARSAI: *Model-integrated computing*. IEEE Computer, 30(4):110–111, 1997.

[SK04] STRUNK, ELISABTH A. und JOHN C. KNIGHT: *Assured Reconfiguration of Embedded Real-Time Software*. In: *Submitted to DSN 2004 Submitted to DSN 2004 Submitted to The International Conference on Dependable Systems and Networks (DSN 2004)*, Florenz, Italien, 2004.

[SKB98] SZTIPANOVITS, JANOS, GABOR KARSAI und TED BAPTY: *Self-adaptive software for signal processing*. Communications of the ACM, 41(5):66–73, 1998.

[SKG91] SHA, LUI, MARK H. KLEIN und JOHN B. GOODENOUGH: *Rate Monotonic Analysis for Real-Time Systems*. In: *Foundations of Real-Time Computing: Scheduling and Resource Management*. Kluwer Academic Publishers, Boston, 1991.

[Sof03] SOFTWARE ENGINEERING INSTITUTE, CARNEGIE MELLON UNIVERSITY: *Model-Based Software Engineering*, http://www.sei.cmu.edu/mbse/, 2003.

LITERATURVERZEICHNIS

[Spe00] SPECK, ANDREAS: *Component-based control system*. In: *Proc. of the Seventh IEEE Int. Conference and Workshop on the Engineering of Computer Based Systems (ECBS 2000)*, Seiten 176 –184, 2000.

[SSRB98] STANKOVIC, J. A., M. SPURI, K. RAMAMRITHAM und G. C. BUTTAZZO: *Deadline Scheduling for Real-Time Systems: EDF and Related Algorithms*. Kluwer Academic Publishers, Dordrecht Norwell, 1998.

[Ste94] STEWART, DAVID B.: *Real-Time Software Design and Analysis of Reconfigurable Multi-Sensor Based Systems*. Doktorarbeit, Department of Electrical and Computer Engineering, Carnegie Mellon University, Pittsburgh, Pennsylvania, 1994.

[Ste99] STEWART, DAVID B.: *30 Pitfalls for Real-Time Software Developers, Part 1*. Embedded Systems Programming Magazine, 12(11):32–41, 1999.

[Ste02] STEIB, PETER M.: *SPS goes Embedded*. Computer & AUTOMATION, 2, 2002.

[Sun03] SUN: *JavaBeans*, http://java.sun.com/products/javabeans/, 2003.

[SWW+98] SHIU, CHITO, MICHAEL J. WASHBURN, SHIGE WANG, CHINYA V. RAVISHANKAR und KANG G. SHIN: *Specifiying Reconfigurable Control Flow for Open Architecture Controllers*. In: *Proc. of the Japan-USA Symposium on Flexible Automation*, Band 2, Seiten 659–666, 1998.

[Szt01] SZTIPANOVITS, J.: *Advances in model-integrated computing*. In: *Proc. of the 18th IEEE Instrumentation and Measurement Technology Conference (IMTC 2001)*, Band 3, Seiten 1660–1664, 2001.

[Tho76] THOMAS, J. W.: *Module Interconnection in Programming Systems Supporting Abstraction*. Doktorarbeit, Brown University, 1976.

[Tic79] TICHY, WALTER F.: *Software Development Control Based on Module Interconnection*. In: *Proc. of the 4th International Conference on Software Engineering 4th International Conference on SoftwareEngineering*, Seiten 29–41, München, 1979.

[Uhl03] UHL, AXEL: *Model driven arcitecture is ready for prime time*. IEEE Software, 20(5):70–72, 2003.

[VB93] VESTAL, S. und P. BINNS: *Scheduling and communication in MetaH*. In: *Proc. of the Real-Time Systems Symposium*, Seiten 194–200, 1993.

[vvKM00] VAN OMMERING, ROB, FRANK VAN DER LINDEN, JEFF KRAMER und JEFF MAGEE: *The Koala Component Model for Consumer Electronics Software*. IEEE Computer, 33(3):78–85, 2000.

LITERATURVERZEICHNIS

[W3C99] W3C - WORLD WIDE WEB CONSORTIUM: *WBXML*, http://www.w3.org/TR/wbxml/, 1999.

[W3C03] W3C - WORLD WIDE WEB CONSORTIUM: *Extensible Markup Language*, http://www.w3.org/XML/, 2003.

[WA85] WADGE, W. W. und E. A. ASHCROFT: *Lucid, the dataflow programming language*. Academic Press,, Londo, 1985.

[WG02] WANG, SHIGE und SHIN KANG G.: *Constructing reconfigurable software for machine control systems*. IEEE Trans. on Robotics and Automation, 18(4):475–486, 2002.

[WGC+02] WINTER, MICHAEL, THOMAS GENSSLER, ALEXANDER CHRISTOPH, OSCAR NIERSTRASZ, STEPHANE DUCASSE, ROEL WUYTS, GABRIELE AREVALO, PETER MÜLLER, CHRISTIAN STICH und BASTIAAN SCHÖNHAGE: *Components for Embedded Software - The PECOS Approach*. In: *Proc. of the Second Int. Workshop on Composition Languages, In conjunction with 16th European Conference on Object-Oriented Programming (ECOOP)*, Malaga, Spain, 2002.

[Wit53] WITTGENSTEIN, L.: *Philosophical Investigations*. Blackwell, Oxford, 1953.

[WKLZ01] WÖRN, HEINZ, THOMAS KÖLLER, JÖRG LEONHARDT und UWE ZIMMERMANN: *SOFIA - modulares Softwaresystem für intelligente Antriebe*. In: SCHRAFT, ROLF D., KLAUS BENDER und GÜNTHER BRANDENBURG (Herausgeber): *SPS/IPC/DRIVES Elektrische Automatisierung - Systeme und Komponenten, 12. Fachmesse*, Seiten 188–196, Nürnberg, 2001. Hüthig GmbH & Co. KG Heidelberg.

[WS00] WANG, SHIGE und KANG G. SHIN: *An Architecture for Embedded Software Integration Using Reusable Components*. In: *Proc of the Int. Conference on Compilers, Architecture, and Synthesis for Embedded Systems - CASE*, San Jose, California, 2000.

[WWZ03] WÖRN, HEINZ, MICHAEL WENZ und UWE ZIMMERMANN: *Herstellerneutrale Konfiguration intelligenter Antriebssysteme*. etz Elektrotechnik + Automation, VDE-Verlag, 20:6–14, 2003.

[WZLW03] WENZ, MICHAEL, UWE ZIMMERMANN, THOMAS LÄNGLE und HEINZ WÖRN: *Echtzeitfähige Komponentensoftware für die Entwicklung rekonfigurierbarer mechatronischer Systeme*. In: *Intelligente mechatronische Systeme*, Seiten 93–105, Paderborn, 2003. Druck-Buchverlag.

[XBWT98] X-BY-WIRE-TEAM: *X-By-Wire - Safety Related Fault Tolerant Systems in Vehicles*. Technischer Bericht, Final Report EU-Projekt BE 95/1329, 1998.

LITERATURVERZEICHNIS

[Zie02] ZIEGENBEIN, DIRK: *A Compositional Approach to Embedded System Design*. Doktorarbeit, Gemeinsame Fakultät für Maschinenbau und Elektrotechnik - Technischen Universität Carolo-Wilhelmina zu Braunschweig, Braunschweig, 2002.

[Zim04] ZIMMERMANN, UWE E.: *SOFIA Handbuch*. Universität Karlsruhe, 2004.

[ZLW02a] ZIMMERMANN, UWE E., THOMAS LAENGLE und HEINZ WOERN: *Online Software Reconfiguration in Embedded Real-Time Control Systems*. In: *7th World Multi-Conference on Systemics, Cybernetics and Informatics (SCI 2002)*, Band VI, Seiten 375–379, Orlando, Florida, USA, 2002.

[ZLW02b] ZIMMERMANN, UWE E., JÖRG LEONHARDT und HEINZ WÖRN: *Entwurf mechatronischer Systeme mittels rekonfigurierbarer Komponentensoftware*. In: BENDER, KLAUS, GÜNTHER BRANDERBURG und ROLF D. SCHRAFT (Herausgeber): *SPS/IPC/DRIVES Elektrische Automatisierung - Systeme und Komponenten, 13. Fachmesse*, Seiten 579–587, Nürnberg, 2002. Hüthig GmbH & Co. KG Heidelberg.

[ZWLW02] ZIMMERMANN, UWE E., MICHAEL WENZ, THOMAS LÄNGLE und HEINZ WÖRN: *Describing Components and Configurations for Embedded Control Systems*. In: *CD-Proceedings of the 4rd International Workshop on Computer Science and Information Technologies (CSIT 2002)*, Patras, Griechenland, 2002.

Index

Überabtastung, 61, 65

Abarbeitungsreihenfolge, 61
　als Aufrufeigenschaft, 83
　Deadline, 121
　im Konfigurationswerkzeug, 101
　in der Konfig.beschreibung, 108
Ablaufsteuerung, 138–144
　Beispiel, 141–144
　Konfigurierbarkeit, 143–144
Abstraktionsgrenzen, 20
　KFS, 118
　Konfigurationsbeschreibung, 79
　Typbeschreibung, 86
ActiveX, 34
ADK, 62–72
　Automatenmodell, 65, 169
　Definition, 63–64
　Einführung, 62
　Verknüpfung, 66–72
　Vorgeschichte, 65 66
ADLs, 42
AIRES, 49
Aktualisierungsereignis
　Definition, 72
　zugeordnete Funktion, 90
Aktualisierungsfunktion, 90
　Aufruf, 95, 120
　Beispiel, 178–181
　Konstruktion, 94–95
Allgemeine Datenflusskomponente, siehe ADK
Anforderungen, 23–26
　Entwicklungsprozess, 24–25
　gegenläufige, 26–27
　Komponentenframework, 25
　Komponentenmodell, 23–24
　sonstige, 26
Anforderungsdreieck, 26

Architekturbeschreibungssprachen, 42
Aspekte
　in der Konfigurationsbeschr., 88–89
　konfigurierbare, 27
Aspektorientierte Programmierung, 42–43
Aufrufbedingung
　als Aufrufeigenschaft, 83
　Beispiel, 136
　in der Instanzbeschreibung, 106
　Prozessplanung, 124
Aufrufeigenschaften, 83–84
　Festlegung, 85
　konfigurierbare, 85, 105
Ausführungsereignis
　ausgelöste Aktionen, 64
　Beispiel, 64–65
　einer Kompositionskomponente, 68–69
　statisches, siehe Aktualisierungsereignis
　zyklisches, siehe Zeitereignis
Ausgabealphabet, 63
Ausgabefunktion
　Ausführungsereignis, 64
　Definition, 63–64
　statische, 72
　zyklische, 72
　mit Ressourcenports, 76
Ausgabevektor
　Definition, 63
Ausgangsports, 62
　als Porteigenschaft, 81
　generische, 75
　in der Typbeschreibung, 104
　Menge der verknüpften, 67
Automaten, 38
autonome Systeme, 165–167
azyklische Abarbeitung, 83

INDEX

Basisinteraktion, *siehe* GPI-Mechanismus
bedingte Ausführung, *siehe* Aufrufbedingung
bedingte Dynamik, 31
Beispielanwendung
   mit Ablaufsteuerung, 138–144
   ohne Ablaufsteuerung, 129–138
   Adaptionsszenarien, 133–136
Beispielkomponente, 177–181
   im Lösungsraum, 178–181
   im Problemraum, 178
Beschreibungsprozess, 87–90
   Definition, 30
   Vorgehen, *siehe* Konfigurationsbeschreibung
   Werkzeug, 97–103
Blackbox-Reuse, 15, 16, 24

CCM, 35
COM, 34
ControlShell, 52
Corba, 35
COROT Software, 50

Datenbankanbindung, 81, 88
   in der Konfigurationsbeschr., 107
   in der Typbeschreibung, 104
Datenfluss-Prozess-Netzwerke, 37
Datenfluss-Werkzeuge, 38
Datenflussaspekt, 27
   in der Konfigurationsbeschr., 88
Datenflusskomponenten, 13–14
   Allgemeine, *siehe* ADK
   datengesteuert, 13
   ereignisgesteuert, 13
   zeitgesteuert, 13
   zeitgesteuerte, *siehe* ZDK
Datenraten, 144–145
Datenstrukturen
   im Konfigurationswerkzeug, 102
   Verknüpfbarkeit, 77
   Zugriffsrechte, 91
Datentyp
   als Porteigenschaft, 81
   in der Konfigurationsbeschr., 107
   Spezifikation, 173
DCOM, 34

Debugging
   im Konfigurationswerkzeug, 103
Design-Wiederverwendung
   im Konfigurationswerkzeug, 102
Dienstorientierte Komponenten, 12
Domänenanalyse, 43
   Regelungssysteme, 57–60
Domänendesign, 44
Domänenentwicklung, 43
Domänenimplementierung, 44
Domänenmodell
   nach Czarnecki, 58
Drei Puffer Lösung, 151–152
Drei-Rollen-Modell, 19, 79
Dynamische Konfiguration, 31–33

Earliest-Deadline-First, 123
echte Dynamik, 31
Eingabealphabet, 62
Eingabesequenz, 63
   Beispiel, 64–65
   Bildung, 64
   wirksame, 63
Eingabevektor
   Übernahme, 64
   anliegender, 62
   wirksamer, 63
Eingangsports, 62
   als Porteigenschaft, 81
   generische, 75
   in der Typbeschreibung, 104
   Menge der verknüpften, 67
Elementarkomponenten, 66
Entwicklungsprozess, 96–103
   allgemeine Probleme, 19–21
   Anforderungen, 24–25
   Ergebnisse, 161–163
Ereignismenge, 68
   Beispiel, 70
Ereignisse, 141, 147–148
   Ausblick, 164
Fehlerbehandlung, 16–17
Flexibilität, 26–27
   Ablaufsteuerungen, 143–144
   bei ADLs, 42
   bei modellbasierten Systemen, 40

199

INDEX

Beispiel, 133–138
Produktadaption, 21–23
FODA, 43, 80
funktionaler Aspekt, 27
  in der Konfigurationsbeschr., 88

Generatives Programmieren, 44
generische Ports, 75
  als Porteigenschaft, 81
  Freigabe, 95
  im Instanzdatenbereich, 93
  in der Typbeschreibung, 104
  Init-Funktion, 94
  zyklische Hauptfunktion, 95
Gerätebeschreibung, 89–90
Glassbox-Reuse, 15, 16
globale Zustände, 120–121
GPI-Mechanismus, 116–117
GUID, 104

IEC 61131, 46–48
IEC 61499, 48
Instanzbeschreibung, 86
  Datenformat, 107
  in der Konfigurationsbeschr., 107
  Struktur, 105–106
  XML-Schema, 175–176
Instanzdatenbereich, 91
  Beispiel, 178–181
  Freigabe, 95
  Konstruktion, 93
  Reservieren, 93
  zyklische Hauptfunktion, 95
Instanziierungs- und Initialisierungsfunktion, 90
  Aufruf, 120
  Beispiel, 178–181
  Konstruktion, 93–94
Instanznummer
  Abarbeitungsreihenfolge, 106
  globale, 106
  im Instanzdatenbereich, 91, 93
  Init-Funktion, 93
  lokale, 106
Instanzreferenz
  Aktualisierungsfunktion, 94
  Init-Funktion, 93

Inter-Daten-Konsistenz, 149–156
  Lösungsmöglichkeit, 152–156
  Problemdarstellung, 149–150
Interaktion, 14–15
Interaktionsaspekt, 27
  in der Konfigurationsbeschr., 88
  mit Kommunikationskomponenten, 117–118
Interaktionsmodell, 60–62
Interaktionsmuster, 144–156
  Ausblick, 163–164
  Datenpuffer, 145–146
  Inter-Daten-Konsistenz, 149–156
  konsumierendes Lesen, 147–148
  zeitgenaue Datenübernahme, 146–147
Interruptsperre, 127, 150
Intra-Daten-Konsistenz, 127

JavaBeans, 35

Kahn-Prozesse, 37
Klebe-Code, 12, 15
Koala, 45
Kommunikation, 60–61
Kommunikationskomponenten, 117–118
  im Konfigurationswerkzeug, 101
  in der Gerätebeschreibung, 89
Kommunikationssystem, 127
Komplement, 67
komplementäre Ports, 67
Komponenten, 5–9
  Abgrenzung, 9–10
  azyklische, 83
  Definition, 8
  domänenspezifische Eigenschaften, 59
  Ergebnisse, 161–162
  im Lösungsraum, 90–91
  im Problemraum, 86–87
  Verknüpfbarkeit, 76–77
Komponenten-Framework-Schnittstelle, 118–119
  Spezifikation, 181–183
Komponentenbasierte Softwareentwicklung, 17
  Vorteile, 21
Komponentenbeschreibung, 16, 86–87
  Datenformat, 107

INDEX

Definition, 16
Komponenteneigenschaften, 80–86
Komponentenentwickler, 17, 20, 92
Komponentenentwicklung, 92–96
   Aktualisierungsfunktion, 94–95
   Init-Funktion, 93–94
   Instanzdatenbereich, 93
   modellbasiert, 164–165
   Vorgehensweisen, 92
   Zerstörungs- und Freigabefunktion, 95–96
   zyklische Hauptfunktion, 95
Komponentenentwurfswerkzeug, 96–97
   Prozess, 97
   Screenshots, 97
Komponentenframework, 6–9
   Anforderungen, 25
   Architektur, 119
   Aufruf Komponentenfunktionen, 119–121
   Definition, 8
   Ergebnisse, 162–163
   Realisierung, 113–127
Komponentenframeworkentwickler, 20
Komponentenfunktionen, 90
   Aufrufe, 119–121
   Beispiel, 178–181
Komponentenhierarchie, 84–86
Komponenteninstanz, 9
   Beschreibung, *siehe* Instanzbeschreibung
   Definition, 84
   in der Konfigurationsbeschr., 107
Komponentenmodelle, 10–17, 57–78
   abstrakt, 11–14
   Anforderungen, 23–24
   Datenflussorientierte, *siehe* Datenflusskomponenten
   Definition, 10
   Dientstorientierte, *siehe* Dientstorientierte Komponenten
   Einteilung, 11
   Ergebnisse, 160–161
   Implementierung, 90
Komponentennutzer, 17, 20
Komponentenrahmensysteme, 34–36
Komponentenskelett
   Beschreibung, *siehe* Typbeschreibung
   Definition, 84
Komponententyp
   Beschreibung, *siehe* Typbeschreibung
   Definition, 84
   in der Gerätebeschreibung, 89
Komposition, 15–16
Kompositionskomponente
   ADK, 66–72
   Beispiel, 69–72
   Definition, 67–69
   ZDK, 74–75
   Definition, 74
Kompositionskomponenten
   im Konfigurationswerkzeug, 102
Kompositionsprozess, 103
   Definition, 30
   Vorgehen, 124–125
Kompositionssprache, 15
Kompositionssystem, 15, 17
Kompositionszeitpunkt, 27
Konfiguration, 29–34
   Dynamisch, 31–33
   Offline, 30
   Online, 31
Konfigurationsbeschreibung, 87–89
   als Abstraktionsgrenze, 79
   Datenformat, 108–110
   Definition, 30
   Struktur, 107–108
   XML-Schema, 176–177
Konfigurationsprozess, 29–30
   Ergebnisse, 162
Konfigurationssystem, 124–127
   Parser, *siehe* Parser
Konfigurationswerkzeug, 97–103
   Abarbeitungsreihenfolge, 101
   Debugging, 103
   Design-Wiederverwendung, 102
   Kompositionskomponenten, 102
   Plausibilitätstests, 101
   Problemraumkonzepte, 101
   Prozess, 99
   Screenshots, 100
Konnektoren, 14–15

INDEX

Kommunikationskomponenten, 117
Konstanten, 81, 88
  in der Konfigurationsbeschr., 107
Kontrollflussaspekt, 27
  in der Konfigurationsbeschr., 88

Lösungsraum, 20
  bzgl. Domänenmodell, 58
  Komponententransformation, *siehe* Komponentenentwicklung
  Konfiguration, *siehe* Kompositionsprozess
  Laufzeiteffizienz, 26–27
  Laufzeitsystem, 121–124

Merkmale, 43
MoBIES, 49
Modellbasierte Ansätze, 40–41
Musterbeschreibung, 87

notwendige Ports
  als Porteigenschaft, 81
  in der Typbeschreibung, 104

Objektorientierte Frameworks, 41, 43
Offene Systeme, 43
Offline-Konfiguration, 30
  Beispielsysteme, 45–46
Online-Konfiguration, 31, 79–111
  Beispielsysteme, 46–52
  Gegenüberstellung, 54
  Vorteile, 33–34
optionale Ports
  als Porteigenschaft, 81
  in der Typbeschreibung, 104
OSACA, 43, 48–49

PÅLSJÖ, 52
Parametrisierung, 21–23
  Beispiel, 137
Parser, 125–127
Parser-Framework-Schnittstelle, 125
  Spezifikation, 183–184
PECOS, 45
Plausibilitätstests
  Gerätebeschreibung, 89
  im Konfigurationswerkzeug, 101
Port Based Objects, 51

Inter-Daten-Konsistenz, 151–152
  Prozessbildung, 121
Portautomaten, 39
Portdatenbereich, 91
  Init-Funktion, 93
  Spezifikation, 181
  Zeiger im Instanzdatenbereich, 93
Porteigenschaften, 80–82
  Festlegung, 85
  konfigurierbare, 85, 105
  nicht konfigurierbare, 104
Portgruppen
  Definition, 63–64
  Einführung, 62
  entkoppelte, 66
  statische, 72
  transformative, 66
  zyklische, 72
Portinstanzen, 82
  Datenaustausch, *siehe* GPI-Mechanismus
  Definition, 82
  im Instanzdatenbereich, 91
  im Portdatenbereich, 91
  in der Instanzbeschreibung, 106
  in der Konfigurationsbeschr., 107
  Realisierung, 113–118
  zur Verknüpfung, 105
Portverknüpfung
  ADK, 66–72
  als Porteigenschaft, 81
  Assoziativität, 71
  Beispiel, 67
  Definition, 67
  rekursiv, 67
  ZDK, 74–75
Problemraum, 20
  bzgl. Domänenmodell, 58
  im Konfigurationswerkzeug, 101
  Komponententransformation, *siehe* Komponentenentwicklung
  Konfiguration, *siehe* Beschreibungsprozess
Produktadaption, 21–23
Produktlinien, 43–44
Prozess, 121–124
  Basisalgorithmus, 122–123

INDEX

Einplanung, 123–124
Zusammenfassen von Komponenten, 121–122
Prozess-Netzwerke, 37

Rückkopplung, 61, 67
race conditions, 127
Rate Monotonic Scheduling, 123–124
Receive(), 113–116, 127
Rechenmodelle, 36–40
   Eigener Ansatz, 60–62
Reentranz, 91
Rekonfigurationsregelkreis, 166
Rekonfigurationsregeln, 166
Ressourcenports, 75–76
   in der Typbeschreibung, 104
ROOM, 36

Schnittstellen
   angebotene - benötigte, 9
   der KFS, 118
   explizite, 9
   im Lösungsraum, 92
   im Problemraum, 92
sequentielle Priorität, *siehe* Abarbeitungsreihenfolge
Sicherheit, 26–27
SOFIA-Spezifikationen, 173–184
Soft-SPS, 47
Softwarearchitektur, 41–42
Softwareentwicklung, *siehe* Entwicklungsprozess
   modellbasiert, 40–41
Softwarekomponenten, *siehe* Komponenten
Softwarekonfiguration, *siehe* Konfiguration
Speicherprogrammierbare Steuerungen, 46–48
Startwert, 61
Startzeitpunkt
   Definition, 60
statische Ports
   Aktualisierungsfunktion, 94
   als Porteigenschaft, 81
   bei ZDKs, 72
   im Instanzdatenbereich, 93

   in der Typbeschreibung, 104
   Init-Funktion, 93
   Lesen und Schreiben, 94
Subports, 75
Synchrone Programmiersprachen, 38
Systemanalyse
   Gerätebeschreibung, 89
   im Konfigurationswerkzeug, 101
Systeminstanzen, 76, 89
Systempflege, 137–138

Transmit(), 113–116, 127
Typbeschreibung, 86
   Beispiel, 178
   Datenformat, 107
   Struktur, 104–105
   XML-Schema, 174–175

UML, 36
Unterabtastung, 61, 65

Verknüpfbarkeit, 76–77
Vermittler-Entwurfsmuster, 115
Versuchsaufbau
   eingebettetes System, 130
   PC-System, 130–131
VERTAF, 45
Vorgeschichte, 65–66

WBXML, 109–110
   Vergleich mit XML, 109–110
Werkzeug
   Beschreibungsprozess, 97–103
   Komponentenentwicklung, 96–97
Whitebox-Reuse, 15, 16

XML, 107
   Vergleich mit WBXML, 109–110
XML-Schema
   Instanzbeschreibung, 175–176
   Konfigurationsbeschreibung, 176–177
   Typbeschreibung, 174–175

ZDK, 72–75
   als Konfigurationsbeschreibung, 87–89
   Automatenmodell, 74, 170–171
   Definition, 72–73

INDEX

Implementierung, 90
nichttransformative, 74
transformative, 74
Verknüpfung, 74–75
Zeitereignis, 72
   bedingtes, 83
   zugeordnete Funktion, 90
zeitgesteuerte Datenflusskomponente, *siehe* ZDK
zeitlicher Aspekt, 27
Zerstörungs- und Freigabefunktion, 90
   Aufruf, 120
   Beispiel, 178–181
   Konstruktion, 95–96
Zwei Puffer Lösung, 152–156
zyklische Abarbeitung, 38
   als Aufrufeigenschaft, 83
zyklische Hauptfunktion, 90
   Aufruf, 120
   Beispiel, 178–181
   Konstruktion, 95
   Laufzeitsystem, 121
zyklische Ports
   als Porteigenschaft, 81
   bei ZDKs, 72
   im Instanzdatenbereich, 93
   in der Typbeschreibung, 104
   Init-Funktion, 93
   Lesen und Schreiben, 95
   zyklische Hauptfunktion, 95
Zykluszeit, 83
   Definition, 60
   im Instanzdatenbereich, 91, 93
   in der Instanzbeschreibung, 106
   Init-Funktion, 93
   Prozessplanung, 123–124
   Zusammenfassen von Komponenten, 121